Teaching and Learning
in a Diverse World :
Multicultural Education for Young Children

多元世界的
教與學

兒童的多元文化教育

Patricia G. Ramsey ◎著

朱瑛、蔡其蓁◎譯

TEACHING AND LEARNING IN A DIVERSE WORLD

Multicultural Education for Young Children

SECOND EDITION

Patricia G. Ramsey

Foreword by Sonia Nieto

Published by Teachers College Press, 1234 Amsterdam Avenue, New York, NY 10027

獻給我的兒子丹尼爾和安德魯

目錄

Patricia G. Ramsey　擔任麻薩諸塞州 South Hadley 的 Mount Holyoke 學院，Gorse 兒童研究中心的主任，及心理與教育學系的教授。她曾任教於 Wheelock College、Indiana University 以及 University of Massachusetts 幼兒教育系。她在 San Francisco 的 California State University 獲得碩士學位，在 Amherst 的 University of Massachusetts 獲學前教育博士。她曾擔任托兒所及幼稚園教師。

譯者簡介

朱瑛

學歷：英國 University of Warwick 延續教育碩士

經歷：幼兒教師

屏東科技大學幼兒保育系兼任講師

教育部適性教保輔導人員

高雄市教育局無邊境教室實施計畫顧問

高雄市派送赴美專題研究員——多元文化教育的教學實務
應用

美國 Cultural Proficiency Institute（多元文化效能）講師培訓

譯作：《光譜計畫——幼小階段學習活動》（心理出版社）

電子信箱：chuying1103@gmail.com

蔡其蓁

學歷：台南師院國民教育研究所博士

經歷：幼教實務工作者

南華大學助理教授

現職：南台科技大學幼兒保育系助理教授

Patricia Ramsey 與我相識於一九七五年，當時我們都還是研究生。雖然我們鑽研的領域不同——她專攻幼兒教育，而我主修課程——恰好那年秋天 Bob Suzuki 教授開了校內第一門多元文化教育課程，讓我們從此結下不解之緣。Patty（朋友都這麼稱呼她）與我都被這門課的想法、問題與挑戰所震撼。Bob Suzuki 老師是我們兩人敬重的良師益友，他總是提醒我們多元文化教育不只是將種族的議題加到課程上而已。在那些令人振奮的日子裡，多元文化教育尚處於啟蒙的階段，Patty 與我花了許多時間討論差異性、種族主義、社會正義及許多其他我們所研究的、在日常生活中所遇到的議題。我們所關切的核心議題是，在推動教育改革朝向更正義、公平與確定的過程中，我們應該扮演什麼樣的角色。

因此十年前，當 Patricia Ramsey 所著的《多元世界的教與學》（*Teaching and Learning in a Diverse World*）首度出版時，我以暱友及同事的心情愉快地迎接她第一本書的誕生。同時，這也是對我們共同喜歡的研究領域一項重要的貢獻。在這之前，很少有書籍討論到幼兒受教的環境——幼稚園及日托中心。一些幼教工作者與家長認為，多元文化的探討對幼兒而言，「太嚴肅」、「太沉重」、「太聳動」。其他的人則將他們的關切侷限在所謂的「紀念日與英雄」的範圍：慶祝中國新年、光明節（猶太人的紀念日）都很好，邀請家長到學校煮義大利

麵或教波卡舞曲也是可被接受的。但是最重要的部分——種族主義、性別歧視及其他對社會正義的關懷與幼兒教育是不相關的,這些問題被認為最好被擋在幼稚園門外。然而,Patricia Ramsey 的書直接在幼教領域討論這些議題,是少數填補這個空隙的重要著作之一。

當時,傳統人類發展的文獻確實鮮少檢視民族、種族、社會階級、性別或其他多元的面向。多數人類發展的理論被描述為全面性的。但事實上,他們始終都僅以中產階級歐裔美國兒童的生活作為探討的依據。因此,倡導讓幼兒認識多元文化的少數教育家,與多數未碰觸多元議題的發展心理學者之間,存在著很大的鴻溝。

很幸運地, Patricia Ramsey 延續這個取向,完成她目前的經典之作,深入地記錄這些關鍵性的議題。她誠實且直接地面對種族主義、性別歧視及其他差別待遇的制度形式,因為它們可能會影響幼兒教育。而且,她批判性地分析兒童發展理論對兒童所處的文化、社會與政治脈絡缺乏關注。此外,我要大力推薦,她的書是首批在多元文化教育領域中,藉由對語言發展與雙語教育的探討,嚴謹地分析語言差異的書籍之一。

在這個修訂版中,Patricia Ramsey 在多元文化對話中加入了許多其他的主題,像是道德發展、經濟的多元、環保議題與消費主義等等。藉由這些討論,她使我們領悟多元文化教育不該侷限於種族與民族的多元化,而應包括各種表現形式的多元化。另一方面,她並未忽略多元文化教育的初衷:為那些歷來遭到學校不當教導而受傷害的兒童——特別是貧窮兒童與有色人種兒童,爭取公平的學習環境。因此,她謹慎地、持續地將她的焦點放在那些根深蒂固地存在於課程、制度及其他教育政策與教學實務中的種族主義與其他偏見上。她分享了許

多自己孩子與其他人的小故事，不僅為本書提供幽默實際的範例，而且協助我們從具體易懂的角度來理解抽象的事件。

這本書不同於初版之處，在於它關切的內容涵蓋了老師與父母。為人父母的我們深知欲教導孩子成為有愛心的、體貼的、有安全感的與堅強的人是何等困難的事，而且似乎越來越不容易。太多幼兒仍然是負面偏見下的犧牲品，孩子在學校被邊緣化的父母，本身也常常被孩子的老師所邊緣化。甚至，不只是老師，其他的家長也懷有並表達這樣的歧視。將父母涵蓋在這場對話中不只是一個明智的想法，也強調了當所處的環境越來越多元，教師與父母必須成為學習者，並共同合作的重要性。

Patricia Ramsey 所寫的這本書中沒有簡單的答案。相反的，在這些篇章中，她質疑、引導與刺激讀者成為具反省與批判能力的父母與教師，為幼兒提供解放的、能實現個人抱負的、有意義的教育內涵。她提醒我們，教學不是一個技術性的活動，基本上，它是一個制定決策與政治化的過程，可以永遠改變兒童、教育工作者或父母的生活。

Sonia Nieto

University of Massachusetts

　　這本書談的是「尊重差異」。我們每個人多少都有被過度簡化地分類，而引起的不愉快經驗。也許只因我們的性別、年齡、外觀、職業、居住（或來自）的地方、所使用的語言、消費的方式甚至觀念習慣等等的不同，就受到他人的差別待遇。這些刻板印象形成的原因是什麼？這樣不公平的現象背後有哪些意涵？孩子從其中接收到什麼樣的訊息？身為孩子的教師和父母，我們本身的背景和特質又如何影響我們教育孩子的態度？這些都正是本書所要探究的主題。

　　作者以其多年與兒童相處的經驗，以具體的實例和小故事深入淺出地讓教師和父母們了解如何和孩子討論這些原本可能會太沉重的議題，是本非常實用的參考書。她詳細地介紹如何藉由照片、電視、顏色的使用、書籍和玩具的挑選，如何利用校外教學、晨光活動、購物逛街等日常生活，培養孩子公平正義的意識。然而我覺得更重要的是對成人角色的探討，如何從自我反省的經驗中，釐清自己的價值觀，隨時警覺自己正傳達給孩子怎樣的訊息。

　　在譯書過程中，常撫卷而歎，深深為作者悲天憫人的胸襟與自省所感動。她身為主流社會中的優勢族群，而能謙遜地自我警惕，不讓她的優勢成為鞏固自己名利地位的工具，即使損及自己既得的利益，仍致力於建立公平正義的社會。這樣謙卑無私的胸懷，確實值得我們深思與效法。同時也提醒我們，要促進多元文化的融合，深度的批判

和自省能力無疑是全民（特別是優勢族群）應具備的素養。

感謝心理出版社的邀約，讓我從這本書得到啟發與成長。也謝謝他們對我的包容與耐心的等待，促成本書順利出版。感謝良師益友國北師范瓊方教授一直以來的鼓勵與督促，還有好友其蓁在忙於博士論文之際，抽空擔任第一篇的初譯工作。更謝謝所有和我分享討論的前輩、師長朋友與同事。懷著分享的心情，拋磚引玉，誠如作者所言：「創造一個討論的空間」，期待每一個人都能尊重週遭的人和環境，讓和諧的社會不再只是遙不可及的夢想而已！

朱瑛

經過一番掙扎才寫下這本書的再版。對多元文化教育運動初期的成功所抱持的樂觀和篤定迴避了更深層的問題。而今我們不少人成為多元文化教育工作者，相信而且希望那些能夠珍惜並尊重種族及文化差異、發展正面種族認同的孩子，能成為更有愛心、更有批判能力、更有自信、足以向現況挑戰的一代。學生個人可以從這樣的努力中有所收穫，更能夠向世人展示我們可以經由學習和改變，持續地使情況有所轉變，以激勵人心。然而多元文化教育並沒有觸及我們社會深處的不平等議題。那些能勇於向自己的偏見挑戰，並為學生設計有創意、有意義課程的教師，只能在沮喪中觀望，因為他們的努力抵擋不住孩子對消費主義的日漸沉迷，也擋不住因經濟變革及社會服務預算的刪減造成的貧窮所帶來越來越多毀滅性的影響。我們團結的訊息也被潛藏於反移民法規和福利改革的種族主義（或其他主義）所淹沒了。當社會的貧富差距越來越大，我們對社會和經濟平等的期待也越來越小。

　　就個人的層面來說，我一直在思索哪些──如果有的話，是一位善意的、白人、異性戀者、中產階級、身心健全的女性，必須對目前多元文化主義及社會和經濟平等的爭論所能做的奉獻？我是位 WASP──白人英格魯撒克遜新教徒（White Anglo-Saxon Protestant），我的祖先在美國獨立戰爭前就來到這裡。基於「我們先來的」的心態（我成長過程中卻沒聽過任何人提到過本土印第安人的權利），童年時期的

我帶著一點優越感看待其他團體的人,特別是唯物主義和種族主義者。我的家族熱心地支持公民權利的立法,及廢除學校的種族隔離政策,但這些都沒有對我們的生活有直接的影響,因為我們住在與外界隔絕的白人中產階級郊區的安全地帶。總之,我們是善良的白人自由主義者,有崇高的理想,但未曾影響到我們舒適的日常生活。

身為成人,我漸漸痛苦地了解到──而且深深地檢討──我的經驗和觀點是多麼的狹隘。當我考慮寫再版,我懷疑自己是否可以從我在社會上的優勢地位抽離,來提倡深遠的社會及經濟改革,而可能會使我的生活產生劇烈地變化。即使我可以做最精確的分析、對改革懷著熱切的盼望,但我會不會私下扭曲我所要傳達的訊息,保留並合理化我所擁有的特權?我對於應該被提出討論的議題會毫不保留嗎?每當我讀到白人自由主義者的評論時都感到心虛,它們常常讓我看到自己的矛盾和該警惕之處。

我八歲的兒子丹尼爾和五歲的安德魯是我決定完成這項工作的動力。不是因為受到他們的鼓勵,事實上,每隔一段時間他們就會企圖引誘我離開電腦。而是看著他們急切地、有時惶恐地,奔向學校、朋友、活動等等無限寬廣的世界,我對他們的疼愛越深,就越對他們所投入的這個世界感到憂心。我痛苦地意識到,除非我們停止或轉變當前這股對人類和天然資源恣意剝削利用的潮流,否則我們的下一代勢必將承襲一個分裂的、不友善的、具破壞性的世界。我們沒有人能保持沉默;即便是對我們難以預料的事物,都必須去探究疑惑、分享希望,並持續向前邁進。

當我開始著手,孩子們的聲音持續在我耳邊環繞著,我注意到我是以家長和老師的身分來寫作。剛開始我拒絕被這種雙重角色所左右,

試圖回到為教師而寫的初衷。然而，我了解自己想做的是，在家長和教師努力理解他們自己和他們所處的世界，以及探索教養孩子的新方法時，鼓勵他們展開新的對話和合作，能夠彼此相互支持。所以本書獻給我的教學夥伴、家長、還有同時扮演這兩種角色的讀者們。

　　身為父母讓我體驗到喜樂和謙卑的感受。我對兒童發展和教育的許多想法都很堅定，但也讓我更意識到自己在教養孩子的理想和日常實踐之間的差距。丹尼爾和安德魯都出生於智利，被我們夫妻收養時，丹尼爾七個月大，五年後，三歲的安德魯也成為我們的家人。雖然必須忍受堆積如山的紙上作業，和令人洩氣的長期延誤，我們終於擁有兩位很棒的孩子，他們深深地、令人開心地改變了我們的生活。我們也認清身為享有特權、中產階級、從智利貧窮婦女手中領養孩子的白人家庭，我們是貧富不均的國家和家庭的受益者。丹尼爾曾問我：「既然我的生母這麼窮，為什麼妳不給她錢，讓我可以繼續當她的孩子？」我的回答糟透了：「爹地和我很想要個孩子跟我們一起生活和成長，我們就可以愛他、跟他玩。」我慚愧地注意到丹尼爾的建議跟我粗糙的理由比起來，更接近我的道德原則。但我對領養他們兄弟可曾有過一秒鐘的猶豫？答案是響亮堅定的「從來沒有！」無論如何，這種矛盾構成我們家庭生活的一部分，也將會繼續出現在日後的對話中。

　　因為他們兄弟倆都在智利出生，我們希望他們學西班牙文，並與拉丁美洲有些實際上的連結。因此我們利用外子短期教學工作的機會，在墨西哥生活了兩年。那段期間，丹尼爾上小學一、二年級，安德魯上幼稚園。在另一個國家生活讓我受到挑戰、學會謙卑，我們都從中學習、成長了許多。本書就是我們在墨西哥的時候所寫的，我們的這段經驗，以及對這段經驗的心得，交織成整本書的內容。

　　身為中產階級的父母，外子和我（我們都在大學教書）常常陷入兩難困境——鼓勵孩子享受他們擁有的良機，還是希望他們能夠批判、不依賴自己的特權。住在哪裡？上哪一所學校？買哪些玩具？買多少？他們參加哪些活動？種種的決定都讓我們為難。像大多數人一樣，我們生活在矛盾與妥協中。我不想暗示我們整天都枯坐煩惱。事實上我們並沒有那樣，我們盡情享受生活、興高采烈地抓住機會去旅行，住在不同的地方，融入我們的社區。然而，對於我們的特權和矛盾，總是很努力地嘗試著誠實面對自己和孩子。每次我們發現矛盾之處或盲點，都引起我們的痛苦和羞愧，但我們也學到新的東西、做了些改變、也成長了一些。

　　自一九八七年本書初版完成以來，我對多元文化教育的視野更寬廣了。如同這個領域的其他作者一樣，我將多元文化主義的定義拓展到性別、性傾向和殘障的相關議題。身為家長，我也更直接地面臨消費主義的壓力，了解這些壓力反映並養成了對人類和對自然剝削利用的態度和行為。我相信迎戰消費主義與保護自然環境，無疑是我們努力的目標之一，以打造一個更公平的、有愛心的、長長久久的社會。我擔心將本書焦點擴展到家長、消費主義和環保議題將使本書顯得散漫。但此時此刻，探討它們的相關性正是我所能做的貢獻，希望它們可以為各位對更明確的主題做討論時，提供參考。

　　除了寬廣的觀點，本書強調在日常生活中的反省，每個互動和決定都反映出我們對自己、他人和環境的看法。老師和家長常常不經意地強化了現狀。但藉由分析我們的所思所行，可以改善親職和教學知能，使其更符合我們的理想。我相信我們共同的任務，是驅策我們的想法和做法，超越眼前的限制——無論是什麼樣的限制。

　　最後，我們必須帶著希望、愛及喜樂扛起這項任務，並教育我們的孩子。基於這種精神，我想分享一件最近的體驗：前幾天晚上，丹尼爾、安德魯和我躺在吊床上看螢火蟲，被陣陣「哇！那裏有一隻！」的驚呼聲所圍繞。我們推測螢火蟲發出亮光的原因，它們住在哪裡，它們能活多久？能不能抓到它們（我們決定即使抓得到也不抓它們）？蟋蟀唧唧叫著，螢火蟲飛舞閃爍；我們都沉醉在靜謐迷人的夜色中。我們的手和腳交錯疊放，好幾次有人的腳放到另一個人的臉上，但沒有人抱怨。這一次，我不打算催促孩子洗澡上床，那似乎是無關緊要的事了。我們就這樣讓自己置身於夜晚的美景中，享受與彼此共渡的時光。

　　這純淨美麗的一刻向我展示人生如此，夫復何求？體驗親密關係及大自然的曼妙與韻律是多麼美好，所有的孩子都有權過著這樣充滿歡樂、愛和希望的生活。然而這對許多小朋友來說是遙不可及的。我邀請你讀這本書，展望一個更公平的、互相關懷的世界，並思索我們應如何共同努力，使夢想成真。

Tepoztlán, Morelos

Mexico

　　就如「動員了整個村莊來養小孩」這句話，這本書的完成也集合了一個家庭和數個社區的心力。

　　首先，感謝 Mount Holyoke 學院的同事，特別是心理與教育學系及 Gorse 兒童研究中心所提供的協助，讓我可以花兩年的時間停留在墨西哥，並完成這本書的撰寫工作。我在 Gorse 兒童研究中心的工作夥伴——Susannah Heard、Helen Johnson、Mary Ellen Marion、Valerie Sawka 及 Barbara Sweeney 等人也是我靈感的來源，這本書的許多想法就是依據他們對兒童的看法以及他們的創造性課程而產生的。我在許多方面都要感謝我的朋友與同事（包括 Mount Holyoke），感謝他們耐心地聽我談論書中的許多想法，並且溫和坦率地指點我看到自己的一些盲點與矛盾。謝謝你們，特別是——Louise Derman-Sparks、Sandra Lawrence、Sonia Nieto、Beverly Tatum、Sherry Turner、Edwina Battle Vold 及 Leslie Williams 等人。

　　我了解到許多有關環境與經濟不公平之間的連結關係，並且從我居住兩年的墨西哥 Tepoztlán 城鎮居民身上看到人性的抗拒面。我們搬到這個城鎮的那一天，Tepoztlán 的居民接管了市政府並否決了市長與市議會，因為他們秘密地簽署了一份在郊區闢建豪華高爾夫球俱樂部與公寓大廈的興建計畫。城市居民為了因應隨之而來的政府恐嚇與報復，於是在城市入口處設置障礙，並且從州政府及國家的管轄權中獨

立出來，建立自己的政府。很興奮能看到一個本土的運動戰勝全球資本主義，並且生活在「自治區」裡。這裡的居民多數並沒有政治經驗，卻還能在巨大的內外壓力下，妥善地管理城鎮。

我要對我兒子在墨西哥就讀的 Cetiliztli 學校的老師、家長與同學們致上最深的謝意。不僅是因為我們的孩子在這裡度過了愉快的兩年，而且，以一個家庭來說，我們很高興在這裡感受到彼此支持的氣氛。我對學校事務的參與，也教導了我許多有關墨西哥的教育及學校運作方式，並且讓我看到自己的一些偏見。此外，我很欽佩 Anita Torres、Barragán、Olivia Nazario、Lina Antonio Ramos、Laura Donnadieu Rocha、Lourdes Palma Rodriguez 及 Ximena Vera 老師，他們排除萬難，為孩子提供了既溫馨又能刺激他們發展的環境。感謝我們的朋友及共事的家長，剛開始他們幫助我們在一個陌生的國度裡熬過新生活的不確定感，接著提供我們許多融入墨西哥生活的建議，並讓我們檢視在美國的生活。許多這一類的對話促成了這本書的問題與反省。我要特別感謝 Rosa Belendez、Susana 與 Tomás、Cajiga、Jackie 與 Raúl Fortson、Tamara Lipschutz、Melissa Nussbaum、Mario 與 Blanca Robles、Balbina Labastido Sanchez、Maria Eugenia Utoff、David Welna 及 Kathleen Wheaton 等人。

我非常感謝 Teachers College Press 的所有同仁，鼓勵我進行這個計畫，並促其圓滿達成，特別感謝 Susan Liddicoat 耐心地支持我並校正部分的草稿。

我的家人是我生活的重心，而且，一如你將在這本書中所看到的，我的孩子丹尼爾及安德魯是我這些日子以來最重要的導師。他們動搖了我的自滿、揭穿了我不合實際的期待，並激勵我自我鞭策，因為我

希望他們生活在一個更美好的世界。我的丈夫 Fred Moseley 一直都是我主要的支持者與鼓勵者，我特別要感謝他願意接受在一個新的國度、以一種新的語言來從事教學工作的挑戰，讓我們得以一起分享在墨西哥的兩年中所有美好的事物。

第一章

生長在一個矛盾與不公平的世界：一個多元文化的迴響

兩個五歲大的小男生正好在遊戲場中遇見：

「你知道嗎？我有新的星際促進者號！」

「嘿！我有掠鷹號——它比促進者號還要厲害。」

「我爸爸說我就快要有新的、真的促進者號指揮臺。」

「今天我已經讀完第三集了！艾迪還在讀第一集，他真是遜呦！」

「為什麼安德魯的家比我們家大？那是不是表示我們是窮光蛋？」

「我已經不喜歡這雙直排輪了，它只有三個輪子，新的有四個。
這雙已經不流行了，其他的孩子都有四個輪子的！我要新的直
排輪！」

「我就是不喜歡女生，她們笨得很！只想跟幼稚的芭比娃娃玩。」

與一位年長的朋友結束一段短暫的拜訪之後，才剛剛離開，四歲
大的孩子便問道：「她是老巫婆嗎？」

我很想告訴你們這是我無意中從許多不同孩子那兒聽到的批評。
但是，我必須承認，這些都是從我目前八歲大的長子丹尼爾那兒聽
來的。他很少看電視，也很少去逛街。他有各種不同種族、年齡、
性別、族群與社經背景的朋友。他了解刻板印象的意義，而且經常
詢問一些有關社會不公平，譬如：奴隸、貧窮與納粹對猶太人的大
屠殺等等具有洞見的問題。此外，他還是一個熱忱的評論家，特別
是針對不道德與不正當的人及法律，以及污染與浪費自然資源的公
司和人們。然而，在一個實際的、日常生活的層面上，就像大多數
在美國長大的孩子一樣，他正接收著競爭性消費與排外的訊息，這
些都削弱了他理解及挑戰那些剝削人類和環境的社會與經濟結構的
能力。

我們在一個矛盾的世界裡教養兒童。一方面，他們在學校學習
所有的人皆「生而平等」的道理，每一個人皆有追求「幸福」的自
由（獨立宣言），身為國民，我們要團結一致以維護共同的利益（憲
法）。另一方面，他們卻生活在一個將剝削天然資源及特定人群視
為可接受的、是競爭必然結果的世界。

我們的孩子正生長在一個壓迫多數而讓少數人享有特權的系統
之中，這些不平等越來越大且越來越深。一個有點過於簡單卻能有
效地思考這些議題的方式是，考量「race」這個字的雙重意義。從
一個觀點來看，我們正參加某種競賽，也許是要比周遭的夥伴先得
到最新的玩具、也許要在同事間得到最佳的成績或最高的報酬。甚

至像運動隊伍或合作團隊的團體活動，在競爭的情境之下勢必會削弱他們團隊合作的效果。例如：努力工作以發展合夥關係的教師群，有時卻因為獎勵、主任遴選或校外競爭壓力等面子問題造成彼此的摩擦而感到沮喪。

身處在競賽中，不是我贏就是你輸，於是我們使用「race」這個字的另一個意義來確保自己領先的地位。就生物學的術語而言，「人種」這個字本身是一個中性的概念。同一個種族之內比不同種族之間存在著更多遺傳上的差異。無論如何，從歷史的發展來看，人類已經創造了種族劃分（通常以生理上的差異為基礎），作為排外、奴役與屠殺的藉口。因此，羅馬人奴役不列顛人；埃及人奴役以色列人；歐裔美人奴役黑人。在本世紀，納粹人以種族為口實，屠殺了上百萬的猶太人。

從十七世紀歐洲移民到達之後，種族已經成為美國最棘手的問題。許多參與撰寫和簽署讚揚人類自由、平等的獨立宣言及憲法的人，為了要獲得印第安人的土地，把殘害與欺騙他人視為理所當然，且很少有人質疑購買、擁有與販賣奴隸這類行為的正當性。透過接受與記錄這些矛盾，先人們建立一套慣例，也就是，私人所有權、物質財富與利潤，比自由、平等的理想和共同的利益更具有優勢的地位。誠如一八五二年 Frederick Douglass 在他著名的「美國獨立紀念日」（Fourth of July）演說中所言：「對美國奴隸來說，你的美國獨立紀念日象徵什麼？……對他而言，你的慶祝是一種欺瞞；你誇耀的解放是醜陋的放縱；你的民族優越感、膨脹的自負……你自由與平等的呼聲，是虛偽的冒牌貨……」（引自 Meltzer, 1996, p. 5）。在那個年代之前及從此以後，種族已經是一個無法抹滅且難以介入

的疆界。在某些地區,當移民一到達時,他們便快速地證明自己是白人,以便跟社會地位較低的非裔美人、印第安人或墨西哥人做區隔。種族歧視是美國國家認同的核心議題,它已經建立一套剝削與邊緣化的模式,以程度不一的敵意來對待移民、婦女、窮人、老人、兒童、同性戀者與殘障者。

我們每一個人都有許多身分,且通常受到各種複雜的、有利的與不利的潮流所影響。譬如:一個貧窮的白人女性,雖然具有種族上的優勢,但是,她可能妒忌在超級市場櫃檯前,排隊等候付帳的中產階級黑人女性所擁有的經濟上的優勢。普遍而言,在我們的社會中,男性比女性享有更多的權力與特權。然而,非裔美國男性比非裔美國女性在失業情況、學校課業與治安的關聯等方面顯得更為劣勢,而且,他們通常比較早逝與因暴力致死。一些由白人中產階級的男同性戀者所組成的家庭,通常包括兩位高薪的男性工作者,一般而言,比其他的異性戀同事具有較強的購買力。但,他們的生活卻飽受騷擾與暴力的威脅。一位腦性麻痺兒童在許多方面顯然是不利的,但是,如果她來自一個富裕的家庭,她可能獲得足夠的訓練與照顧,且可預期,她將比一個四肢健全但來自貧窮家庭的孩子,接受更好的教育且較有可能找到高薪的工作。

兒童需要學習如何駕馭與挑戰他們世界裡的矛盾與不公。多元文化主義極力支持認同、團結、批判思考與解放行動的發展(例如:Banks, 1995; Bennett, 1990; Derman-Sparks & the A.B.C. Task Force, 1989; Gay, 1995; Gollnick, 1995; Kendall, 1996; Nieto, 1996; Sleeter & Grant, 1988;參閱 Banks & Banks, 1995,對多元文化教育的各種闡釋有綜合性的評論)。它雖已有各種不同的詮釋方式且各有其限制,

但是，對我而言，它是協助兒童理解他們所生存的世界一個最完善的方法。無論如何，僅從單一的多元文化方向來教導與養育兒童，將無法改變社會的不平等基礎。我們必須將它作為自我教育及教育下一代的工具，不斷努力，對存在於我們社會中的基礎結構產生深層且持續的改變。

多元文化與環境議題的連結

人類壓迫與地球開發之間存在著一個共通點（Running-Grass, 1994），那就是大自然與生存於其中的人類，在這個講求利潤、漠視環境和人類需求的系統中，被認為是可以隨意處置的。從世界的觀點來看，全球資本主義正瀰漫到世界各個角落，影響所及，不僅是熱帶雨林區，許多保有傳統生活方式和文化的族群也難以倖免。多元文化與環保運動可以互相支持，以挑戰這個根本的權力關係。譬如：多元文化對學習各種不同生活哲學與方式的關注，能幫助我們重新思考「征服自然」的心態，這種心態已經將我們引領到全球性的生態災難邊緣。Rigoberta Menchu，一九九二年諾貝爾和平獎得主，描述她的族人 Quiche（馬雅族的一支）是如何地敬重與熱愛所有生物，且在播種之前會先祈求大地允許他們開墾。他們認為，在土地上關建更多的停車場、更大的賣場與房屋，是無法理解的罪行。此一觀點，挑戰了我們以自然資源的所有權及使用權來追求國家與全球發展的概念，那應該是建立在永續經營的基礎上，而非唯利是圖的任意開發。

我們在墨西哥的 Tepoztlán 小鎮上住了兩年。這塊土地上的原住

民，長期致力於對抗政府與外來投資者在小鎮郊區開發高爾夫球俱樂部和豪華大廈的計畫。鎮民們了解，一旦這個計畫完成，他們的水源供應與生活方式將受到破壞。到目前為止，他們已經成功地阻撓了工程的進行。這個衝突說明了環保問題與社會正義的共通性，且引發地方與中央對「進步」（progress）一詞許多不同觀點的討論。所謂的進步，是意味著不顧當地農民的生活，讓有錢人家可以住豪宅與打高爾夫球嗎？這個計畫所提供的工作機會足以彌補主權與文化傳統的損失嗎？大賣場與商店街比當地農民及家庭販賣農產品與手工藝品的露天市場要來得好嗎？然而，完全忽略與迴避可能改善生活品質的工業技術革新是合理的嗎？諸如此類的問題，將使我們的孩子陷入兩難困境之中，因此，他們需要學習批判地看待人與環境之間的關係。

　　多元文化與生態運動可以結合，以對抗貧民區與高級住宅區之間環境惡化的差異。毒廢料的傾洩、污水與廢氣等問題在貧民區是常有的事。諷刺的是，環保運動人士通常透過號召中產階級市民，來抗議鄰近地區毒廢料的傾洩，以表現對社會不公義的反制，但卻使得環境惡化的問題轉移到較貧窮或較少政治干預的社區與鄉鎮。環保法規確實存在著讓許多貧困的窮人與地區承受不公平待遇的情形。譬如：勞工階級家庭可能沒有能力汰換他們不符合空氣檢驗標準的舊汽車，因而失去唯一派得上用場的交通工具。環保人士，傳統上，都是由白人與中上階級所組成，他們主要努力的焦點是在為富者的享樂維護原始的田野風貌，卻忽略了都市與貧瘠農村的環境議題（Running-Grass, 1994）。藉由統整多元文化與生態目標，正如全國性的民間「環境正義運動」（Environmental Justice Movement）

所做的，我們可以說明特權與勢力的不平等及開發環境的道德議題。

要完全理解及說明權力與開發的議題，一個廣泛的視野是必要的。為了避免各種主義的爭論（譬如：爭論種族主義或性別主義何者較不具說服力），我們應試著去理解各種社會不公平之間的相關性。多數人都將焦點放在那些對我們的生活產生立即影響的議題，但是，我們需要不斷地督促自己全面地了解這些情形的來龍去脈。因此，居住在毒廢料附近地區的人們可能會將環保問題列為第一要務，但他們仍要謹慎的是，並非將它轉移到一個較貧窮的社區，或透過微薄的補償金與草率地保護被僱來清潔這個地區的外來工作者就能解決問題。

在這本書的第一章裡，我採取廣泛的觀點來解釋「多元文化主義」（multiculturalism）這個術語，它包括種族、社會階級、消費者權益保護運動、文化、語言、性別、性傾向、殘障以及人類與大自然的關係等相關議題。對我而言，這個術語隱含著個人的知覺與力量，對現存社會、政治與經濟結構（現況）的批判分析，及解放行動的參與。

兒童的多元文化目標

這些壓迫、剝削及對立等沉重且具爭議性的議題對兒童來說，可能是一個遙遠的世界。無論如何，這些議題卻潛藏在所有的兒童活動當中，且不管我們喜不喜歡，孩子們正在家庭、學校與社區的每個互動當中學到何謂權力與特權。在這本書中，我將邀請你一起思考某些互動、活動與材料的意涵，以及如何修正它們來傳達不同

的觀點與期待。

接下來的工作目標為本書提供一個參考架構，我使用「工作目標」（working goals）有下列兩個理由：首先，當我對世界的認識越多，且這方面的工作經驗越豐富，我的目標與重點也逐漸改變。十年前，當我撰寫這本書的初版時，並不完全理解權力與特權在所有多元文化教育的相關議題中所存在的共同點。不過，最近我開始注意多元文化主義與環境之間的關聯，在未來幾年，我肯定——且衷心希望——我將看到更多的連結與新的觀點。使用這個術語的第二個理由是，所有的老師與父母需要去發展對他們自己及對下一代有意義的目標。

兒童必須具備哪些條件讓他們得以駕馭及抗拒存在於我們社會中的矛盾與不平等，並積極採取行動來導正它們？首先，他們需要發展一個堅定的認同——包括對自我的認同、對所屬團體的認同，及認同自己為萬物眾生的一份子。他們需要去探究與發展個人的興趣，並對個人所能貢獻的力量有樂觀又務實的認知。兒童必須體認到自己深深地根源於社會，對家人朋友和對他們的家庭生活來說重要的任何團體及聯合團體，像是族群團體、大家庭、鄰里或宗教組織等，以及對社會都具有強烈的依附關係，而成為一個整體。孩子們也要體認到他們是深深地依附於自然世界的——依循日復一日、季節交替的節奏生活著——並將自己視為生態環境裡的居民，而不是征服者。

第二，與第一個目標有密切的相關，兒童必須發展與所有人類及自然生態的團結意識。我們都生活在同一個星球——畢竟，我們呼吸相同的空氣、喝相同的水、感受相同的陽光、生活在相同的土

地上。我們所有的人，雖然有著文化與經濟上的差異，仍共蒙維護資源的利益。兒童需要了解「異」和「同」都是同一條連續線上的一部分，並學習自在地生活在「異」和「同」之間，進而超越這些區隔。他們需要突破與跨越差異，且將接受他人的困境與不幸當成是自己的責任。藉由學習有關自然力量的各種信念，以及人們過去與現在運用土地、空氣、水源與能源的方式，兒童和自然環境之間的關係將更調和、更能夠質疑「征服地球」的心態。

第三，兒童必須成為批判的思考者——學習不只是接受現況，而且要追求美好與突破艱難的問題。然而，談論過度開發與不平等這樣廣泛的議題，可能超過多數兒童的能力。年紀小的孩子可以從書本、教材玩具、電視節目、電玩、廣告及周遭環境裡的物品與經驗所傳遞出來的訊息中培養批判的眼光。這些批判意識可能無法阻止兒童渴望獲得物品的慾望，但是，至少他們可以討論所獲得的矛盾訊息，且像一個挑剔的消費者般考量生活上的缺點。

第四，兒童應成為自信與執著的問題解決者，才能把自己當成積極採取行動的人，不會輕易被現實世界的困境所擊倒。他們要了解，不論所面對的問題是人、動物、植物、語言文字、繪畫或器物，我們都能為創造更美好的世界有所貢獻。當孩子們逐漸成長，應該有許多接觸不同問題和情境的機會，透過腦力激盪來尋求解決，直到圓滿地完成任務。他們需要學習如何與他人合作商討與解決問題，用創造性的、有彈性的策略來解決資源共享議題中，實務與政治層面的挑戰。各種不同文化中的工具與技術可幫助兒童發展出維護資源的新方法，且改善每一個人的生活品質。而歷史上及當代那些對被邊緣化與被剝削有深刻體驗的人們——譬如：本土的美國人、非

裔美國人、拉丁美洲人、亞裔美國人、殘障者、女性及同性戀者等，他們的奮鬥故事可讓兒童獲得許多啟示。

第五，兒童需要具有求學問的技能，那將是他們通往社會知識的門徑，並賦予他們進行改革的能力。我們要協助那些認為做學問與其生活毫無相關的兒童了解，這些知識是權力的來源，並讓他們知道如何獲得這些技能而不放棄自我認同與對社會的批判立場。Rigoberta Menchu（1983）描述了身為成人如何學習西班牙語的故事，那是拉地諾人（ladinos）所輕視的語言，他們征服且迄今仍壓迫著她的同胞。她了解如果不懂這種語言，她就無法為她的族人發言，向地主們及政府爭取她們的權力。Lisa Delpit（1995）指出：「掌控者的語言已經被用來達成解放的目的」（p. 165）。

最後，我們要為兒童對充滿希望的未來創造一些想像空間，在那裡，物質財富、特權與權力不再是驅力。藉由故事、戲偶及角色扮演，幼兒與成人可以想像並創造新的社會——人類共同合作以確保為每一個人提供足夠的食物、住所及有意義的工作，並發展適合生活在地球上的方式。

父母與教師的角色

多元文化與環境議題相當廣泛且複雜，唯有父母與教師共同參與才能將它做充分的闡述。正如我在前言裡所解釋的，在我自己的生活當中，我不可能將父母與教師兩個角色截然劃分，而且，我相信所有的人都必須共同合作來處理這些深層的與棘手的問題。整本書當中，我使用「父母」（parents）這個字來概括關心家中兒童的

人——可能是他們親生的、繼父母或養父母；祖父母、姑姑或叔叔；或親密的家庭友人。兒童有許多的教師——父母、親戚、鄰居及其他兒童。然而，為了釐清關係，在幼兒教育環境中，我使用「教師」（teachers）一詞來表示學前教育領域中的專業人員。

父母與孩子具有親密的、長期的關係。他們為小孩沐浴、更換衣服、讓孩子上床睡覺，當子女生病的時候細心地照顧他們，許許多多的親密互動發生在每天的生活當中。親子間可以長期地共同探索及發展想法、可以反覆地閱讀喜歡的故事、分享共同的經驗，並建構新的意義。正因為他們如此地互相了解，彼此之間的關係是親密的、充滿歡樂回憶的，同時也是充滿怨懟與挫折的。兒童很快地學會如何激怒父母，使他們喋喋不休，甚至發脾氣，正如朋友和我經常哀怨地說：「把我們當玩具般操弄。」

父母決定了影響兒童生活的因素。在經濟的許可範圍內，以及為孩子著想的前提下，他們決定了在哪裡居住及到哪裡旅遊。父母的社交生活會影響到他人在兒童生活中的出現與否及所扮演的角色。如果父母和家庭與社區的關係是相互依賴程度比較高的，將有助於孩子與廣泛的人際網絡有更緊密的連結。有的人或因主動的選擇或受到某些因素的影響，可能過著比較自給自足的生活，以至於他們的孩子比較沒有機會與其他成人維持關係。

兒童藉由觀察父母對待家人與外人的方式，來發展他們基本的社會取向。他們從參與對話及旅遊中學習價值觀，這些日常對話與旅遊反映出他們的父母對物質、自然環境、各種不同的制度及其他人群的態度。由於具有相同價值觀與品味的家庭傾向於一起消磨時間，父母的喜好很可能被親友所增強。所以家庭可以說是最不可能

成為孩子認識各種不同生活型態與價值觀的地方，除非他們的父母刻意提供生活中廣泛的人群與經驗。

相反的，教師對兒童的生活具有短期卻強烈的影響，他們以活動、書籍、旅行與參觀等，提供多樣化的刺激，並促進教室中兒童之間的互動關係。在家裡，年復一年所接觸到的只是一些同質性很高的人與訊息，但是在學校，最好每一年都是一個新的冒險，因為新的老師與新的同學帶來了許多不同的經驗與觀點。兒童在學校聽到與看到的事物是那麼令人驚訝、吸引人甚至令人產生困擾，只因它們可能與家裡的訊息及經驗不一致。

兒童多半會變得非常依賴老師，但是通常師生之間的親密並不像親子關係那般具有長期性。師生關係毋寧是一種工作夥伴的關係，他們一起教授與學習新的技術、一起探索、共同吸收知識，且質疑新的訊息與觀點。教師欣賞並支持個別的兒童，但是，他們主要的焦點是在協助兒童從團體中找尋到自在的角色，而非發展強烈的個人關係。不同於父母持續數年都有機會和孩子進行長時間、開放的對話，教師更能夠去開啟對話與創造空間，讓兒童可以比較他們與同儕之間的觀點。

正如整本書中所探討的，教師與父母、家庭與學校，各有其限制與潛力，因此，他們的關係是彼此互補、互相扶持的。

我們如何談論多元文化議題

存在於社會中的曖昧與矛盾，在我們概略地指稱不同種族、文化與團體時，也有相同的狀況產生。譬如：我們對各族群粗略的稱

呼，就反映出為某個實際上並不存在於實體之中，卻在人類生活上扮演重要角色的事物下定義有多麼困難。膚色的區分——黑、棕、紅、黃、白——是最簡明的識別方式，但是並未精確地描述來自不同團體中的個人生理特徵。因為他們僅依據單一的生理面向來區隔不同的團體，他們將各種族以看得到的外在特徵加以區分，並把可被評斷的、僵化的形象加諸於這些人身上。目前的習慣用語與血統的起源地有關，像是非裔美國人、歐裔美國人與亞裔美國人等。雖然這些用語比較精確與中立，但是它們排除了許多移民史可能並不適合這些分類的種族。這樣的區分也不適用於描述當地的原住民。顯然地，當「印第安人」（Indian）是一個誤用的名稱時，用「本土美國人」（Native American）來描述那些早在美洲探險家抵達這裡之前就居住於此的人們是正確的嗎？總之，對不同種族所使用的名稱，反映出試圖以某些特徵來區分人類的可議之處。在本書中，我主要仍採用血統的起源地來指稱各族群，但是當這樣的說法不夠明確或令人不舒服時，我也會以膚色作區隔。例外的是，我一致地使用「白人」這個字眼來指那些集權力與特權於一身的人，不論他們的祖國在哪裡，都被界定為白人。

當社會價值觀與各族群之間的關係改變時，他們的區分標準和描述也持續地演化。本書所使用的用語，在某些情況下可能變得不適宜，讀者應持續地對特定用語所隱含的訊息保持敏感度，並修正他們的措詞來回應改變中的身分與關係，尤其是各族群自身所偏好的某些術語。

大體說來，我們應盡可能地精確，這意味著確實地避免以不屬於他們的特性來描述某些團體，諸如：「非使用英語者」或「非白

人」，並盡量使用明確的族群名稱。因此，我盡可能使用墨西哥裔美國人來取代拉丁美洲人，或阿爾岡京人（Algonquin）來取代土著美國人。無論如何，不少研究差異性的文獻將許多族群混為一談，導致我們必須使用廣義的名稱，而這樣並不能讓我們得到有用的訊息。譬如：「亞裔美國人」是普遍使用的說法，然而，因為它所涵蓋的文化、語言與歷史過於廣泛，並無法告訴我們許多關於特定人類的文化與歷史。Sonia Nieto（1996）在其書中對這個議題有相當精闢詳細的探討，且追溯特定族群被標籤化的由來。

　　另一個兩難問題是，如何解釋不同特定團體之間地位與權力的差異。像「被壓迫的」（oppressed）、「被排斥的」（excluded）、「被邊緣化的」（marginalized）等詞彙太消極且過度強調人類的犧牲，未能表達他們的韌性與反抗。我們是否只強調一方的權力與暴虐，卻沒有提及另一方的消極與軟弱？在本書中，我試著指出族群如何抗拒壓迫與身陷其中的痛苦。無論如何，這種成果是不完美的，且這些措詞仍值得商榷。

　　為殘障團體冠上適當的用語是另一件困難的事。「健全」與「殘障」是個將人類兩極化的區分方式——事實上，所有的人可以說在某些方面是健全的，同時在某些方面是殘障的。在一九九○年代初期，「不同的才能」（differently abled）的說法被採用，這是一個不錯的講法，因為它隱含了一個更接近事實的連續體，但是，許多人覺得它太委婉、令人生厭且做作，因此現在很少被使用。我使用「殘障者」來取代「失能者」，以避免殘障與否成為定義一個人首要且唯一的指標。無論如何，這個字眼是令人不舒服的，且仍不當地意味著在一般人與殘障者之間做絕對的劃分。

最近，我發現自己努力地想要找出適當的方式來描述人類與自然之間的關係。所有我可以想到的用語，都強調將人類從其所生存的自然世界中區隔出來。也就是說，當「自然」這個字彙被視為與「人類世界」無關，即表示人類不屬於自然的一部分，或是「反自然的」（unnatural）。我採用「自然」、「自然世界」與「環境」，因為這是大家通用的說法。無論如何，它們都未能表達自然環境的無限與驚奇，或者我所想要傳達的人類與自然世界之間的統整與和諧。

本書的目標與概要

我撰寫這本書的目的是要創造一個討論的空間，讓老師、父母與其他對幼兒有興趣的人士可以一起檢視他們的生活及這個社會，並且分析與挑戰兒童在校內外所學到的許多顯性與隱性的價值觀與偏好。這本書分為兩個部分：第一部分「學習的脈絡」，旨在探討某些社會劃分與脈絡如何影響我們對幼兒的培育與教育目標，以及幼兒的世界觀；第二部分「日常生活中的多元文化」，較偏向於實務方面的應用，首先討論成人如何探查與挑戰他們對人事物的主觀看法，接下來討論對自然環境的關注，然後是學校與家庭如何建構社會環境，以支持本章所闡述的目標。最後一章則是一篇故事——一個願景——關於家庭與學校如何既批判地又慈悲地共同創造富有正義與充滿關懷的社會與世界。

PART · I

學習的脈絡

第二章

我們都正在學習

　　我們所有的人──包括兒童與成人──都受到社會與經濟脈絡的影響。我們在社會上的地位與相對的富裕程度，構成我們的生活經驗與期待。兒童與成人也從中汲取對人群與對大自然的看法，並依此行事。為了以明確的學習脈絡來介紹後面四章，在這一章中，我將概述環境如何影響兒童的發展，以及孩子從他們所處的世界中學到哪些事物。在最後一節，我提出了一些問題，來協助讀者反思他們在社會中的背景與地位，以及這些因素如何影響他們教育與養育子女的觀點。

兒童發展的脈絡

　　究竟，哪些發展是整體性的？哪些發展是個別性的？哪些發展是受到環境影響的？Bowman 與 Stott（1994）認為，來自各種背景的兒童建立了彼此滿意的社會關係，也建立了組織與統整他們理解與區分新訊息的方式。他們同時學習到如何說、寫某種語言，以及如何思考、想像與創造。個別的差異，譬如對疼痛的敏感度、不專心、進入青春期的時間、身體構造等，在兒童發展的過程中扮演一個塑造的角色。然而，Bowman 與 Stott 指出，所有的發展階段與個體的特徵，只有在兒童的社會生活脈絡下才具有意義。兒童學習以合乎他們所屬團體的價值觀與期待的方式來表達他們的需要與能力，他們學到什麼訊息？他們如何，以及對誰表達他們的情緒？還有，他們使用什麼樣的語言？這些問題都直接與間接地受到他們的物質與社會環境的影響。

　　Bronfenbrenner（1979, 1986）用來分析兒童發展脈絡的架構是一個有效的工具，可以說明環境如何界定兒童的經驗與視野。他舉出下列四個同心圓：

　　1. 家庭、學校與社區的「微系統」（microsystems）。

　　2.「中系統」（mesosystems），包括微系統中不同要素之間的關係，譬如：家庭與學校、社區與學校、家庭與社區之間的關係。

　　3.「外系統」（exosystems），具有足以影響兒童生活的權力，但是兒童並不參與其中的機構或制度，包括父母親的工作場所、學校與校務委員會，以及社會支持系統。

4.「大系統」（macrosystems），包括文化價值觀、社會團體的意識形態及社會態度，例如歧視。

如果我們比較兩位居住在同一個城市的兒童放學後的活動，我們可以發現這些因素如何影響兒童生活上的細節。七歲的瑪芮希拉放學後由母親接回。為了買牛奶，她們在雜貨店裡停了一會兒，因為超級市場裡的牛奶價錢要貴上兩倍，而且她們沒有汽車，所以兩週才上一次超市。然後，她們快速地回到位於大型建屋計畫中的公寓。原本這裡有一個社區中心，但是已經荒廢了，而預定重建計畫的基金也被取消了，遊樂設施也是一樣。半哩路遠的教堂開設了藝術課程與童子軍課程，但是瑪芮希拉的母親不想讓女兒獨自一人走到那裡，再說，她必須留在家裡等兩個較大的孩子放學。瑪芮希拉與她的姊姊們，在公寓裡度過整個下午，做作業、看電視、偶爾鬥鬥嘴，以及幫她們的母親整理家務。

凱娣，同樣七歲，她住在三哩遠的森林住宅區，學校校車將她載到家附近的轉角處。然後她跑回家，母親催促她快點換上舞衣，以免延誤上舞蹈課的時間。凱娣抓了一塊點心在車上吃，手上還拿著足球衣，因為在舞蹈課與足球課中間沒有時間回家換衣服。在前往舞蹈教室的十五分鐘車程裡，她的母親以車用免持聽筒打電話給她大女兒朋友的母親，敲定了傍晚之後的汽車共乘計畫，以便戴她的大女兒去參加戲劇表演彩排。然後，再打電話到學校，請校方將這個訊息傳給她的女兒。

對瑪芮希拉而言，她是被歧視與失業（大系統）弱勢團體中的一員，她的社區貧窮且缺乏辦活動與提供交通工具的基金（外系統），這些限制了她課餘活動的範圍（中系統），也限制了她消磨

時間的方式和學習的內容（微系統）。相反的，凱娣是優勢團體的
一員（大系統），正享受體制所帶來的利益（外系統），她占有許
多的優勢與機會（中系統），她藉由參與許多活動來跟上其他同學
（微系統），但仍感受到一些壓力。瑪芮希拉與凱娣正對世界運作
的方式發展她們的能力與想法，並塑造她們對未來角色的期待。無
論如何，她們所正在學習的內容深深地受到她們在社會中的背景與
地位的影響。

兒童如何理解他們的世界

　　我的兒子丹尼爾四歲時，選擇 Martin Luther King [①] 的傳記作為
他的床邊故事（他們同一天生日，而且丹尼爾在年齡很小的時候就
被這位民權鬥士的故事與照片深深地吸引）。當我們說到暗殺的那
一段，丹尼爾會用一種虛張聲勢的語氣說：「我要用寶劍殺掉那個
兇手！」我微笑著，心想──哪有這麼簡單的事情啊！一個不屈服
的四歲大的好人就可以除掉所有的壞人。

　　大約一年半以後的一天晚上，我們正在閱讀同一篇故事，隨後
討論好的法律與壞的法律，以及為什麼今天在這個國家裡，黑人與
其他許多人仍然被不公平地對待，而且我們要怎麼做才能像Martin
Luther King 一樣堅強，才能改變存在於我們國家中不平等的現象。
就像以往的對話一樣，丹尼爾反覆地問為什麼人們這麼壞？為什麼
警察不去逮捕他們？我們討論為什麼負責處理這些事的人不願意改
變現況。稍後，我撫摸他的背，哄他睡覺的時候，丹尼爾開始哭了，
我問他到底怎麼回事？他說：「我害怕！我不想進監獄！」我很驚

訝，因為我們曾有過無數次類似的對話，但是這一次卻觸動了他易感的心。起初我感到內疚——我是否將自己的責任強加在孩子身上？我是一個無情的矯枉過正的媽媽嗎？後來，我了解丹尼爾正轉向另一個認知階段，他現在可以將自己看成是一個大人——把自己投射到未來，因此，Martin Luther King 的故事不再是一個遙遠的英雄，而是他潛在的自我。雖然，他正聆聽一個舊的故事，但是，從發展的觀點來看，他是在聽一個新的故事。這個事件讓我再一次體認到，我們在跟孩子討論有關他們世界中不完美的事實時，就像走在一條緊繃的繩索上，我們試圖用希望平衡真相、藉由勇氣和信心的恢復來平衡事實，當孩子發展更深刻的理解與產生更多的連結，繩索的支點也隨之改變。

　　所有的孩子都生長在一個充滿矛盾的世界，我們教導他們平等的意義，但是，他們每天所看到的與經驗到的是不平等。我們告訴他們人要懂得分享，然而，我們卻捍衛自己所擁有的，而且不斷地購買新的東西。我們告訴他們要尊敬地球，不要浪費資源，但是，我們卻將汽車加滿了油，而不願搭乘大眾運輸工具或走路。我們督促他們要努力工作以追求美好的未來，但是，他們卻被失望與沮喪所圍繞。我們如何支持孩子成為具有自信的理想家與行動者，同時能夠與這個極不完美的世界和平共處？身為幼兒的父母與教師，我們所面臨最大的挑戰，就是如何使複雜的議題變得有意義，而不至於過度簡化或顯得瑣碎，以及如何引起孩子的討論與關注，而不至於使他們感到恐懼與絕望。為了達到這些目的，我們需要考量幼兒如何理解這個圍繞他們的世界。

☀ 發展的階段與過程

在討論兒童如何發展他們對世界的想法與感受之前，我要提出一些有關不同年齡階段的兒童，其發展上有哪些限制與能力的問題。

許多幼兒教育（延伸到父母教育）是建立在 Jean Piaget 的理論基礎上（例如：Piaget, 1951; Piaget & Inhelder, 1968），他提供一些精闢的見解來解釋兒童如何隨著年齡的增長而改變其思考方式。無論如何，許多兒童發展學家與幼兒教育學者——當然包括我自己——都將焦點放在每個階段的發展限制上。我們假設四歲大的幼兒全都處於「前操作期」（preoperational），而且無法理解複屬性的概念（例如：紅色的圓與藍色的圓是不同的，但它們都是圓形）。同時，我們都曾經有過這樣的經驗，發現兒童在他們的年齡發展階段所具有的概念，比我們預期的還要進步。一個常見的例子是，許多「前操作期的幼兒」能夠以肉食性或草食性、兩隻腳或四隻腳、石龍子科或飛禽科來分辨不同的恐龍——也就是說，可以同時使用多元分類基模——他們這方面的能力遠遠超過吃力地想弄清楚恐龍名稱的大人們。

僅從認知限制的角度來了解兒童，可能成為逃避困難和複雜議題的藉口。Silin（1995）便質疑發展階段的衍生問題與意圖悍衛兒童無知的觀點，並追問是否只想簡單地將幼兒從他們生活中令人煩惱的事物中抽離（p. 104）。我這樣說並不表示我認為兒童不會隨著時間而改變，相反地，我相信他們的確是如此。無論如何，與其用發展階段來定義兒童在某個年齡的能力與限制，不如用它們來更真確地觀察與傾聽兒童。當孩子試圖對周遭世界建構意義時，藉由這

些發展階段的理論，更深入地了解他們的想法從何而來，且預期他們下一步的發展方向。

　　我們也可以將關注的焦點從確定孩子的發展階段，轉移到深入地探究他們正如何發展概念。Piaget（Piaget & Inhelder, 1968）同化與調適的概念是個有效的參考架構，它是連續性的循環，兒童對世界的期待因而被形成、增強、挑戰及改變。例如，兒童認為所有四隻腳的動物都是狗。然而，經過一段時間之後，她可能注意到牠們在名稱、大小、外形與聲音上都不同，這將推翻她原先的假定。當她試著將新的訊息統整到不再適用的範疇，或試圖發展新概念時（例如：馬、貓與狗），幼兒可能經歷不確定，這個失衡（disequilibrium）階段的迷惘與困惑，就是新的問題與概念產生且形成的時機，並為認知發展提供許多可能性。當丹尼爾了解作一個好人並不只是拿劍將壞人殺死，而是意味著他自己可能必須冒險且受傷時，他經歷了失衡狀態。這個同樣的故事與他逐漸意識到自己未來是個脆弱個體的想法漸趨於一致時，為他帶來新的看法與不安。

　　Vygotsky（1978），像 Piaget 一樣，視兒童為主動的知識建構者。然而，跟 Piaget 不同的是，他將焦點放在兒童與環境的互動關係。Vygotsky 相信，兒童的學習是一個發生在特定時間、空間的社會過程，它反映了周遭成人的信念與政略（politics）。同時，他推翻Piaget「發展必先於學習」的假定，主張學習使發展成為可能（Silin, 1995）。他的論點反映在「最佳發展區」（zone of proximal development）的概念上，談到兒童獨立解決問題的能力與其潛在的解決問題能力之間的差異，而這個差異在成人或較成熟同儕的協助或引導下會更顯著。譬如：如果讓孩子自行解決衝突，他們可能會打起

來或搶奪物品。然而，在父母或教師的引導之下，他們比較可能使用剛學會的能力，以語言技巧來表達他們的感覺，且發展出彼此都能接受的解決方案。失衡與最佳發展區是相輔相成的。當幼兒經歷失衡，他們正在整理新的想法與汲取新的訊息，而且通常在成人及年長兒童的支持之下，他們朝向更高層次的理解水準發展。Kincheloe（1993）指出，要使幼兒成為一個批判的思考者，不是讓他們達到且停留在一個舒適的平衡狀態，而是要他們學習不斷地探究且挑戰他所獲得的訊息、假設與現狀。他鼓勵我們將學習與教學建立在批判性建構的理論上，以失衡作為發展的起點。

雖然，教師與父母很少思考「失衡」與「最佳發展區」這兩方面的問題，他們通常會將這些原則應用在與兒童的日常互動當中。當孩子憤怒地從一場衝突中跑回來，並且發誓他永遠不再和某個朋友玩時，教師與父母通常會試著幫助他重新思考這個問題。藉由討論所發生的事或閱讀、講述相關的故事，他們可以協助孩子產生一些新的理解，思索為什麼會發生衝突，朋友之間為什麼會鬧翻，然後和好，而且仍然是朋友。

當丹尼爾為了擔心被關進監獄而哭時，說真的，「失衡」與「最佳發展區」等字眼並未在我腦海裡出現。我只想到如何讓他了解，成為社會行動者要克服的不只是恐懼而已。我告訴他事實，人們共同努力使狀況得以改變，而且他們彼此會互相幫助；當 Martin Luther King 每次入獄時，全國人民都相信，警察很快地就會將他釋放出來。我們討論所有可能會和丹尼爾一起阻止「壞人」的夥伴有哪些，然後我們共同列出學校和附近的朋友、老師、家人及鄰居等，丹尼爾看起來似乎比較安心了。我們接著談論城裡和他學校裡的事情，

哪些是不公平而且應該被改變的，而他和他的家人、朋友可以如何著手。此時，曾經是一個遙遠的歷史英雄人物已經變成討論當地事務，以及人們可以如何貢獻心力的議題，開創了一些失衡的新範圍。當時我有些猶豫是否要提到並不是所有被關在監獄裡的人都是大家想去解救的對象。後來我決定不說——我覺得在那個時刻，應該去轉變那種平衡的狀態，朝向永恆的希望與恢復信心的結局，那將會產生更多的對話。

當我們與兒童討論複雜的事件與議題時，需要去傾聽在他們那一刻理解了什麼與感覺到什麼，他們嘗試往何處去，以及他們準備吸收什麼。為了這個目的，我將簡要地回顧一些與幼兒如何思考有關的發展趨勢。

從具體轉變為抽象思考　三歲到八歲之間的幼兒從以具體與靜態的方式來看待世界，轉變為能夠從事抽象推理，並辨認自身經驗以外的因果關係和事件。去年，一對男同性戀到我們家住了一週。他們離開之後，四歲大的安德魯談到：「我跳到史丹與比爾的身上！」「他們把我拋到半空中！」他主要的興趣在於有人陪他玩。然而，當時七歲的丹尼爾問的問題卻是：他們是彼此的配偶嗎？有太太嗎？他們可能會有小孩嗎？雖然，他已經認識許多同性戀家庭，也知道有些孩子有兩個爸爸或兩個媽媽，一週的密切接觸顯然使他更意識到同性戀關係的夫妻型態。四歲的孩子詮釋一個事件僅僅只是「有更多的人一起玩」，卻刺激七歲大的孩子引發對成人關係的驚訝與疑問。

兒童捕捉到新的訊息與經驗時，在他們試圖去理解抽象概念的過程中，通常會產生一些錯誤的結論，譬如傳統與當代生活型態之

間的關係或地理上的關係。一位老師透過教導不同語言的歌曲及文字的方式，讓幼兒了解居住在不同國家或來自不同國家的人民使用不同的語言。隨後，她無意中聽到兩個孩子爭論，住在隔鄰城鎮的孩子是否也跟他們使用同樣的語言。孩子們已經開始將地區和語言連結在一起，但是這個特殊關係的本質困擾了他們。孩子也許聽過家人或社區裡的人說其他語言，便混淆了城市與國家的概念。這個活動並未失敗──孩子顯然正以新的方式思考語言這件事。而且，孩子的爭論提供了老師一個全新的想法。她請孩子想想生活周遭有誰採用不同的語言，並設計了一個活動，讓孩子去訪談其他班級的孩子及老師，了解他們說什麼語言及他們來自何處。還邀請會說兩種語言的人到教室裡來，談一談他們如何，以及在什麼地方學到不同的語言。她和孩子們發現了許多方式來持續討論語言與地區之間的關係──對我們任何人來說，這是一個複雜的議題，但對初識語言力量的幼兒而言，卻是充滿了新奇。

區分訊息　所有的人都傾向將訊息加以分類，因為它是一種使我們的思考更有效率的方式。如果我們將所有「叉子」歸為一類，安排了擺放的地方，那麼當我們在其他地方看到它的時候，就知道將它收在哪裡，而不用每一次重新尋找。歸類的缺點是，區分的標準通常過於草率籠統、沒有依據。把它用在對人的判斷時，這種傾向顯然是一個問題。為什麼有效的區分方式不再運作而偏見會產生？四十多年前，Allport（1954）將偏見解釋為「過度類化」，人們認為某個團體裡的所有成員都以相同的方式行動、理解、感覺與思考。更甚者，即使接收到與這些假設相牴觸的訊息，他們仍堅持原來的想法。

幼兒會以概括的、具體的分類方式來組織訊息，他們通常注意到視覺上顯著的特徵而不會去注意事物的功能。舉個例來說，幼兒會以顏色作為歸類物品的依據，儘管以功能性來講，它們可能有些是工具、有些是運輸工具、有些是食物。孩子不大可能用國籍來做區分，像法國人與高棉人這樣的術語及概念對他們來說是沒有意義的，除非他們和這些國家有直接的經驗。

幼兒的歸類通常也是固定的、成對的，他們看到的是事物最終的特徵而不是特徵呈現的程度。如果他們認為兩組事物是不同的，他們會拒絕注意兩者之間的共同點，或考慮到他們的複屬性。當我訪談兒童有關他們對種族所持的態度與理解（Ramsey, 1987b），我發現固定分類法的模式有相似之處。一位白人幼兒（住在優勢的白人鄉村社區）注視著照片中的非裔美國孩童與華裔美國孩童，然後描述後者為「一點點像中國人」，前者為「很像中國人」。她能夠去區辨誰「看起來像我」（白人）及誰「看起來不像我」，但即使我直接指出外表特徵的差異，他們也無法再進一步細分。當他們長大時，兒童比較能夠理解異同點是可以並存的。如果問學前幼兒壞人是否可以變成好人，通常他們會異口同聲的說「不會！」不過，國小二年級的孩子或許能夠解釋一個人何以既是好人又是壞人。

社會認知

人際間與社群間的理解、尊重與團結需要具備了解他人觀點的能力。「社會認知」（social cognition）一詞，廣泛地被用來概括對其他個人和團體如何了解、感受與行動的體認與領會。

幼兒傾向於以他們自己的角度來詮釋事件，Piaget 使用「自我

觀點為中心的」（egocentric）的字眼，不要與「自我中心的」（self-centered）相混淆了。譬如：當他們看到一張父親安慰小孩的照片，他們可能開始談論一則最近自己得到安慰的事件，而不是將焦點放在照片中父子互動的情境。這種以自我觀點為中心的特性，儘管限制了幼兒從客觀或多重觀點來看待訊息的能力，卻也增進他們對他人自我參照的移情作用。教師或父母經常描述一個兩、三歲的幼兒，如何試著用自己最心愛的娃娃、毛毯去安慰同伴，因為他們認為對方會和自己一樣覺得受到安慰。早期移情作用的顯現，已經從嬰兒身上被觀察到（Sagi & Hoffman, 1976），而且，幼兒本身對強烈情感經驗的記憶可能促進這種作用的發展。因此，在兒童可以理解另外一個人在思考或關心什麼之前，他們就可以對他人的情緒經驗作回應（Borke, 1971）。這個早期的能力對教師與父母來說，是值得善加把握的機會，他們可以藉此幫助兒童看到他人與自己的相似之處。譬如，白人幼兒無法理解他們自己置身於中國觀察者面前是怎麼回事，但他們可以同理中國幼兒的情緒表達，而且透過與自己經驗相符的戲劇或故事來同理他們。

當兒童長大之後，他們更能夠區辨別人的和自己的觀點。當他們看到一個正在哭泣的孩子，他可能會問他為什麼哭並且試著去幫助他。幼兒也開始知道他們自己的行動會影響到別人。一天晚上，七歲多的丹尼爾堅持要他的父親為他讀故事書，即使這一週應該由我來做這件事情（我們每週輪替，分別為兩個孩子說故事）。後來，他跟我解釋那天晚上他特別要爸爸為他讀故事書的原因，並且再三保證隔天晚上就換回來。我被他認真的態度所感動，同時發現，多年來他一直被教導當他說了或做了某件可能傷害他人的事情時，必

須考慮到對方的感受，由這件事來看，他終於真的懂了。但幾天後，他對一位玩伴說出了侮辱的話，並且告訴對方他恨他，要他以後不要再到家裡來玩了。顯然沒有考慮到他剛剛說了什麼，以及他的話可能會讓那位小朋友覺得傷心，我希望他能顧及別人感受的用心可說完全白費了。能夠了解他人的觀點，並不表示我們就能夠回應他人的觀點。

　　當孩子上小學之後，他們開始發現自己成了他人想了解與感受的對象，這個發展可以讓孩子變得更體諒別人，並且更能夠與他人及團體合作。再說，這樣的覺察可以使孩子有自知之明，並在乎同儕如何看待他們。而有些孩子會順從團體規範，並在合宜的穿著或行為方面發展更固著的想法（例如：性別角色），或者為了獲得團體內同儕的認可而與外圍團體對立，這種傾向嚴重地影響了團體與團體間和諧穩固的關係。因此，發展社會認知能力不是一個直線的過程，而是成熟的、機動的及可激發的因素持續改變的結果。在每天與幼兒的互動過程中，我們必須考量我們所鼓勵的是哪一類的社會認知。

☀ 了解兒童如何思考與感覺

　　這一章開始將描述兒童對某些社會差異與自然環境的認識與感受。每一位孩子及每一個兒童團體都具有獨特的經驗與個別的觀點。要有效地跟兒童一起工作，我們必須明確地了解他們知道什麼、不知道的又是什麼，他們被什麼所困惑，以及他們對不同的人與情境有何感覺。父母可能認為，他們非常清楚自己的小孩有什麼樣的想法，然而，孩子隨時在改變，也隨時反覆思考那些除非我們願意花

時間去觀察，並主動詢問他們的想法，否則不會浮現的新議題。

　　謹慎地觀察幼兒是一個了解他們正如何與不同團體和自然環境互動的好方法。在教室與鄰里中，兒童形成什麼樣的團體？是否融合了不同的種族、性別與社會階級？或他們的特質太相近？幼兒如何回應不同的故事、玩具、圖片？經由密切地觀察兒童，與謹慎地聆聽他們的對話，教師與父母可以了解許多孩子對世界的觀點。例如：一位老師聽到一個孩子堅決地說：「只有白人娃娃才能穿漂亮的衣服」時，警覺到她的白人幼兒對黑人的負面觀點。經過進一步觀察之後，她注意到，黑、白娃娃總是被分別放在不同的床上，而且，黑人娃娃比白人娃娃更常被稱為「壞小孩」。如同我在第一章中所描述的，當丹尼爾詢問是否年長的訪客就是「老巫婆」時，我很快地意識到我們家很少跟年長者接觸，就連家中照片或丹尼爾的書中也幾乎找不到他們的影像。我們可以利用孩子的這些反應來分析他們當下的心理狀態與感受，進而思考什麼樣的經驗能有效地消除他們的揣測並拓展他們的視野。

　　我們可以利用照片、娃娃、戲偶與故事等，更明確地引發幼兒對不同人群團體的想法，有時候只是與孩子一起翻閱雜誌、觀賞圖片，即可激發他們的意見與疑問，這些都能顯示兒童對各種社會與自然現象的知識、想法及感受。了解兒童想法的最佳方式之一，就是設計活動以提昇孩子對「差異」、對社會與經濟不平等，以及對環境議題的覺察，然後謹慎地觀察分析他們對這些活動的反應。他們如何回應對不同生活型態，或為社會與環境正義而努力的人物所描繪的故事與圖片？他們接收什麼樣的訊息？他們如何詮釋這些訊息？他們有哪些疑問？他們關心的是什麼？我們不只要了解兒童當

下的心理狀態，我們也要為新趨勢作規劃，設為努力的目標，調整我們的資訊和活動以符合兒童的興趣。與特定主題相關的活動與問題，都會呈現在第一篇以下各章的結尾。

反省我們及我們的兒童正在學習什麼

　　第一篇的後面各章包含反省與文獻探討兩個部分，討論成人與幼兒如何受到種族、階級、文化（包括與自然環境的關聯）、性別（包括性傾向）、能力與殘障的影響，以及他們如何理解這些內容。每一章都以一些問題與反省展開，思考作為成人的我們如何看待自己，這將如何影響我們對自然與社會世界的詮釋，以及如何形成我們培養與教育孩子的態度與實踐。從事幼兒教育工作與養育兒童的我們必須了解，個人的背景與社會地位如何影響一個人的價值觀與態度，它們又如何構成教養孩子，與對待他人的基礎。釐清這些主觀的想法並了解它們的根源是痛苦且困難的過程（Ladson-Billings, 1994）。許多人抗拒承認種族主義與其他形式的歧視所帶來的影響，因為他們寧願相信美國大夢——如果人們夠努力，他一定會成功——或者，他們會成功都是因為他們努力工作，而不是因為他們所擁有的特權地位（Sleeter, 1992）。我們很多人被教導不要去強調種族、階級與文化的差異，而只看到個體的表現。「孩子只是孩子，全世界都一樣」。然而，在這個國家（可能大多數國家也一樣）成長，而不受到無所不在的刻板印象與態度的影響實際上是不可能的。與其躲在假裝寬容的背後隱匿與否認這些感受，不如去承認與分析它們（Tatum, 1997）。我們也不能忽略社會與經濟環境如何深深地影

響兒童的生活。如果假設生活在貧民區或偏遠地區的兒童，與在高級住宅區成長的兒童具有同樣的生活經驗與視野，那就扭曲了事實。我們需要了解每一位兒童如何適應其特定社會與自然環境的限制、可能性與價值觀。此外，我們也需要了解，我們本身的背景如何影響了我們對兒童適應情況的看法。這些問題在下面幾章的一開始將以第一人稱的口吻來書寫，大家可以在反省個人與專業生活時，詢問自己這些問題。而且，它們也適用於團體討論。

每一章的第二個部分，探討的是我們所了解到幼兒對本書的主旨所產生的想法與感覺。這些討論並不是企圖完全界定兒童在特定階段應該知道什麼與可以學習什麼，而是指出一些趨勢與類型來協助教師以及父母傾聽和預期幼兒的憂慮與疑惑，並且鼓勵孩子去察覺與批判這個世界的矛盾。每一章的最後一節提供了一些明確的建議，作為觀察孩子及與孩子對話的參考，藉此我們可以更清楚地發現他們知道什麼、想什麼及有什麼感受，這也正是那一章的重點所在。

本書第一篇各章的目的，在協助讀者反省他們的生活與態度，並更清楚地了解他們獨特的孩子可能經驗到的事物。然而，這幾章所提供的資訊在類型和數量上都不相同，那是由於我個人的背景及各領域可供參考的研究所致。我進行過許多研究都與幼兒對種族、社會階級與文化所持的態度有關，所以第三及第四章中有較詳細的敘述及直接的實例。因為目前已有許多關於語言差異、性別及殘障等領域的絕佳資源，而且在這些部分我沒有太多直接的涉獵，所以我參考其他相關的資料，並涵蓋在第四、第五及第六章。由於幼兒或成人對性傾向態度的研究付之闕如，在第五章只做了簡短的介紹。

成人與幼兒對環境態度的研究（包括在第四章）是一個相當新的領域，因此這一方面的討論比較簡短且有較多推論。

把這些主題劃分為獨立篇幅的好處是，讀者能夠以更深入的方式將焦點放在個別的領域，而且不會突然被淹沒在過多的訊息當中。然而，它的缺點是這樣的安排意味著這些因素是獨立運作的。在每一章裡我都試著指出它們之間的糾葛關係且不斷地交互影響。當你閱讀的時候，你將會想到許多其他——特別是出現在你生活中的——相互關聯的問題。

在進入下面四章之前，問你自己「我是誰？」且盡快寫下答案。這些答案將提供一個簡明的架構，引導你思考在你的本質中有哪些顯著的特性，以及哪些可能是你想要忽略或視為理所當然的。將這些答案放在你的面前，記錄你對每一章開頭所提出的問題與省思有什麼樣的回答與反應，花一些時間思考這些議題如何影響你的生活與你目前的想法。

我希望當你閱讀這些篇章時，仍持續地發展「反省的、明確的」認同（Banks, 1997, p. 138），並對結合了多種特質、獨一無二的你，產生新的見解。包括你在哪裡與如何形成這些特質，以及它們如何影響你對他人，及對教育兒童的態度。

註釋

①譯者按：Martin Luther King 是美國著名黑人民權領袖，他以和平的方式爭取人權，曾獲諾貝爾和平獎，一九六八年被刺身亡。

第三章

經濟的脈絡

社會階級

省思

　　許多有關權力與特權的討論都隱含社會階級的問題。在你回答「我是誰」的問題時，你是否列出你的社會階級？為確認你的階級地位，想想你在乎的是什麼。這個國家的多數人都在乎金錢，而且通常都覺得不夠用。但不同的富裕程度對損失的解讀也不同：我是

否擔心這個星期付不出租金或養不起孩子？或者煩惱沒有足夠的退休金持續地維持現有的生活方式？我必須放棄一趟旅行？還是一部新車？我必須讓孩子放棄念昂貴的私立學校嗎？

　　通常中上收入的人在回答「我是誰」的問題時，不會提到他們的階級背景，但勞工階級或貧窮家庭出身的人則不然。社會階級的高低通常與富裕程度成正比。有些在財務上比較有保障的人通常不會察覺到財富在我們的生活中所扮演的角色。許多年以前，我為一個低收入社區的聯合基金日托中心工作。一開始，我對於家長與老師無時無刻的危機意識感到不耐煩。一段時間之後，我終於了解，我之所以沒有這種感覺，是因為我有相對的財富作靠山。如果我的車子壞了，可以馬上送修，而不用依賴朋友接送或大眾運輸工具。當我需要看醫生時，只要預約後就可以去看，大約一個小時就回來了，不需要耗費一整天的時間在地方醫院的急診室等候。學校的許多需求也反映出同樣的盲點。戶外教學的費用、學用品的補充、校務通訊的繕打及影印都需要金錢或設備，這些對中產階級的父母而言好像微不足道，但是對窮困或勞工階級的父母來說確實是個負擔。

　　想要釐清對不同社會階級團體，與不平等薪資分配的原因等等這些議題有哪些主觀的認知，我們可以問自己下列的問題：當我聽到某人是個清潔工、醫生、裝配工、業務主管、女工、經營者時，我的心裡出現了什麼圖像？我對種族、性別、教育及不同職業的人所具有的特質有何看法？我認為哪一類的人跟我比較接近？我想要認識什麼樣的人？我對貧富差距的現象有什麼看法？我認為這是公平的嗎？必然的嗎？我將財富與機會的不平等歸咎於窮人？有錢人？或是體制？我認為什麼事應該被改變？我積極地支持什麼樣的改變

或變革？依 Furnham 與 Stacey（1991）的見解，許多人表達對經濟不平等的不滿，但很少人真正地支持平等主義的改革。他們指出，基於各種不同的理由，多數人傾向於堅信財富不平等分配是可辯護的。他們需要經濟來源以求生存，而且不想放棄這些好處，他們害怕大幅地改變與失去熟悉的生活方式。許多人想往上爬，因而認同現存的體制。然而，很少人對事情可以如何改變有任何的想法。在目前經濟體制下的既得利益者必須誠實地想一想，他們是否真正地支持那些可能會改變他們生活方式的社會改革。

美國已經背離平等原則，而不是朝向更公平的財富分配，特別是在最近的二十年間（Huston, 1991; T. Thompson & Hupp, 1992）。一九八〇年代，生長在極貧窮（被剝奪的）家庭與極富有（奢華的）家庭的兒童人口數增加，然而，生長在拮据（例如：勞工階級）與小康（例如：中產階級）家庭的兒童人口數下降，全國六歲以下兒童有四分之一正生活在國家貧窮標準的水平之下（National Center for Children in Poverty, 1996）。許多分析專家將這種趨勢歸因於高薪、半專業與不需專業技術的工作機會降低、聯邦政府在一九八〇年代之前支持貧困家庭的方案減少，以及因家庭結構改變導致眾多家庭依賴婦女養家。最後這一點既是「因」也是「果」，因為高薪工作機會的缺乏，使得男性受僱的比例與負擔家計的能力也降低了（W. J. Wilson, 1987），這意味著更多的女性需獨立擔負養育子女的責任。由於幾乎沒有工作前景，青少年自然認為早期懷孕與養育兒童是最有意義而且吸引人的生命課題。這些經濟的轉變，對生活在貧困中的家庭具有嚴重的殺傷力，在下一節我將進一步討論。

貧窮 ✎

　　考量貧窮的影響因素時，我們應該區分暫時性貧窮（因離婚或失業所導致的短期生活品質的降低）與長期貧窮（持續的貧窮狀態，且沒有改變的可能性）。雖然這兩者都陷入家庭困境，但後者的處境更為不利，因為這些家庭的孩子可能不認為他們在主流社會有發展的空間（Huston, 1991）。這些兒童──不管任何種族──比遭遇間歇性經濟困境家庭的兒童具有更普遍的學業與同儕問題（Bolger, Patterson, Thompson, & Kupersmidt, 1995）。

　　生長在貧窮家庭與貧窮本身並不必然影響身心發展（T. Thompson, 1992）。然而，生長在貧窮家庭的普遍結果是──營養失調、不良的健康照顧（包括胎兒期）、身處在毒品與疾病之中、不安全的生活環境、高頻率的搬家、父母親不是沉溺在藥物中，就是遭受到生存壓力的嚴重打擊，以及薄弱的教育基礎──這些確實都對兒童產生莫大的危機。貧窮無可避免地影響家庭的互動，連帶地可能讓兒童變得抗壓性較低、缺乏自信、與同儕易發生衝突，以及行為失控（McLoyd & Wilson, 1992）。經濟壓力有時導致父母情緒低落與家庭衝突，繼而影響親子關係（Conger, Ge, Elder, Lorenz, & Simons, 1994）。當面臨接連而來的威脅與負面的生活事件，父母很難維持對孩子的關照與耐心（McLoyd, 1990）。在貧窮家庭成長的兒童比家境富裕的同儕更可能經歷粗暴與權威的管教方式、面臨挑釁的情境、缺乏社會支持及穩定的同儕團體（因為常常搬家），以及缺乏認知刺激（Dodge, Pettit, & Bates, 1994）。這些經驗反映經濟的限制

（例如：缺乏買得起的住宅、缺乏取得教育用品的資源）與兒童教養目標。有些人或許會認為粗暴的教養方式比較實際，可以讓兒童準備面對好鬥與不可預料的世界，而只要他們窮，他們就必須在那樣的世界裡生存。至於權威的教養方式可能有助於減少家庭的混亂，且降低親子協商的次數，相對地也減低父母的家庭壓力（Early & Eccles, 1995）。很不幸地，這些經驗並沒有幫助孩子在服膺中產階級價值與行為期待的學校教育中有好的表現。由學校教育中貧窮兒童的高失敗率就可看出端倪。Dodge 跟他的同僚（1994）在一項大規模的縱貫研究中發現，低收入家庭的孩子中有 60% 被確定有行為失控的問題，比其他社經背景的兒童高出三倍。

在美國，貧窮使得無家可歸的案例越來越普遍。沒有家，讓父母在支持孩子校內外的發展與教育時，面臨嚴重的阻礙（Stronge, 1992）。這些孩子上學時常常會面臨行政體制與通學方面的難題（例如：缺乏永久地址、沒有交通工具），而且經常因為搬家而被迫中斷學業。即使他們到學校上課，也常常遭到同學與老師的侮辱指責。當他們回到庇護所或狹窄的臨時安置所，也沒有讓他們可以專心完成家庭作業，或得到適當休息的地方。在 Valerie Polakow（1993）一本有關單親媽媽跟她們的孩子的書中提到了提姆──一個沒有家的孩子。他這麼說：「她（我的老師）討厭我所做的每一件事──我所有的作業都是紅字，也根本不管我有沒有辦法寫作業，庇護所裡到處都塞得滿滿的──那裡總是很吵而且沒有空間」（p. 145）。提姆教室裡的觀察者也記載著，當孩子們聚在一起吃午餐或工作的時候，提姆總是孤單一個人，老師並沒有試著協助他找到夥伴或加入團體。提姆有幾次在下午的時候打瞌睡，卻「被德雯女士叫我的

聲音給嚇醒」（p. 145）。

　　暴力對美國人而言就像蘋果派一樣地普遍，而且所有的社區都有這種情形，但是，這種現象在貧民區卻特別地普遍，對兒童及他們的家人具有破壞性的影響。Garbarino、Dubrow、Kostelny 及 Pardo（1992）等人的書中討論到暴力對兒童的影響，他們發現住在高暴力社區的學前幼兒通常比他們的同儕更黏人與膽怯；學齡兒童則較有侵略性；青少年較早熟、非常年輕時就有混亂的性關係並服用藥物。整體而言，這些社區裡的兒童比一般兒童較常出現學習困難、負面情緒、校園問題、道德發展遲緩、覺得沒有前途和希望，並且藉由攻擊他人與／或物品來證明自己。反之，如果孩子的家庭能夠提供有保障的基本生活，以減緩暴力帶來的影響，就比較不會出現這些現象。

　　這些統計與研究無法呈現的是，為了給孩子像樣的生活，窮人們每天必須在令人無法想像的打擊中掙扎。在一系列的訪談中（Cook & Fine, 1995），非裔美籍貧民母親們談到她們所遇到的一些兩難困境。一位母親描述，要工作還要監護孩子簡直是不可能的任務，她們其中一位已經因為藥物遭到控告而被關進監獄：

> 我認為我是一個好母親，我不嗑藥……家裡也沒有毒品，所以重點並不是我有沒有陪著他……然而社會大眾總是認為，你應該隨時知道你的孩子都在做些什麼，事實並非如此……我花兩個小時去工作，再花兩個小時回來，而且我一天要站十個小時，所以一天有十四個小時我不在家。（p. 127）

　　這些母親也表達了她們在學校遭受冷落與輕視時的憤怒與挫折。「噢……他們是勢利的，他們是勢利的，……我覺得即使我沒有（完成學業）你們也不應該嘲笑我……而且，我相信如果他們把人當人看，沒有誰比誰高尚，你會發現更多的父母會樂意來幫忙的」（p. 128）。這些話中值得注意的是，雖然覺得挫折，這位母親仍然表達了一些樂觀的想法──如果學校教職員將家長視為平等的合夥人，那麼父母將願意參與學校教育。

　　這些母親必須不斷地監督他們的孩子，以及對抗來自同儕的壓力，Cook 與 Fine（1995）認為，我們常見的警語──「勇於說不」跟「拒絕暴力」──是「對這個脈絡全然不適用的。這些婦女無法天天把我們認為應該宣揚，但對她們來說遙不可及的自由主義掛在嘴上」（p. 132）。這些母親們描述，她們必須幫助孩子學習如何生活在一個充滿誘惑的世界，以及如何去「與社區中不討人喜歡的人打交道而不至於冒犯他，而且知道如何在適當的時機擺脫他們」（p. 134）。

　　這些母親被可怕的束縛所牽絆。她們的孩子需要許多的支持、監督與忠告，以克服出身貧窮的殘酷困境，而且這樣的處境足以嚇壞與麻痺多數的白人中產階級家庭。然而，她們可以找到的工作通常薪資很低，工作時間長又缺乏彈性，並且往往需要花幾小時通勤。所以，這些母親比中產階級的媽媽們更沒有時間監督並支持孩子。Cook 與 Fine 質疑受到種族與經濟特權保護的父母與教師：

　　　　想想……你無法再欺騙孩子了（關於安全方面的問題），因為她
　　　　聽到窗外的槍聲；而你和家人對唯一能指望的政府機構，有著一

種強烈的矛盾心情，有時候覺得反感。在這裡，最永久的公家機構是監獄和少年審判所，最明確的經濟系統與地下組織的毒品交易脫不了關係。儘管你竭力試圖讓孩子相信未來有可能會不一樣，但他們仍對自己的未來不抱太多的希望……在這種情況下，你如何教養孩子？（p. 137）

這些女性英勇地對抗每一種想像得到的挫折與侮辱。一位婦女談到，她一天持續花十四個小時的時間，成功地說服她剛出獄的兒子避免再次惹上麻煩。其他的人則描述她們試圖去影響學校。「我已經去過（學校董事會）了，我打過電話，得到答覆，學生的權利、父母的權利跟每一件事情……因為我真的相信打電話有用，你知道。而且我著手去做」（p. 129）。一些父母親也組成家長團體來互相支持並參與學校教育。誠如一位母親所言：

> 我參加這個聚會已經四年了，目前我不只是家長的身分，還是董事會的一員、義工媽媽及輔導老師；我只是每一件事情都做了一點點……如果我沒有投入，沒有介入孩子參與的事情當中，我會覺得我的教育與養育工作是白費的。（p. 130）

Polakow（1993）的訪談顯示，單親媽媽與貧窮是沒有種族界線的。一位有三個孩子的白人母親記錄了她們從公寓搬到汽車旅館的景況，「老鼠跟蟑螂……外面有毒販在進行毒品交易，還有娼妓走來走去……我的孩子迷失了他們的性格——八歲大的孩子也不肯吃飯了」（p. 90）。後來這個家庭成功地住進沒有暖氣設備的貨櫃屋

裡，「但是，至少我們全家人在一起」（p. 91）。不過，在被趕出貨櫃屋之後，接受訪談的同時，她們又搬回汽車旅館。

　　然而，種族也可能會影響她們所受到的待遇。一位白人單親媽媽——她出身中產階級，而且是暫時地，而不是長期地處於貧窮的狀態，描述當她為孩子的照護申請福利補助以便能夠繼續工作時，獲得福利部門的通融。社工人員本來要求她取得一份父親的聲明，「我說我不想去取得這份文件，難道我因此無法獲得補助嗎？然後，她說——程序上這份文件應該由父親來寫，但是，她從我這裡拿到它——我想她之所以會這麼做……是因為，我是一位裝扮得體的白人女性」（p. 83）。

　　除了這些恐怖的統計數字與日常困境，許多生長在貧困家庭的兒童具有成功的學校教育與生活（Gramezy, 1992）。Werner（1989）證明了產生這種情形的三種因素。首先，是兒童的個別差異，如果他們是主動的、社會化的，他們較能夠得到自己所需要的幫助或機會。其次，來自家人的情緒支持是一個關鍵因素。最後，外部的支持系統，像學校、教堂與社區團體，通常能提供情緒上與物質上的協助，讓孩子在學校有好的表現。Gramezy（1992）發現，學校教育通常被認為具有一些特性：高期待、良好的管理、良好的紀律、期待學生負責任、明確的獎懲制度，以及校外活動，這些都跟低犯罪率息息相關。

　　很不幸地，學校通常惡化，而非緩和貧窮所帶來的影響，甚至造成貧窮學生無法適應學校生活。不管所有社會階級兒童的異質性與潛能，教師與行政人員通常以學生的社經背景將他們分組，而且據以建立他們對孩子不同的期待（Bigelow, 1995; Gollnick & Chinn,

1983）。在一個著名的研究中，Rist（1970）觀察一位幼稚園老師依學生的能力將他們編在不同的小組，這些組別與兒童的社經背景相吻合。在接下來的兩年中，同樣的小組編制一直沒有改變，顯示這些孩子多麼快地完全受困於既定的角色之中。一項對貧窮地區與高收入地區的教師態度與教學實務的分析中，Harvey（1980）發現，低收入兒童的教師關切他們的學生，但是對他們的未來並不表樂觀。他們不鼓勵主動的行為，採用權威性的教學法，而且強調基本技能。而中產階級學生的教師鼓勵主動性與獨立學習，強調科學、藝術及基本能力，對學生也持比較正面、樂觀的想法。存在富裕社區與貧窮社區公立學校之間的這種毀滅性的不平等，使得來自不同社經背景的兒童無法獲得平等的教育（Kozol, 1991）。

　　Polakow（1993）指出，「在聯邦與國家政策的許可之下，為貧窮兒童所編製的課程是為了提供最廉價、最低限度的教育」（p. 149）。受到這些限制的教師很難將生活在極艱難處境中的學生視為是有希望的，也沒有察覺到這些學生正處於危機之中，而且他們通常不喜歡這些孩子（Polakow, 1993）。許多老師因而感到筋疲力盡——他們被要求用不合理的經費或支持達到不可能的任務——難怪有時候他們會直接將挫折發洩在貧窮學生與他們的家人身上。對貧窮家庭的社會與經濟環境，以及造成這些情況的大社會結構有較深入的了解之後，教師可以與家長共同合作，將他們的注意力導向應該對這些問題負責的對象——立法委員與政府官員。他們使貧民區的教育經費，以及補助那些暫時解僱員工以求利潤的企業的款項長期性地出現短缺。

兒童對社會階級差異的知覺與感受

　　一些社會階級的指標，例如：教育與職業聲望，對幼兒而言是不顯著的，而具體的線索，像是衣著、住家、特別是物質方面的差異，可以作為父母、老師與幼兒一同探究社會階級差異的媒介。幼兒從觀察他們的父母與職場、行政機構及制度的互動（或沒有互動）中，每天都會體驗到特權或差別待遇的影響。在這樣的過程中，他們的想像與期待以一種微妙的方式被形成了。在訪談許多來自不同社經背景的國小學生時，DeLone（1979）發現，IQ分數不相上下，但社經背景不同的兒童，對他們未來的工作展望及學校關係也有不同的看法。例如：一位中產階級的兒童說，為了進入好的大學，她必須努力讀書。她的低社經同學卻說，為了要畢業，他必須努力讀書。當孩子了解經濟不平等的原因，他們仍然會接受一般的看法，認為富裕還是比貧窮好（Leahy, 1983）。Cottle（1974）引用一個孩子的說法：「像你這樣有錢的人可以成為律師，像我這樣的窮人只能進部隊去」（p. 136）。甚至學前幼兒也覺得有錢的人比沒有錢的人更快樂、更可愛（Naimark, 1983; Ramsey, 1991c）。

　　Leahy（1983）主持一個大型的研究計畫（七百二十位受試者，年齡從六歲至青少年）探討兒童的社會階級觀點，研究發現，兒童對社會階級的理解經歷三個階段。國小低年級兒童可能會以觀察得到的具體名稱來描述或解釋貧窮與富裕，譬如：擁有物品的多寡與住宅的類型。到了大約十歲的時候，兒童開始提到心理的特性，譬如當他們解釋為什麼人會有不同的境遇時，會提到動機的因素。最

後，青少年能注意到社會與經濟結構在不平等的財富分配所扮演的角色。兒童到青少年時期，他們逐漸將「擁有一份工作」與「獲得金錢」的關係連結起來，而且了解到地位與財富跟特定職業之間是具有相關性的（Furnham & Stacey, 1991）。

幼兒正處於發展公平意識並注意到不平等的階段，這將影響他們對財富不平等的反應。在大量的兒童訪談中，Damon（1980）發現，美國的兒童典型地經歷一些正面的正義推論階段，反映出兒童逐漸意識到他人的觀點。從幼兒到青少年時期，他們從期待得到任何想要的東西，到堅持每一個人應受到完全相同的待遇或享有同等的資源，以及理解需求和價值可能隨著特定情況的不同而改變。當我問幼兒，有些人比別人有錢，這是公平的嗎？他們當中只有少數人試著回答，但是回答的這些小朋友認為這是不公平的，他們還建議有錢人應該與沒有錢的人分享（Ramsey, 1991c）。Leahy（1983）與 Furby（1979）發現，國小學童主張將富人與窮人的財富平均分配。然而，較大的兒童及青少年則較為不平等辯護，他們認為窮人是咎由自取（例如：他們不夠努力）（Leahy, 1990）。綜而觀之，這些發現說明了我們社會中的兒童，即使他們正在發展公平的觀念，也陷入了這個社會的潛在矛盾裡，也就是：平等的理想與經濟競爭的難以兼顧，以及個人主義所導致的不平等。

幾乎沒有研究探討過社會階級對兒童友伴關係的影響。然而，老師通常會談論到兒童以社會階級來自我劃分的情形。在一個鄉下的白人社區，幼稚園老師表達了對兒童快速地根據家庭收入的多寡來自我劃分的擔憂。這些兒童來自不同的地區，他們的家長也在孩子就讀的幼稚園互相認識，這些幼稚園分別招收經濟情況不同的幼

兒——低社經兒童就讀當地的 Head Start 及聯邦政府所資助的日托課程，而中產階級的小孩則進入需付費的幼稚園就讀。一項對不同種族和經濟背景的小學三年級生所作的同儕互動初步研究（Kang & Ramsey, 1993）顯示，兒童主要是以性別和社會階級，而不是以種族來自我劃分。另一項研究兒童對話的分析認為，許多兒童的興趣與活動反映出不同的財富水準（例如：舞蹈課、滑雪、某些地區的社交活動），同時也抑制了不同社會階級間的接觸。

　　總而言之，幼兒對於社會階級差異的理解是非常有限的。然而，幼稚園與國小低年級階段的孩子，正發展對富人與窮人的區別與態度，以及他們自己的經濟願景。一個令人不安的發展趨勢是，幼兒認為不平等的分配是不公平的，但是，當他們逐漸長大，會慢慢接受這個事實，而且譴責窮人的貧困。身為老師與父母，我們應該協助兒童認清與批判我們的經濟體制如何造成經濟的優勢與劣勢。

消費主義

省思

　　當思考有關社會階級背景時，我們也需要考量我們對消費的態度。你可以問自己一些這樣的問題：我多久逛一次街？我花在看廣告、型錄、網路購物的時間有多長？當我看到某人擁有新東西（例如：衣服、汽車、運動裝備）的時候，我的感覺如何？我也很想立

即擁有它嗎？他人的物質財富與追求時尚的能力如何影響我對他們的評價？當我回想我的消費行為，有多少錢是花在沒有必要的用品上？當東西破損時，我是將它送修，還是出門再買一個新的？我根據什麼標準來決定是否購買一件新物品？如果舊的物品還堪用，我會將它送到垃圾場嗎？

　　身為父母，我們必須注意是否在不知不覺中對孩子強調「擁有」物品的觀念。幾乎所有我認識的父母都喟歎他們的孩子不斷地要求最新的玩具，而且我們常常在商店街遇到彼此都正在為孩子買東西，理由可能是某人生病了、玩具壞了、父親或母親必須離開一段時間，或者孩子已經為某樣玩具存了一些錢，現在有能力購買。我們抱怨，但是我們無法自拔。

　　老師有時候也會無意中鼓勵兒童的消費主義。圍繞著聖誕節所做的討論通常會提及禮物的問題──來自低社經家庭的孩子可能會覺得被忽略。在某些班級，兒童帶玩具來學校「分享」，這樣可能讓兒童對他們所擁有的物品感到有競爭的意味。一位家長告訴我，她讀幼稚園的孩子為了帶什麼玩具去學校分享的問題焦慮了好幾個小時，而且如果當天帶去的玩具沒有受到注意，回家後他會覺得很沮喪。為了要對抗消費主義，父母與老師必須通力合作，以發展教育目標並互相支持。例如：父母與老師可以協議，與其讓孩子帶玩具來分享，不如請他們展示和說明自己製作的玩具。但是這個方法要產生作用，父母與老師的態度必須一致。如果有一位小朋友帶花俏流行的玩具來，其他人會覺得不得不跟進。

　　消費主義、階級、種族與性別以某種特別有害的方式產生交互影響。大多數的白人男性屬於高收入團體，而大部分的非裔、亞裔、

拉丁裔美國人及白人女性則屬於低收入團體。然而，社會上的所有人都受到消費市場的歡迎——假設大家都是有錢人。對於無法從其他途徑得到成功與滿足的人來說，「至少還有一點能力避免看輕和厭惡自己」（West, 1993, p. 17），購買力是他們唯一的權利，而且，說得誇張一點，可能也是獲得自尊與幸福感的來源。同時，我從與室友的對話中了解到，那些受到壓抑的人通常因他們的外表和所擁有的物品而被草率地評斷，因此，他們更有穿流行服飾、買新款車子及設備的壓力。商人完全了解這種心態，常常在貧窮社區刊登密集的廣告（Nightingale, 1993）。父母親很容易掉入這個陷阱，因為替孩子打扮可以彌補其他他們無法為孩子做的事。因此，買得起的人都會花大量的錢來購買新的、昂貴的衣服、汽車、立體音響設備及其他奢侈品。競爭與財務的壓力導致人際間的緊張氣氛、破壞團體的和諧與政治行動的可能性。這個誘人的消費主義「造成以市場導向為主的生活方式，因而使前人傳給後世的非市場價值——愛、關懷、為他人服務——漸漸地被排擠掉了」（West, 1993, p. 17）。「白人的『消費者資本主義』入侵黑人生活的行徑，應該對社會與政治團結的腐化負起責任」（Haymes, 1995, p. 31）。

兒童所理解的消費主義

金錢顯然是我們經濟狀況的具體表徵，而且大多數在美國（以及其他以金錢為主的經濟環境）長大的兒童在幼年時期就對金錢產生興趣。當兒童逐漸發展出對金錢具體的理解，通常會經歷一系列的階段（在三到五歲之間）（Berti & Bombi, 1981）。最初他們只有

一個模糊的概念，知道金錢與購物有關，而且從店員那裡找回來的零錢是他們的收入來源。然後他們學習到買東西必須付錢，但是他會認為所有錢幣的種類是等值的（例如：五分幣跟二十五分幣是一樣的）。在第三個階段，兒童知道幣值的不同，但是無法理解他們的價值與購買力之間的關係。最後，當他們進入國小階段，兒童了解到有時候他們可支配的錢不夠讓他們購買想要的東西。

經歷過這些階段後，兒童對金錢的理解開始反映較邏輯性的思考（Edwards, 1986; Furth, 1980）。國小階段的兒童開始將早期對數學的理解應用到物品與金錢上，有些人起初會認為錢幣的數目與商品的數目必須有精確的一對一的對應關係。當他有了與金錢相關的交易經驗，兒童學到鈔票與錢幣具有特定的價值，商品有一定的價格，而且他們也樂在金錢交易的活動中。

在墨西哥逛假日市場時，我們明顯地看到了兒童對金錢與其購買力的理解有發展上的差異。丹尼爾六歲的時候，就會有系統地走到所有的玩具攤位前，一遍又一遍地詢問「多少錢？」而且通常能快速地確認他的零用錢（他每週的零用錢是四比索，大約五十分美元）是否足夠買某樣玩具。安德魯（當時四歲）總是跟在丹尼爾的後面，他也會問「多少錢？」但是之後他會表示他要買這個玩具——非常自信地認為他的二比索（大約二十五分美元）是足夠的，不管那個玩具要多少錢。

兒童如何與何時學到金錢的概念，與文化及經濟環境有部分的關聯。四、五歲可以獨立使用金錢的幼兒（例如：賣糖果和小玩意兒的兒童，或替父母跑腿的小孩），可能比那些較少自己處理金錢的孩子更快速地經歷以上所描述的階段。在以物易物的地區，兒童

可能比較晚學到金錢的概念。

　　雖然在我們的社會裡，多數孩子是熱切的消費者，常常想到金錢跟他們想要買的東西，但是十一、二歲以下的孩子對大環境的經濟制度並不清楚。Harrah 與 Friedman（1990）調查了孩子對於金錢、薪水、價格及稅金的觀念，發現八歲大的孩子對經濟制度只有零碎的與初步的理解，而十四歲大的孩子已經能了解整個經濟制度，並能將零碎的相關知識拼湊在一起。因此，當我們教導兒童抗拒消費主義時，應巧妙地從具體的層次著手，方能產生效果（例如：指出一個新的玩具與它的廣告是如何的不一致）。我的孩子跟我有時候會玩一種遊戲，我是個唯利是圖的零售商，慫恿他們購買昂貴但沒有用的玩具。雖然我們以有趣的方式來進行，但是它提供一個良好的情境，讓我們可以認真地討論人們多麼容易被不實的廣告誤導，而做不必要的花費。

　　很少有正式的研究探討生長在這個「不斷地提醒大家不應該滿足於現況」（Burnett & Sisson, 1995）的消費主義社會會產生哪些影響。然而，教師與父母卻可以花幾個小時，愉快地談論孩子們如何受到某個廣告或產品的影響。我們也都曾被孩童為了高級服飾而打鬥或互相殘殺的新聞事件所驚嚇。消費主義毫無疑問地正影響著我們的孩子，身為老師與父母的我，被這些現象與問題所困擾著。

　　兒童正學著以「得到」與「擁有」，而非「使用」與「欣賞」的觀點去認識與物質有關的事物，特別是玩具與服飾（Kline, 1993）。在兒童電視節目裡促銷的玩具多半是特別為該節目設計的，當流行的熱潮退去之後，這些玩具就失去魅力。同時，兒童玩這些玩具的方式也以電視節目所創造的角色為主，而不是以兒童自己的

想法與感受為出發點。他們根據每個和劇中角色有關的汽車、服飾及特定權力來進行扮演，而且通常忠於劇情，不能違背劇本或用錯產品。這種固著的玩法，與孩子們用心愛的舊泰迪熊、娃娃或耐用的積木與汽車模型進行巧妙且不斷變化的遊戲形成了對比。就在今晚，我觀察到兩個兒子在一個小時左右的時間裡，用他們最喜愛的兩隻泰迪熊扮演了旁觀者、犯錯和哭泣的嬰孩、空手道選手、腳踏車騎士、滑雪的人、頑皮的狗及海盜的鸚鵡等等各種角色。其間並沒有出現不斷要求玩具的角色。

兒童也正學習視自己為消費者、擁有者，而不是創造者（Kline, 1993）。他們的力量並不在於他們是負有責任的家庭成員或遊戲的創造者，而是他們能夠獲得資源以購買新的玩具與服飾。兒童常向父母施壓，催逼他們給錢，甚至，為了獲得極度渴望的東西而陷入不法的活動。我們必須問自己，我們究竟希望孩子學到什麼？這些認同與能力如何與我們對未來的期待相契合？

由於對消費的重視，孩子很快地學會從他們的玩具是否值得擁有，與玩具的多寡來判斷別人和他們自己。「它是我的！」與「我先有的！」已經在所有的校園、社區與美國世代代的家庭裡蔓延，現今由玩具所引起的競爭與排擠更是到了極度瘋狂的地步。由於玩具的流行快速變化，當兒童聚在一起玩的時候，大家帶的玩具不再是風箏、娃娃或棒球手套。如果每個孩子都在玩最新款的娃娃，你就不能帶其他過時的娃娃來。如果每一個人都改玩蝙蝠俠，機器人根本拿不出去。這些壓力通常引爆兒童間競爭性的比較，以及要求父母親買更多的玩具。

我們需要問自己下列問題：消費的狂熱對兒童的自我概念與他

們的社會關係有何長期性的影響？孩子會不會根據某個團體是否擁有某項玩具來決定要不要跟他們玩？兒童用他們玩具的口頭禪來互相打招呼嗎？這些現象對孩子們的長期影響為何？某些兒童可能對這個壓力感到厭倦，長大之後就會擺脫它。然而，其他的人可能繼續不斷地追求流行的玩意兒、用品、汽車或運動設備。在資源有限與財富分配不均的社會裡，這個現象意味著什麼？當兒童幸福感的來源是比其他人得到更多的玩具或服飾，他們如何能思考種族、社會正義、平等這些社會議題？當兒童著迷於消耗自然資源時，我們如何教育他們尊重與保護自然資源？

了解兒童所知、所思與所感覺的社會階級與消費

1. 老師可以觀察兒童如何選擇群聚的團體與玩伴，看看他們是否依據社會階級進行劃分。如果是，造成這個現象的因素是什麼（例如：放學後的活動、社區的活動、父母的朋友）？

2. 父母可以想一想孩子的朋友是否包括來自不同社會階級的兒童。如果沒有，是因為父母的某些方式造成的嗎（例如：不想與某些鄰居打交道、害怕被其他鄰居排斥）？孩子可以參加什麼樣的活動或組織來擴展交朋友的範圍？

3. 讓兒童看不同職業類型與代表不同財富水準的人物照片（確認不同種族與不同社經階層應分配得宜），而且請孩子描述所有他們在照片中注意到的細節，或者請孩子說一個特殊人物的故事，看看他們將什麼樣的經驗和特徵與職業和收入相

連結。兒童提到不同的職業時，都說些什麼？他們是否很快看出富裕程度的差異？他們是否正在接收與窮人有關的負面推想，以及接受盛行於我們社會中、譴責受害者的態度？

4. 為了了解兒童如何看待富裕程度對群體關係的影響，請他們根據「誰跟誰是好朋友」來將照片分組。

5. 要了解消費在兒童生活中所扮演的角色，父母可以記錄孩子要求買東西的次數。他們如何受到廣告、同儕壓力的影響？他們可以了解瞬間的渴望，與他們真正使用與享受玩具之間的差異嗎？當他們不能擁有某物，或者某人有而他們沒有的時候，他們如何反應？他們覺得深受打擊或是泰然處之？換言之，所有權對他們的自尊與幸福感而言是不可或缺的嗎？

6. 教師與父母可以聽聽孩子的對話，看看他們花多少時間描述與比較他們所擁有的或想要擁有的服飾或玩具。「擁有物品」在兒童的社會互動中扮演什麼樣的角色？孩子是否因為有或沒有某項物品，而被團體接納或排斥？

第四章

文化的脈絡

省思 ━━

　　當你思索自己所具有的特質時，是否包括任何與你的文化有關
的因素。像是語言？宗教？祖國？當你想到你的家庭與童年時期，
什麼樣的食物、習俗、紀念日、手工藝品會浮現在你心裡？它們反
映什麼樣的文化？有些人所屬的文化背景若是與所謂的「典範」明
顯不同，他們就比較可能以他們所屬的民族團體來界定自己。「典
範」是很難被定義的，但一般來說，它起源於歐裔美國人的習俗與
宗教。文化對於那些最近才由另一個國家來的人而言格外地顯著，
他們帶著特殊的習俗、說著不同於英語的語言、且／或實行有別於

基督教規的宗教信條，生活在一個陌生的環境裡。

文化存在於兩個層面：顯性文化（explicit culture），包括文化表現與象徵，譬如：服飾、食物、工具、紀念日、儀式、工藝、手工藝品與音樂等；隱性文化（implicit culture）是指隱含於顯性文化之內的價值觀、意義與哲學（Garcia, 1990）。例如：許多墨西哥的古金字塔被奉獻給雨神，並以複雜精細的水紋圖騰做裝飾。這些古金字塔象徵生活在當地乾燥氣候的人們所關切的事物，以及希望確保水源供應的信念。也就是說，古金字塔是當地顯性文化的表徵。再舉一個現代的例子：美國的「大型購物中心」就是我們文化中追求新奇與競爭性消費的顯著表現。要辨識你的隱性文化，你可以問自己：在成長過程中，我的家庭強調的是哪些價值觀？我的家人與社區裡的人如何互動？他們認為成功的定義是什麼？他們所害怕的是什麼？我所記得的習俗、食物與節慶隱含著哪些價值觀和重要性？

文化總是在人們回應新的情境與影響時逐漸形成，我們要謹慎地不要認為它們停留在過去的時間裡。要判斷你的文化正如何改變，你可以問自己：身為父母或教師，我的價值觀與工作態度和我的父母與教師有何不同？我維護什麼樣的傳統？哪些事物對我而言是最重要的？哪些部分已經不再與我的生活有關聯？文化團體與主流團體之間的關係是跨越不同世代而逐漸發展的。同樣的，在他們的一生中，個別成員可能在不同的文化脈絡中來回轉變。值得思考的問題是：和我同屬一個文化團體的成員們跟我童年時期比起來，現在是否多少有一點被主流文化所同化了？我是否仍維持成長過程中所屬文化團體的生活方式，或者我已經融入其他的文化脈絡？

任何文化的核心部分是它與自然環境的關係。身為你所屬文化

的一員，不妨問問自己下列的問題：我如何理解日復一日、年復一年的自然節奏？我與我的文化團體成員試著與自然和平共處，而且把自己當成是生態系統的一部分嗎？或者我們總是試著去控制或征服自然界的力量（例如：在沖積平原蓋房子、使河流改道、建築水壩、種植不屬於這塊土地的農作物與牧草）？我是否意識到自己一天或一年中消耗掉多少石油、瓦斯、水、食物及其他天然資源？我知道我每天或每年究竟製造了多少廢水、垃圾或空氣污染？

　　我喜歡戶外活動，而且熱心地參與環境保護的立法與推動。然而，由美國印第安作者的作品及在墨西哥生活的所見所聞，得知當地原住民雖然受到經濟壓迫，但仍對他們的文化與精神生活有強烈的影響，我終於了解我對自然的認知仍然只是建立在歐洲的傳統思維——自然之所以存在，是為了要被利用、被享受的，以及被像我這樣的人所馴服的。以下引言出自 Paula Gunn Allen（1992）的 *Sacred Hoop: Recovering the Feminine in American Indian Traditions* 一書，這本書是許多深得我心的書籍之一，它將動植物、河川山岳，與人類都視為同一個生態系統的組成份子，沒有一個物種有權支配或破壞其他物種的棲息地，這種以生物為中心的觀點，讓我認清自己那以人類為中心的觀點差異有多麼大。

　　　在宇宙的巨大階梯中，土地和樹木位於最低階，動物稍微高一些，而男性（絕不是女性）——特別是「文明的」男性——則位於最高層。這種想法，確實與原住民的想法相違。美國印第安人將所有的生物視為親屬……是大自然的子民，是共同的造物者，是我們母親的孩子，是一個有條理的、和諧的、與充滿生氣的整

體中不可或缺的一部分。（p. 59）

多數的美國孩子正被教導將大自然當作是可以征服與開發利用的某件東西。在沙坑裡，他們不是「築路」就是「挖到地球的另一邊」。無論在家裡或學校，兒童（特別是男孩子）花許多時間玩卡車、怪手與推土機。來自認為地球是神聖不可侵犯的家庭與團體的兒童，可能與學校同儕文化、故事與討論中常見的「征服地球」的觀念格格不入。同樣地，要求在怪手與推土機環境中長大的孩子去了解什麼叫尊重地球，也是很困難的。

空間、時間與數量關係同樣也在一個文化與經濟的脈絡中發展。在美國與多數以工業市場經濟為基礎的國家中，時間、空間及價值都被精確地定義，並採用標準單位來計量，像是小時、英尺與美元等。但在傳統的社會中，時間、空間及價值可能會以比較相對的與連續的方式來計量，或在日復一日、年復一年自然循環的脈絡下，或以人類立即性的需求來衡量。

在某些文化中，時間是直線的，而在其他文化中則是循環的（Allen, 1992）。你認為時間是某種會被消耗掉的東西嗎？或者你比較關注每天的節奏，或事件的反覆發生？像是夕陽西下與例行儀式這類的事？你是關照當下？或者你總是想著下一件必須做的事？多數美國人將時間當成是直線的，而且許多人覺得他們在跟時間競賽。利用手錶、行程表及車上電話，我們試著去控制時間且從不「浪費一分鐘」。等待是無法忍受的，不論那是指遲到的客人或被困在車陣中。然而，當與時間對抗的競賽不存在，等待有另一種不同的意義。有一天下午，我帶著丹尼爾到墨西哥鎮上看當地的醫生，我

們出發時大約是他開始看診後的一個小時。我們抵達的時候，候診室裡擠滿了人，而我們所得到的回答是醫生還在午休，我嘴裡唸著「浪費時間」，且心裡惦記著那個下午應該要完成的事。而其他在候診室裡的人閒聊著個人的症狀及當地的政治衝突。四十五分鐘之後醫生來了，他的病人恭敬而且熱切地和他打招呼，沒有一絲絲的怨言。更特別的是，有些人堅持一位比大家都來得晚，但是看起來似乎很痛苦的老年人優先看病。就在那一刻，我對剛才的反應感到困窘，而且對自己缺乏隨遇而安與同情的態度心生羞愧。某些文化對時間的態度是較重視當下的，而且不管目前正發生什麼事，都以事物本身的價值為重，而非考量是否能對達成未來的目標有幫助（Jones, 1986），相較之下，我們所強調的「高效率」的做事方法就顯得有些粗糙與荒謬。

　　這兩個不同的時間觀點，可以用兩個大家熟知的兒童故事來解釋。在 *Mike Mulligan and his Steam Shovel*（Burton, 1939）一書中，故事的主角是一位白人男性與一部機器，他們跟時間競賽要在預定的時間內完成地下室的工程。如果他們做到了，他們將得到報酬。而在印第安人的故事 *Annie and the Old One*（Miles, 1971）中，毯子編織完成意味著主角的祖母即將面臨死亡。孫女試著拖延時間，但祖母告誡她不可干擾生與死的自然節奏。

　　我們都在特定的文化脈絡裡學習物質與社會環境的種種，也在特定的文化脈絡下教育與養育兒童。然而，我們通常看不見自己的文化，因為我們將它視為理所當然，而且認為每一個人都以相同的方式生活——或應該那樣生活。我們必須更意識到自己獨特文化脈絡的價值與重要性，才可以評論與改變它們，也將更真確地與尊敬

地看待其他文化脈絡。

文化對兒童發展的影響

　　外子、丹尼爾（那時三歲大）和我從墨西哥搭巴士到約四小時車程的某地。我的背包裡帶了書、玩具及幾包餅乾。一個與我兒子年齡相仿的小男孩跟他的母親一起坐在我們的前座。丹尼爾有些坐立不安——在他的位子上爬上爬下，在走道上走來走去，而且不時地問我們什麼時候會到達目的地。我不斷地拿玩具跟書給他，這樣可以讓他暫時地安靜下來，但是，不一會兒功夫又故態復萌。在這段期間，那位小男孩靜靜地坐著、靠在他母親的身旁。旅途過了一半之後，這兩個小男孩開始透過座位的縫隙互相偷看，而且嬉戲起來。丹尼爾（在我的慫恿之下）拿了一個小小的玩具摩托車給對方，他看了一眼之後把它還給我們。這時候，小男孩的媽媽打開她的手提袋，拿出一堆果汁、優格、水果與餅乾，相較之下，我的幾包餅乾顯得微不足道。很快地，這些迎合丹尼爾喜好的餅乾、飲料與優格，讓這兩個小朋友從座位的縫隙間保持接觸。旅程快結束的時候，小男孩開始有些不安，他的母親斥責他，直到我們下車前，他都很安靜地坐在座位上。

　　觀察這趟旅行所攜帶的物品與所表現的行為，說明了文化如何影響教養孩子的方式。對我而言，用玩具與書來吸引與教育我的孩子是優先被考慮的，它反映我——白人、中產階級、美國人的觀點，而食物是次要的——只是用來免於飢餓罷了。所以，習慣被玩具、書與活動刺激的丹尼爾感到煩躁不安。對小男孩的母親來說，食物

比較重要，而且他已經學會如何安靜地坐幾個小時，而不需其他物品來排遣無聊。

　　我們期望孩子如何成長，乃是受到文化習俗及日常睡眠、飲食、遊戲與學校例行活動等生活細節的影響。想想你自己的童年與你目前教養孩子的方式。初學走路的孩子應該自己吃飯或應該被餵食？你的孩子是被抱著，還是被鼓勵自己走路？幾歲的孩子應該接受如廁訓練？幾歲的孩子可以開始分擔家務？幾歲的孩子可以照顧自己和弟妹？兒童在成人身邊應該表現什麼樣的行為？我們要他們謙卑文靜或希望他們追求關注與讚賞？我們認為孩子最好的學習管道是透過觀察社區裡的成人，或者由專業的老師提供明確的教學？這些問題的答案與許許多多其他的事物，都足以反映我們的文化價值與實踐。

　　睡眠的安排戲劇性地說明了文化價值的差異。多數的美國小兒科醫師與父母指南都堅持兒童從嬰幼兒時期就應該自己睡覺。如果孩子晚上哭了，可以採取忽略的方式或是進去安撫孩子，但是不要餵他或抱他。反正不管怎麼做，都不要讓孩子和你一起睡。然而日本的老奶奶卻有相反的意見，她說在她們那個年代，「沒有一個孩子是自己睡的」（Lebra, 1994）。

　　撇開文化價值不談，獨睡也需要許多個別的空間——房間與床——及適當的溫度（在某些地方，睡在一起是取暖的唯一方法）。所以，它反映的是一個相當高級的富裕水準。Rigoberta Menchu（1983）描述她在瓜地馬拉的家：「我們都睡在一起……我們沒有床墊之類的東西……夫妻睡在一起，但沒有獨處的空間」（p. 47）。

　　世界上的許多家庭，包括美國在內，共睡是考慮到許多文化與

經濟方面的因素，而且讓他們的孩子身心健全地成長。事實上，他們認為讓孩子獨睡似乎太過冷漠與嚴厲。我們收養安德魯時，發生了一件出乎意料的事。為了得到美國收養機構的認可，我們必須證明我們有足夠的空間給第二個孩子，最好是一個獨立的房間。然而，安德魯已經在智利的收養家庭生活了三年，一直跟其他六、七位孩子擠在一個房間裡。當我們回到美國的住所，安德魯有了自己的房間——符合美國的標準——但他拒絕上床睡覺，我們試著留下他一個人的時候，他激烈地抗議。每天晚上，我們花許多時間哄他入睡，等他終於睡著了，我們再躡手躡腳地走出他的房間。沒想到一個多小時後，他又驚慌失措地醒過來。那一刻，筋疲力盡的我們，腦中仍迴盪著小兒科醫師與父母指南的諄諄告誡——但我們多麼想將安德魯抱進我們的房間啊！直到丹尼爾從驚訝中恢復，不再激烈地嫉妒安德魯的出現，並且同意跟他住同一個房間為止，我們才解決了安德魯的睡眠問題。

在最近的一份跨文化研究選輯中，Greenfield（1994）描述文化與兒童教養策略從各自獨立到互相依賴的連續變化過程。越是個人主義文化的成員（位於連續線上獨立的末端），越是與他們直接的核心家庭，而非與廣大的社會共享資源。他們比較不願意犧牲個人目標來成就集體目標，認為自己應對個人的成敗負責，並且體驗到與社會之間某種程度的疏離。而集體主義文化中（在連續線上相互依賴的末端），人們考量自己的行為對他人產生的意義，與他們的社會共享資源、強調和諧，因有羞恥心而有所節制，認為自己是團體生活的一部分（Hui & Triandis, 1986）。

在美國，多數兒童發展與教育的相關理論及建議都反映連續線

上個人主義的部分，認為兒童應該成為獨立自主的個體，並能夠建立自己的生活，而且多半會遠離他們的父母。大人對孩子表揚和指責的方式通常也反映出這類個人主義目標。老師可能會說：「看看你自己獨立完成的這座塔，真了不起！」但是，卻沒有注意到兩個孩子共同發展出來精緻的幻想遊戲。在某些教室裡，兒童被警告「做你自己的事，不要跟旁邊的人說話」。我們也可能在無意間微妙地鼓勵了競爭。父母通常對孩子做這樣的評論：「太棒了！你已經念完那本書了。嗯……你們班上還有誰看完呢？」有時候老師會由張貼「最佳作品」，以及公佈已經完成某些任務的學生名單，而促成孩子們彼此的競爭。

兒童是否被期待對家庭經濟有所貢獻，也反映了他們獨立或依賴的程度。Whiting 與 Edwards（1988）觀察了肯亞人的家庭中，四、五歲大的小孩幫忙務農或跑腿的情形。最近剛搬到美國的一些家庭，希望他們的孩子能協助家庭雜務，不要期待父母會停下手邊的工作來協助孩子完成學校的功課（Valdés, 1996）。另一方面，中產階級歐裔美國家庭的孩子就很少參與家事，也很少扮演家庭經濟的主要角色（Whiting & Edwards, 1988）。父母甚至會放下手邊的事，來協助孩子準備學校要用的材料，幫忙完成作業或帶他們參加課外活動。

文化與語言斷層

許多孩子以及他們的家人，在某些生活方面經歷了文化的中斷。他們可能最近剛移民到這個國家，或者他們可能一直都生活在這個地區，但仍然發現他們的文化價值與學校的並不完全一致。可能他

們搬到一個新的地區，或是從鄉村搬到城市。不管原因是什麼，文化斷層對兒童及其家人、還有了解學校教育對有些學生並無法發揮其功能的老師來說，可能是一個重要的壓力來源。

　　Tharp（1989）質疑 Ogbu（1978）所主張自願移民與少數非自願移民之間存在的差異。他指出，許多非自願少數移民團體的成員有傑出的表現，然而，許多自願移民卻有挫敗的學校經驗，特別是文化斷層因為刻板印象、歧視及經濟困境等因素而惡化時。即便是在最好的狀況之下，剛移民的兒童仍然無可避免地經歷被迫離開熟悉的事物、應付新的語言、適應學校生活及規則所帶來的混亂與困惑。Igoa（1995）生動地描述移民兒童最初的困惑、無助與恐懼，以及對新環境逐漸感到自在的過程中，所經歷的不同調適階段。誠如一個孩子所說的：「我第一次在美國上學時，我很想哭……一切都那麼令人困惑，我真的不了解……我不認識任何人」（p. 44）。

　　通常父母無法提供孩子所需要的支持，因為他們自己也正經歷相同的過程，同樣地精疲力竭與困惑。Vasquez、Pease-Alvarez 與 Shannon（1994）指出，家庭成員與朋友（包括孩子）必須集眾人之力來協助彼此弄清與填寫各種租稅、移民等相關表格，並協商租賃之類的契約。我們住在墨西哥的時候，在各方面都享有特權——我們有錢、工作有保障、擁有信用卡、一輛好車、擁有合法的簽證，以及所有想像得到的支援。但是，最初因為我們對西班牙語及墨西哥行政體系的不熟悉，導致即使辦理最簡單的手續都有困難。不論是到銀行開戶、付電費帳單、甚至領取孩子的學用品，都讓我們頗感焦慮。

　　另一個伴隨著文化與語言斷層而來的壓力是，孩子因為整天在

學校，通常比父母更快學習到新的語言與當地風俗。因此他們常常擔任父母的翻譯、協商者與教師。這個角色的轉變讓孩子學會承擔責任，進一步發展他們的語言能力，相對地，卻也削弱父母的權威。有些孩子開始拒絕說母語。這種親子間的溝通障礙可能因父母無法向孩子傳遞價值觀、信念與智慧而導致家庭關係的疏離（Wong-Fillmore, 1991）。而且，由於語言與文化有密不可分的關係（Nieto, 1996），語言能力的喪失將削弱孩子對其文化的認識。

　　當孩子對自己家庭與社會的忠誠，轉移到對同儕間流行文化與學校期待的認同，父母與祖父母通常會感到備受威脅與被取代。Vasquez 與他的同僚（1994）描述，當老師從他自己的文化觀點，告訴孩子「個人的權利比家庭的忠誠更重要」時，使墨西哥裔的美國父母感受到威脅。一個孩子為了陪他的母親去看病並擔任翻譯而不到學校上課，或者因為到墨西哥參加家人的葬禮而請假兩個星期（Valdés, 1996），可能會被老師責備，而陷入不同社會期待的兩難困境。

　　當家庭與學校的價值觀、學習目標與社會期待不同時，兒童、父母與老師往往會溝通不良，無法發展良好的工作關係，這種情況將導致更深一層的壓力。Tharp（1989）描述四種文化差異的面向，來說明兒童在教室中的不安與低成就：

1. 社會組織（例如：強調同儕合作或個人成就）。
2. 言談的習慣與禮儀（例如：等待回應的時間長度、言談與應答的節奏）。
3. 認知運作的方式，特別是口頭的／分析的，以及視覺的／整體的思考之間的差異。

4.動機（例如：對讚美與情感的回應）。

兒童在學校的行為通常被曲解，而且他們的能力被不了解他們文化的老師與同儕所低估。被教導要安靜地尊敬大人的孩子與直言無諱、喜歡引人注意的美國同儕比起來，會被當成是退縮的表現。相反地，習慣於自發性談話的孩子，可能對等待老師指名回答感到挫折。在集體文化中長大的孩子，身處在一個強調個人成就與爭取表現的美國教室裡，可能感到非常地不安，而且可能被評定為缺乏動機。在兒童的情緒表達方面，文化上的差異也可能會干擾老師滿足兒童需求的能力。許多年前，在我的教室裡發生過一個溝通不良的例子，迄今仍歷歷在目且可能終生難忘。一位被告誡即使受了傷也不許哭或埋怨的伊朗孩子，在登山時跌倒，我們急著去看他是否受傷，但是他自己站起來，拍拍衣服，不但沒哭也沒來尋求安慰，所以我們以為他沒事。可怕的是，隔天他的父親就像他兒子一樣，用一種淡淡的痛苦表情告訴我們，他的兒子摔斷了手臂。

文化會隨著訊息的重要性，以及訊息被處理的方式而改變，而且這些差異會為孩子帶來不安。一個對亞裔美國一年級女孩與她的歐裔美籍老師的觀察，說明了師生之間不同的認知風格可能造成彼此的誤解（Michaels，引自Phillips, 1994）。這位女孩正在團體發表時間說故事，她把不同類型的主題串連在一起。而她的老師比較習慣聽孩子發展單一主題的故事，以致未能適當地掌握時間，而且問了一些不相關的問題干擾孩子的思維。Delpit（1995）說明阿拉斯加原住民家庭高度脈絡化的學習方式與學校教學實務之間的不一致。習慣於從觀察父母與祖父母從事的日常工作中學習的孩子，在理解他們生活經驗之外的技能與概念時，會覺得困難。

　　文化差異也會影響指導與規訓孩子的成果。幼教老師通常使用間接的表達方式，譬如：「吃完點心之後，你要怎麼處理你的杯子？」來取代「把你的杯子放好。」不習慣這種說法的孩子，可能無法「意識」到這些聲明即是指示，因而不能完成老師的交代，而變成老師心目中的「問題學生」。誠如 Delpit（1988）所言，含糊的或間接的命令仍然是命令，它象徵真實的權力，而且會引起某些結果。幾年前，我在一個幼稚園從事師資培訓的工作，老師們習慣運用溫和的提醒及行為改變技巧來處理常規問題，但與一群父母主導性較強的新生相處了幾個星期之後，他們感到很挫敗，老師終於了解學生根本沒有「聽到」教誨或「看到」限制。在與家長磋商之後，老師開始使用更明確的指令與懲罰標準，以及更清楚與可預期的結果。在這個個案中，老師不只是仿效父母親的處理方式，而且讓他們的期待變得更明確與更易於解讀。一個月之後，老師發現孩子較少觸犯常規的限制，而且看起來似乎比較有安全感。最後，老師理解到，讓自己的意思被充分地了解，會更能夠讓學生符合他們的教育目標。

　　除了在不熟悉的文化中調適與求生存之外，兒童如何發展他們對兩種文化的認同與適應有長期錯綜複雜的可能性。Darder（1991）指出，因為歷史因素（例如：波多黎各人、非裔美國人、原住民），以及新移民的身分而被邊緣化的團體，這些成長在雙文化之下的兒童，有四種可能的結果。首先是疏離，在這種狀況之下，兒童只認同主流文化，而不承認他們與原有文化的關係；其次是二元論，兒童以家庭與學校二分的方法來區隔他們的生活、行為與思考；第三是分離主義，兒童完全生活在原有的文化之中，且避免或拒斥主流

文化；第四個可能性——折衷，也是最正面的，兒童生活在兩個世界，且肯定他們的雙重身分，但維持批判的立場，並利用在一種文化中的經驗來理解與批判另一種文化。最後一種可能性在 Gloria Anzaldúa（1987）所撰的 *Borderlands/La Frontera* 書中可以找到很棒的例子，她從語言和心理的面向來回地穿梭於美國與墨西哥之間，並反省兩種文化的優點與缺點。

這些孩子們為了應付文化斷層所面臨的困難，聽起來令人感到沮喪。但是，透過父母、社區人士及老師的共同努力，可以為那些可能沒辦法在學校獲得成功經驗的孩子設計出適當的課程。雙語教育可以協助孩子保留原有的語言和文化，並使學校更容易為父母所接受，而有助於減緩孩子因面臨轉變所帶來的不適應。雙語教育是一個複雜且具爭議性的議題（參閱 Minami & Ovando, 1995; Moran & Hakuta, 1995），在此我不擬多做討論。然而，它是多元文化中不可或缺的一部分（Nieto, 1996）。理想上，生活在美國的所有兒童都應該接受雙語教育（在許多國家也是一樣），僅使用英語交談的兒童也應該學習第二語言。加州的互動式雙語課程（Vasquez et al., 1994）就是個很好的例子。歐裔美籍與墨西哥裔美籍家長一起為西班牙人的融合課程整合資源，以支援雙語課程的實施，並確保墨西哥社區的資源被整個社區所接受與重視。

在著名的 Kamehameha Early Education Project（KEEP）教學計畫中，老師改變他們的教學方法，以便與本土夏威夷文化更相容（Tharp & Gallimore, 1988）。做了這些改變之後，過去表現不佳的學生獲得更多成功的學校經驗。Tharp（1989）呼籲，教育工作者應該發展教學實務，以提昇家庭與學校之間文化的相容性，同時支持

學生發展新的能力，期使每位孩子（包括主流團體的成員）能夠在各方面有所發揮。Vasquez 跟他的同僚（1994）在一個墨西哥裔美國人社區裡實施一個跨年齡的教學課程研究，他們發現大孩子指導小朋友學習閱讀與書寫的情形，與在家裡照顧弟妹的情形是一致的。大孩子與小朋友這兩個團體的讀寫能力都增加了，而且也更有自信了。

父母與老師必須了解文化斷層對孩子與家庭造成哪些影響，雙方應該共同合作，協助孩子適應家庭與學校之間的文化差異。藉由與父母對話及家庭訪問，老師可以反省他們的教學實務，思考如何改變教室環境及教學內容，以接納各種不同背景的孩子與家庭，並使他們的能力可以充分表現出來（Delgado-Gaitan & Trueba, 1991）。父母則應協助老師與行政人員了解他們文化中的某些議題及其社會中的風俗習慣，必要時修正老師們的誤解。結合家長與老師的努力，可以將家庭與社區的資源及力量帶入教室，募集推動雙語課程的所需資金，並提供適當的協助。

兒童對文化的理解

儘管文化對學習與發展的所有面向具有深遠的影響，它的概念本身是抽象的，而且多數孩子並未意識到他們自己或別人的文化。如果他們曾經旅行或社區中有來自其他文化的居民，孩子可能會注意到一些差異，但是，他們可能並不了解他們家人的行為或其他人的行為即是「文化」。我們在墨西哥的第一年裡，有好幾次我請安德魯（當時四歲大）談談我們在美國與墨西哥的生活有哪些不同，

他一成不變地回答說：「我想念我的紅色三輪車。」雖然，他的生活已經大大地改變——飲食、語言與社會環境——但是他並未發展出涵蓋這些差異的基模。甚至，七歲大的丹尼爾在描述具體的差異時，談的通常是與氣候相關的問題，而無關乎文化（例如：「天氣比較暖和」、「有更多的花和更漂亮的房子」、「更多人戴帽子」、「我可以騎著我的腳踏車到小雜貨店」）。一開始，他經常提到人們說西班牙語，但是隨著時間過去，他的語言更流利，便很少再提到這一點。

由第二章的例子——幼稚園的小朋友爭論不同城鎮的人們使用的是不同的語言，說明兒童的地理概念是模糊的。Piaget 與 Weil（1951）發現，六歲以下的幼兒無法概念化城鎮、州與國家之間的關係。例如：他們堅決地否認一個人可以同時是日內瓦人又是瑞士人。另一個研究發現，五歲大的孩子不太能夠意識到不同國家的差別（Lambert & Klineberg, 1967）。因此，他們雖然可能注意到像語言與飲食等明顯的文化表現，多數幼兒對文化並不具有明確的觀念，也不清楚文化與不同地區和國家的關聯。

同時，文化在幼兒時期便形成孩子對世界的期待（Longstreet, 1978）。有一天，一個兩歲幼兒的老師在娃娃家聽到一聲巨響，她趨近一看，發現一位以色列的小女孩（她的父母經營一家小吃店）把玩具牛奶瓶從她為「晚餐」所布置的餐桌上推下來，而她的玩伴並不是猶太人，一直將牛奶瓶放回桌上。雖然這兩個孩子並不了解猶太教的飲食教規與它們的含意，但是她們對於將牛奶當成晚餐的飲料都各具有主觀而特定的期待。

學前幼兒留意到並記得具體的文化差異，特別是當它們出現在

像飲食與服飾等幼童熟悉的生活領域。在我的訪談中（Ramsey, 1987），三至四歲大的非裔美國人與歐裔美國幼兒通常將亞裔美國幼兒視為「中國人」，並且提到中國菜、功夫鞋及筷子等事情。這說明了幼兒通常如何從單一的面向來分辨人們，他們會將焦點集中在這些具體的事物上，而排除其他的因素。一位四歲大的鄉下白人小孩堅決地說：「所有的中國人都在餐廳吃飯。」這個結論可能是因為她與華裔美國人（及任何的亞裔美國人）接觸的經驗只限於在當地的中國餐廳吃飯。當我問她中國人是否三餐都在餐廳吃？她很有自信的回答說：「是。」我進一步追問：「那麼早餐呢？當小朋友正準備要去上學的時候呢？」「他們仍然在餐廳吃飯！」她回答。「小寶寶也是這樣嗎？」我再問她，試圖去動搖她的假設，「是！小寶寶也是。」她毫不猶豫地回答。

對文化相關性的知覺——是指能將習俗傳統視為某特定文化中獨有的，而不是普遍的現象，通常直到兒童八或九歲之後才會發展出來（Carter & Patterson, 1982）。然而，Carter 與 Patterson 也發現，幼稚園的小朋友比八、九歲大的兒童對不同的社會習俗更具有包容力。顯然地，當兒童正發展一種較好的能力來理解其他文化的觀點，而且認知到他們的文化是眾多文化中唯一的一個時，他們也正習得一個團體內的偏見來抗拒不同的文化。為人父母與老師的我們，可以善用幼兒包容性較強的優點，以具體的方式讓他們明白「處理事情的方法有許多種」，並且使他們有能力去抵抗同儕與媒體宣稱「我們的方法是最好的，或唯一的方法」的壓力。

一位幼教老師利用孩子的偏見去鼓勵他們發展文化相關性的知覺。一個來自印度的小男孩被班上同學取了一個「垃圾頭」的綽號，

因為他們注意到從他頭上散發出來椰子油的味道。老師因此籌畫了一系列的活動，她與孩子們一起比較椰子油與各種洗髮精、潤絲精、頭髮噴霧劑及髮雕的味道。對所有人們灑在頭髮上的各種產品做過充分的討論之後，孩子認知到每個人頭上都有特別的味道，並且了解椰子油只是一系列頭髮用品當中的一種罷了。

　　兒童通常會注意到語言的差異，這是較具體的文化反映，而且，當孩子們玩在一起的時候更為明顯。在加拿大的一個班級裡，有使用法語與英語兩種語言的兒童，Doyle（1982）研究發現，這兩種文化語言團體之間存在一個明顯的隔離現象。相同特質的團體一起遊戲的時間比相異特質的團體長，也有較多的對話和幻想遊戲。由於孩子們大多具備雙語的能力，因此 Doyle 推論，隔離現象不是單純的語言流利與否的問題。她將其歸因為下列的循環：幼兒較少主動地與異質玩伴遊戲，而且沒有發展出共同的遊戲內容。也就是說，他們的遊戲比較不吸引人，也比較被動。於是，幼兒較常選擇他們熟悉與相似的玩伴，這樣一來，便排除了與不同的玩伴創造同一種共享遊戲的機會。在班級裡占多數的團體成員，通常會受到多數團體與少數團體雙方的歡迎，因此，孩子會重新形成班上的多數團體與少數團體。

　　如果班上只有一、兩個孩子使用某種語言，他們可能會被同儕隔離，特別是在學期開始的時候。最近參觀了一個一年級的教室，我注意到，當小朋友到戶外玩的時候，所有的小朋友都會找到玩伴，只有剛從高棉來的小男孩例外。我無意間指著一個之前跟我說話的小女生，告訴她也許可以跟那位小男孩一起玩，她以一種實際的口吻對我說：「他不會說英語。」然後，在我還來不及說什麼之前，

她急著補充說：「總之，他真的很害羞，我不認為他想跟任何人玩。」兒童或許只是想以躲開彼此的方式，來因應因缺乏共同語言而產生的尷尬。教師有必要作一些協調的工作，幫助那些因為語言問題而被孤立的孩子融入團體的社交生活中。他們可以利用不需要複雜語言的遊戲和活動，邀請孩子加入正在進行的遊戲。如果幼兒與他的父母有興趣而且願意幫忙，老師可以從他的語言中擷取一些文字與歌謠納入教學活動。用這樣的方式，孩子可以和使用英語的同學們發展出一些共同點，其他孩子也將把他當成自己人，而不是一個「不會講英語的傢伙」。

文化背景影響兒童早期的語言、行為、互動風格、社會期待及世界觀，然而幼兒通常不了解這些差異的區別，而且通常無法辨識他們自己的文化。無論如何，他們確實注意到差異性，並且可能避免或拒絕在語言或行為上跟他們不一樣的人。教師與父母可以將代表不同文化觀點與經驗的各種語言與教材融合在活動中，以消除兒童拒絕差異的傾向。

了解兒童所知、所思與所感覺的文化

1. 展示人們以孩子不熟悉的方式從事他們熟悉的活動（例如：煮飯、吃飯、上學）的照片，注意他們對這些差異有何反應？他們很快地用「無聊」、「幼稚」來拒絕這些人？或者他們感到好奇，而且有興趣多知道一點？他們有什麼樣的問題與解釋？

2. 提供孩子利用象徵不同文化的服飾、工具和其他道具來玩遊

戲的機會，然後看看他們有何反應？他們感到好奇嗎？迫不
及待地想拿來玩嗎？或者他們輕視它？嘲笑它？

3. 如果同學或鄰居使用孩子所不熟悉的語言，觀察他對他們的
反應。特別重要的是，孩子的母語如果不是英語，他對說母
語的感覺如何？他們是否不承認使用泰國話或日本話？或者，
他們願意教其他的孩子說幾句他的母語？如果所有教室裡或
鄰居的孩子都說英語，那麼以不同的語言來唱兒歌或說故事
的錄音帶可以刺激孩子討論人們使用不同語言的情形。傾聽
孩子的回應，他們認為說不同語言的人是不會說話的人嗎？
他們想要學習其他語言的文字嗎？

4. 觀察兒童對來自不同文化的同儕或訪客有何回應，他們對不
熟悉的行為、服飾和語言有何反應？他們提出什麼樣的問題？
他們有哪些主觀的假定？

5. 如果孩子從家裡帶午餐來，他們對不熟悉的食物有何回應？
當家長帶點心或午餐來分享時，孩子願意嘗試新的食物嗎？

兒童對自然環境的理解

　　兒童對環境的理解與感受難以避免地受到他們文化脈絡的影響。
然而，很少人研究兒童如何發展他們對自然的概念，而這一方面的
跨文化研究更是缺乏。因此，下面的討論與準則是純理論的，且多
數引自其他領域的研究。

　　兒童對環境的認識環繞著他們對自然世界的逐漸理解，依Piaget
（1951）之見，孩子透過觀察他們對各種不同物體的行動所產生的

結果，來認識自然界的特性。例如，他們將不同的物體放到水中，來學習浮沉的概念；他們也藉著親自操作，來建構時間與空間的關係，以及邏輯—數理關係，譬如：相同的／不同的、方法／目標、多／少。當孩子走路、跑步、在房子裡或花園裡跳來跳去，他們正在學習時間與空間的相關性，如何用不同的方法來測量一段距離，跳和跑有何異同。當孩子用腳踩破冰塊，進行植物與水份的實驗，嘗試在河中築壩，或者試飛不同類型的風箏，他們都正在學習邏輯—數理關係與自然現象的特性。

　　當兒童了解不同文化對自然環境的回應，他們以新的方法體驗自然的特性及周遭環境裡的現象，而且通常會重新思考他們原來的推測。舉例而言：多數美國兒童對人們如何烹飪有非常固著的想法（例如：天然氣、電磁爐與微波爐），當他們學習到過去人類的烹飪方式，而且有些方法沿用至今時（例如：使用營火、陶土鍋、烀窯、蒸氣壺、乾稻草），他們正從中了解文化差異、自然環境與自然現象。他們可以學到氣候如何影響不同食物的保存期限、儲存與配製的方式，以及各種不同的烹飪方法（反映出氣候與文化的因素）如何影響結果（例如：想想所有人們烹調馬鈴薯的方法）。透過這些經驗，他們對文化差異的概念可以變得更敏銳與精確。

　　兒童對自然環境的認識與理解隨著年齡而改變，學前幼兒帶著驚訝與興奮的心情接近大自然；小種子長出嫩芽、水結成冰、棕色的草地逐漸轉綠、葉子隨風飄落，這些都是孩子覺得驚異、好奇與渴望學習的時刻。他們需要有機會親身體驗這些現象，即使那意味著必須多花一些時間脫下他們的鞋子，感受冰雪融化的速度，或是耐心地等待他們觀察洗澡水流到排水孔時變成漩渦的樣子。相較於

設立自然步道或口頭講述，這個年齡的孩子從自然環境裡所感受到的喜樂與滿足中收穫最多——攀上岩壁、爬樹、在樹林裡玩躲貓貓、玩泥巴（參閱 R. A. Wilson, 1993, 1995 提供更多具體的建議）。

幼兒很可能以擬人化的方式與自然環境產生關聯。如同第二章所討論的，幼兒常常在真正地理解他人的觀點之前，產生感同身受的反應。因此，照顧植物與寵物或針對一棵特定的樹觀察其四季變化，比聆聽自然知識的理論要來得有意義。維護生態的規則，譬如：不要浪費水資源或亂丟垃圾等，可以從不要傷害動物或地球這方面來著手制定。例如：我們可能對一個四歲的孩子說：「你知道剛剛你丟在地上的塑膠袋可能會讓小動物以為是食物，就把它吃下去，因而窒息或生病。」兒童也認為大自然的萬事萬物皆是有生命的（例如：下雨是因為雲傷心地哭了）。傳說和民間故事中，常常將雲、月、風及動物等描繪成具有情感與動機的情節，可以提昇孩子對自然現象的尊重與喜愛（參閱 R. A. Wilson, 1993, 1995）。

學前幼兒可以在局部與具體的層面學著對環境問題負起責任。他們可以幫忙清理校園或鄰近地區的垃圾，製作標語要求大家不要亂丟垃圾，也可以參與學校及家裡資源回收和堆肥的工作。

當幼兒上幼稚園與一年級後，他們能夠更有系統且更廣泛地觀察自然現象。他們可能記錄小型的生態系統中，不同樹木、植物與動物的四季變化情形。他們可以照顧花園或窗台上的植物，實驗各種不同的種子對水份和陽光的需求。

幼稚園與一年級的兒童通常會對火山、行星及恐龍等遙遠的現象感興趣，他們喜歡探究地球如何形成及各類物種如何演化的過程。他們可以開始理解地球是有生命的、變化中的實體，不同的氣候與

物種（包括人類）像過客般來來去去，並體認到我們不是地球的征服者，只是它無邊的歷史中短短的一頁。兒童也陶醉在閱讀與聆聽描寫各種不同現象起源的傳奇與神話當中。丹尼爾在這個年齡的時候喜歡一本有關阿茲特克（Aztec）、馬雅（Mayan）與印加（Incan）的神話選集（Gifford, 1983），書中解釋了許多不同的自然現象。這些相當豐富與錯綜複雜的故事滿足了他的想像力，且讓他留意到過去視為理所當然的事物（例如：兔子的長耳朵、火的起源）；同時也強化了以不同方式來解釋地球與各物種演化現象的觀念。使用這樣的故事時，最重要的是不要用「好！現在我們知道得更多了，我們已經知道火真正的起源，或地球真正的形成方式了」的口吻來澆熄他們的熱情，我們應該用能超越以科學方法來觀察與測量的現象之外，引人入勝的細膩說法來欣賞這些故事。

在這段期間，兒童可以更清楚地理解污染與廢棄物的來源與影響，而且在當地的環保與反污染運動中扮演一個積極的角色。當他們看到過度包裝及其他浪費資源的例子，他們會感到憤怒且熱切地寫信給製造商與經銷商。

當兒童稍大後（二、三、四年級），他們可以分析較大的生態系統，並進行相關的合作研究計畫（通常透過網路的幫助，那是另一種跨越自然與文化疆界的方式）。例如：透過研究特定物種遷徙的方式，他們可以了解到其他國家與地區的生活方式和環境問題。或者到有某種生態危機的地點旅行，並參與拯救生態的運動。若參與市鎮社區花園的栽植計畫，可以從這個過程中認識不同植物對生長環境的需求，以及當地居民對食物的喜好。身為這些計畫的一份子，他們可以學到許多文化中的傳統技術，與最先進的方法，進而

思考如何將它們用來解決現實生活中的問題。

　　這些較大的兒童可以組成一支全校性的環保小尖兵，教導低年級小朋友進行資源回收、堆肥及撿垃圾的工作，並與校方合作通過與執行環保守則。他們也能開始了解貧窮與污染之間的連結，進而著手調查區域性及全球性污染情況最嚴重的地區。

　　當美國的兒童長大後，他們將改變僅從單一觀點出發的推論方式（例如：污染是不好的，因為它可能傷害人類；如果你丟垃圾，別人會生氣），而採取以生命觀點出發的推論方式（例如：我們不應該破壞自然；魚跟人一樣都需要受到尊重）（Kahn & Friedman, 1995）。Kahn與Friedman推論，當孩子的年齡越大，越能夠採取別人的觀點時，他們也可以從生態系統中其他組成份子的觀點，來看待人類的行動。另外，因為美國文化深深地根源於單一觀點的、「征服自然」的傾向，使孩子們幾乎無可避免地受到這些思考模式的影響。而在以生命觀點為主的文化中成長的兒童，他們在幼年時期比較不會僅從單一觀點來看待自然環境。

　　兒童生長的地方會影響他們對自然環境的理解與感受。Wals（1994）發現，在郊區兒童的眼中，自然環境是一個受到威脅的地方，因為它常常因新建築的興起而快速地消失。孩子的這種觀點反映出環保運動對保護田野的貢獻。然而，同一個研究指出，成長過程中除了公園之外，少有機會與大自然直接接觸的都市孩子，多半將自然環境視為一個恐怖的地方，一個「殺人犯與強姦犯掩護罪行的地方」（p. 190）。另一個研究（Simmons, 1994）指出，城市的國小學童從圖片中挑選他們想去玩的地點時，顯然地，他們喜歡學校操場、都市裡的公園，而不是遙遠的野外。當詢及到野外郊遊的心

得時,孩子們表示他們害怕潛藏於荒野的危險(例如:溺斃、墜落、迷路);害怕人跡罕至的地方;缺乏遮陽擋雨的舒適感。由此可知,兒童對他們日常所處的環境與自然世界有著不同的概念與感受,反映出他們的生活經驗,也是我們可以著手的起點和基礎。

　　大部分對兒童如何理解自然環境所做的研究中,檢討了成功與失敗的環保方案,並為父母與老師提供了一些參考方向。無庸置疑的,許多方案顯示,當孩子親自花時間到戶外觀察與體驗第一手的自然生態、解決實際的問題,以及享受自然並探索相關的知識,他們才能得到最多的收穫(Dressner & Gill, 1994; Milton, Cleveland, & Bennett-Gates, 1995; Simmons, 1994)。強調與家庭高度相關並具急迫性的當地環保方案,可能比抽象的知識對兒童與他們的家人有更大的影響。

了解兒童所知、所思與所感覺的自然環境

　　我們可以透過觀察兒童扮演什麼樣的想像遊戲,及傾聽他們與同伴和成人的對話,來了解他們對於環境的想法。下面有一些例子。

1. 兒童在玩沙或玩積木的時候出現哪些主題?他們想築路或挖隧道?他們是否有時候會討論到保護土地的問題?放一些小樹和動物在沙坑或積木區,看看會引發什麼樣的主題。動物與樹木是否受到保護和照料?或者,他們習慣玩侵犯與征服地球的主題?

2. 兒童對各種自然環境的圖片有何反應?他們對相同的環境在不同季節,以及不同時段所呈現的景色有何看法?他們有哪

些問題與評論？他們如何理解不同的自然環境，及晨昏與四季的自然節奏？

3. 兒童對垃圾、空氣與水污染的圖片有何反應？對動物與人類因為森林遭到破壞或海洋的剝蝕而失去棲息地的故事有何反應？

4. 帶兒童到不同的自然環境，聽聽他們的問題與評論，以了解他們對自然世界發展出什麼樣的見解？觀察他們對動植物的反應，他們爬到樹上、扯下葉子，還是用棍子劈砍？他們偶爾將垃圾丟在地上？還是對大自然表現出敬意，且有興趣學習更多有關自然世界的知識？

5. 帶兒童參觀建築工地或觀賞工地照片，看看他們的反應如何。他們多半對機器與建築的進展較感興趣呢？還是他們也注意到樹木被砍掉的數量，並想到因此失去棲息地的動物？

第五章

性別與性傾向的脈絡

性別認同與角色

省思

在回答「我是誰？」的問題時，你可能會將性別的因素考慮在內，尤其如果妳是一位女性的話。在美國（像許多其他國家一樣），性別往往是我們將一群人分組時，所想到的第一種方式。既然男性通常扮演比較強勢的角色，女性也就比男性更意識到性別的影響。

多數成年人都很清楚自己的性別，但是有許多人則為扮演他們感到有壓力的某種性別角色而掙扎。我們可以問自己：我對性別角色的認識如何塑造我的生活？它們如何限制了我？如何維持我既有的樣子？開創了什麼樣的可能性？如果我現在的性別與原來的性別相反，我的生活將會有何不同？在日常生活上，如果我以與目前相反的性別去上班、出差或跟親友共度時光，還會以同樣的方式對各種不同的情境作反應嗎？其他的人還會以相同的方式對待我嗎？我有可以自在相處及愉快交談的異性朋友嗎？

多數的我們會輕易地——且有時候是不自覺地——依一個人的性別而對其有自以為是的假設。下面這個做法可以幫助我們分辨這些假設：當我們聽到一件事情的時候，在心理上做性別的轉換。例如：從井裡救起小孩的是位女人而不是男人，我會感到驚訝嗎？如果日托中心的新任老師是一位男性而不是女性呢？從這樣的自我對談中，我們可以反省：如果其他人是男性而不是女性（或相反），我會如何採取行動？我注意到當我與一位初次見面的女性談話時，比與一位初次見面的男性更快地提及我的個人生活並問她相同的問題（例如：有幾個孩子或孩子幾歲）。我認為女性比較有興趣談她們的個人生活，而男性並非如此。在家裡和職場中，哪些人分配到什麼樣的任務？試著從心理上推翻這些角色，看看有什麼樣的議題產生。

我們對兒童行為的詮釋與回應同樣反映出我們對性別的態度。我們可以問自己：如果他是個男孩而不是女孩（或相反），我仍會有同樣的感覺與反應嗎？例如：喧嘩、粗暴的男孩子通常比同樣行為的女孩子更容易被容忍。同樣地，我們會比較擔心一個安靜、害

羞的男孩而不是女孩。當我們準備好藝術媒材，會期待誰去用它？積木與卡車呢？身為老師的我最常叫誰？我是否比較可能去注意與評論一位穿花俏新洋裝的女孩，而不是穿新襯衫的男孩？觀察一下教室裡或鄰居的友伴類型，誰跟誰在一起玩？我是否讓孩子或學生限制了他們與同性友伴的相處？

成長在一個依性別而分類的世界

　　性別角色是根深柢固的，而且幾乎出現在所有的社會中（參閱 Whiting & Edwards, 1988）。在美國，儘管有許多法律上與態度上的改變，但學校裡的男女學生仍未被平等的對待（參閱 Sadker & Sadker, 1995，提供更多顯著的例子）。女孩子通常受到比較嚴格的管教，而且不被鼓勵有出色的表現，特別是在數理與挑戰體能的活動方面。然而，她們確實學到要有教養、感性，而且比男孩子更善於維持人際關係。另一方面，男孩子則被鼓勵表現侵略、傑出、從事體力的冒險，隱藏他們的情緒（Sadker & Sadker, 1995）。他們既是最優秀的學生，也是最會惹麻煩的學生。潛在地，男孩子比女孩子被期許長大後居於領導者的地位以及賺更多的錢，但同時，他們也比女孩子更處於課業不佳，或從事暴力及危險活動的危機之中。

　　性別角色之所以如此根深柢固的因素之一是，社會上普遍用性別來區隔人們（Bem, 1981, 1983）。打從孩子出生開始，他們的玩具與衣服即依據性別作分類。走進玩具店、服裝店或百貨公司的專櫃，有我所謂的「粉紅」走道（擺滿了粉紅色、紫色的配件、鞋子與玩具——甚至現在樂高也有「女生的顏色」了），以及「灰褐色」

走道（擺滿了暗色系的服飾——模仿部隊的迷彩裝——及機器人、交通工具、戰鬥玩具和槍）。許多電視節目設定的觀賞對象不是男孩子就是女孩子，因此他們很容易從中學習與扮演特定性別的想像遊戲。不僅這些節目的內容不同，就連搭配的廣告也強調明顯性別化的想像遊戲（Kline, 1993）。像芭比娃娃、讓人想摟抱的玩具等等女孩用品的廣告，總是描寫女演員被某些產品所驚嚇或感到興奮的畫面，而且扮演純屬性別刻板印象的情節，譬如：為芭比娃娃梳妝打扮或與玩具親密相擁的畫面。另一方面，在男孩產品的廣告中，男性演員加入以玩具為主的劇情當中，有些廣告甚至將真人縮小，以融入玩具世界。這些兒童模仿性別刻板印象的例子不勝枚舉，我不打算多談。

性別與連帶引起的不平等也與種族、文化和階級產生交互作用。男性與女性的刻板印象是跨越種族的（例如：亞洲人的「中國娃娃」、亞裔美人的「長統靴姑姑」）。性別角色的彈性與僵化也受到文化的影響。傳統社會中男性與女性在工作上的角色比工業經濟社會被更嚴格地界定（Whiting & Edwards, 1988）。經濟狀態也影響性別角色與性別關係的不平等。人力市場上職業的類型與資源影響了工作機會，也影響了男性與女性的角色。例如：白人，中產階級，大專程度的女性管理者，在與男同事相處時，可能享有較對等的關係，甚至比受男性主管督導的拉丁女服務生或工廠女工與男同事的相處更受禮遇（至少在工作上是如此）。

兒童對性別差異的反應

　　相對於種族問題的討論，父母與老師從未問過這個問題：幼兒注意到性別的差異嗎？他們不需要。跟各種不同能力的孩子工作或生活在一起的我們知道，幼兒從很小的時候就透過性別來認同與區別自我。有趣的是，一些女性主義心理學與生物學的研究者質疑，是否生物上的性別差異是被我們的假設所定義的（Kessler & McKenna, 1978）。無論如何，在孩子的生活上與心理上，它們是確實存在的、理所當然的，並且是非常重要的。就像安德魯在四歲生日後的一個早上簡短地宣佈：「我是個男生，因為我已經四歲了，而且我討厭女生！」

　　許多研究者已經指出，兒童發展出的性別基模、有關男女特質的推測等，會影響兒童如何詮釋訊息（例如：Bem, 1981, 1983；Martin & Halverson, 1981）。我記得一個四歲大的女孩（她的媽媽是一位非常成功且忙碌的心理學者），很嚴肅地告訴我：「媽媽們總是留在家裡照顧她們的孩子。」縱然和她每天的實際情形相反，這位小女孩仍保留了她的刻板印象（或許是她的期待）。我們的兒子丹尼爾曾經送往保姆家照顧，那對夫妻都在外從事同樣的工作，而且非常平均地分攤家務及兒童的照顧。令人訝異的是，五歲的時候，丹尼爾知道外子和我教學的學院院長是一位女性，他大步地走到電話旁邊說：「我要打電話給柯林頓總統，叫『他』把『她』開除。」

　　性別刻板印象是可永久持續的。Mapley 與 Kizer（1983）發現，當兒童處在違反他們性別角色期待的訊息中，他們記住的並不多，

反而是與他們的刻板印象相符的訊息被保留了下來（例如：有些孩子堅持叫一位男護士「布朗醫生」）。然而，每個孩子受刻板印象影響的程度可能有所不同。採用較有彈性的分類基模的孩子比較沒有性別刻板印象，而且比那些僵化分類的同儕記得更多反刻板印象的性別訊息（Bigler & Liben, 1992）。

顯然地，兒童比較喜歡同性的同伴——所有他們假設的選擇，與真實玩伴的選擇都說明了這種傾向。Bigler（1995）表示，在她的研究中，男孩們無法說出任何一位他們不喜歡的女生，因為他們堅稱他們討厭教室中所有的女生。有一次，在我們實驗學校的幼稚園進行團體討論時，我們試著讓男女生間隔地坐在一起圍成圓圈。隔天，一位媽媽打電話來說他的兒子覺得很沮喪，因為這樣的座位安排方式讓他不想再來上學。

性別隔離在進入幼稚園之前即已產生，且在幼兒階段逐漸確立（Ramsey, 1995）。一個跨團體的比較研究發現，幼兒（大約三歲大）比較喜歡自己的性別，但是仍在許多混合性別的團體中遊戲。到了四歲大的時候，兒童在同性團體的時間明顯地增加。研究建議，第四年可能是區隔同儕文化與更固著於性別角色的開始。在國小階段，性別隔離持續地增加，而且這種情形被孩子在兩個團體之間「壁壘分明」的行為所再次證實（Thorne, 1986）。這些互動包括：競爭（例如：男孩與女孩分組拼字競賽）、異性的追逐遊戲——有時包括親吻恐嚇或骯髒舉動（例如：把蟲扔給別人），以及侵犯行為——一個團體（通常是男孩子）干擾另一個團體正在進行的遊戲。

Maccoby（1986）針對這個似乎是普遍的、難以處理的性別區隔方式提出一些解釋。首先，在早期社會化過程中，兒童經驗到享

受性別分組活動的樂趣，而且被和他一起分享心愛玩具的同儕所吸引。如同所有的老師與父母都知道的，幼稚園階段的小女生傾向於聚集在藝術區與娃娃家，小男生則專注於積木與汽車等較具活動性的遊戲。在小學的操場裡，男生通常玩精力充沛的肢體接觸遊戲，而女生則傾向於聊天，以及玩需要更精細肌肉技巧的遊戲與社會協調遊戲，譬如：跳繩。其次，兒童可能被同性的玩伴所吸引，因為他們對預期遊戲和會話的風格及活動的喜好較有自信。例如，男孩與女孩處理衝突的方式就不一樣。在Sheldon（1990）的觀察中，生動地描述了男孩與女孩對塑膠泡菜的爭論有何不同。當兒童花較多時間在性別隔離遊戲上，每一個團體開始形成自己具有明確特徵的文化。最後，一項研究發現，一組同樣性別、初學走路的孩子比另一組異性的孩子較容易產生互動，即使將所有與性別相關的訊息減到最少，結果仍是如此。Maccoby（1986）推論，同性之間可能存在基本的、與生俱來的相容現象，而且不需要依賴社會化的過程。

　　不管性別的分裂究竟從何而來，它很快地變成永久保留的概念。兒童的性別區隔遊戲，讓他們有較多與同性玩伴接觸的機會。他們也很快地了解到要被同儕接受，有賴於符合性別區隔的角色。而兒童所學習到的這個固著的性別區隔角色，同時也為不符合既定規範的孩子帶來一些困擾。喜好異性角色和活動的小朋友（例如：喜歡科學與運動的女孩子，特別是喜歡照顧娃娃的男孩子）常常受到其他孩子和成人的拒絕與嘲笑，尤其是他們進入小學之後（例如：Damon, 1977; Sadker & Sadker, 1995）。

　　當他們稍大之後，喜歡異性的兒童發現越來越難以維持這些友誼。在跟男孩與女孩有過許多非常成功的生日派對後，丹尼爾渴望

邀請一些女孩來參加他的六歲生日派對。結果只有一個女孩出現——其他人可能知道去了之後是怎麼一回事而謝絕了。派對進行時，我看到她坐在角落，時而害怕時而輕蔑地凝視著粗暴喧鬧的男孩子旋風般地滿室亂竄。等他們再大一點，跨越性別劃分的兒童通常被指為喜歡某位異性，或是被指為想變成該團體的一份子（Thorne, 1986）。

因為兒童快速地藉由性別來自我劃分，教師通常不自覺地以性別分成兩個競賽小組，或者用餐的隊伍等等來支持與增強這種區隔方式（Thorne, 1986）。在一個比較性的研究中，Bigler（1995）發現，有些小學的班級明顯地利用性別作為分組的依據（例如：男生組及女生組、男生隊伍及女生隊伍）。這些班級中的兒童相較於不強調性別差異班級中的兒童，對職業的看法比較具有性別刻板印象，並對男性與女性的同質性比較有僵化的看法。這種情況對認知能力尚未完全發展的幼兒影響更深，我們需極力避免這樣的現象在幼兒教室中發生。

許多教師與研究者試著打破性別劃分，鼓勵男生與女生做朋友。不少研究顯示，兒童起初會為了獎賞、讚美與新活動的吸引力而與異性同儕一起遊戲，但是，當這種誘因消失之後，他們仍回頭找他們的同性玩伴（例如：Maccoby, 1986; Serbin, Tonick, & Sternglanz, 1977; Swadener & Johnson, 1989）。然而，在某些情境下，男生與女生能夠發展出平等與豐富的關係。Thorne（1986）注意到，在老師引導下組成混合性別小組，並從事有趣活動的男孩與女孩，便能表現出良好的合作情形。在我們的實驗學校，幼稚園老師將積木區與扮演區融合成一個外太空情境，以平均地吸引男孩和女孩的加入

（Theokas, 1991）。我們發現，在一個多月的時間裡，起初透過老師的指派來確保性別的融合狀態，男孩與女孩開始較合作地玩在一起，並發展出每個人都有均等角色的主題。甚至，在這個方案結束後的幾個星期，男孩與女孩玩在一起的機會比剛開始的時候還要多。我們覺得這個方式之所以比其他的案例成功，可歸因於我們並不是用獎賞的方式誘導孩子與不同性別的孩子玩，而是利用道具與活動來鼓勵他們發展共同的遊戲主題。通常社區團體、課外活動與運動團隊等，可以提供男孩與女孩共同合作並發展友誼的環境。

　　兒童正在學習性別的概念，以及因性別所產生的權力差異與刻板印象。當他們長大，幾乎無法避免以性別來自我劃分，而且極度防守這道界線。孩子們不太可能主動進行許多跨性別的社交活動，但是藉由成人的支持，他們可以學習偶爾工作與遊戲在一起。

了解兒童所知、所思與所感覺的性別認同與角色

1. 父母與教師可以觀察孩子在教室裡與附近地區的自發性遊戲中，男女融合的情形，以衡量性別劃分的程度。性別劃分的情況在什麼時間、什麼地點最明顯？最不明顯？如果孩子對活動的喜好是影響他們劃分的主要因素，父母與老師可以設計吸引男生與女生的活動，然後觀察他們的互動。例如：將火柴盒小汽車的輪子沾上油漆，然後在紙上留下痕跡的活動可能會吸引男孩子到藝術區，而將娃娃和小型填充動物放到積木區可能會吸引女孩子的加入。

2. 給孩子看不同年齡與性別的人物照片，看看他們扮演什麼角色？他們扮演的方式是否固守性別的刻板印象？問問他們：你會向誰求助？跟誰玩球？跟誰要東西吃？

3. 提供孩子觀看男人、女人及男孩、女孩從事符合性別刻板印象，與顛覆性別角色刻板印象的活動照片，觀察他們的反應。鼓勵他們描述對照片中的人物所注意到的所有事情，或說說不同人物的故事。以這些照片中的例子來質疑孩子帶有刻板印象的評論。

4. 提供小朋友用象徵男生和女生的玩偶及娃娃玩遊戲的機會，藉由觀察兒童為不同的玩偶與娃娃指派的角色，以及彼此之間的互動關係，來了解兒童的期待與推想。

5. 為理解兒童對不同性別關係的看法，請他們將可能會在一起玩的男孩與女孩的照片放在一起，觀察他們是否自發地根據性別來分組。兒童也可以對代表不同性別的娃娃或玩偶的分組方式表示意見。

6. 觀察兒童所扮演的想像遊戲，它們是依據性別刻板印象來扮演的嗎？或者是比較具有彈性的？在他們家庭角色的扮演中，尤其是家人的組合，及其中的性別角色，表達了哪些意念？當兩個女孩子或兩個男孩子都想扮演父母時，他們如何解決？他們的玩伴接受或是拒絕這種安排？

性傾向

省思

　　在回答「我是誰」的問題時，你提到了你的性傾向嗎？如果你是同性戀或雙性戀，你可能會提到；如果你是異性戀，你可能不會提及這一點。因為異性戀被認為是正常的，許多異性戀者沒有「看」到他們的性傾向。儘管如此，我們每個人仍有一個性傾向，形成我們的生活及與他人之間的關係。我們可以從心理上轉換角色，以了解性傾向對我們的反應所造成的影響。我們可以問自己：如果我是同性戀，而不是一般人，當我走在這條熙來攘往的街上，或走進這間很多人的房間時，我覺得如何？如果我不是同性戀，我的感覺又如何？我在應徵工作時感到自在還是不自在？搬到這個社區來的時候呢？異性戀者可以試著想像，在一個以性別狀態是否正常和危險，作為斷定一個人的首要標準的環境下生活和教養孩子，將會遇到什麼樣的問題？它將如何影響你的家庭生活？身為家長或老師的你，在學校感到自在嗎？它將如何影響你孩子的同儕關係，以及你與其他家庭的接觸？

　　人們通常很快地以同性戀者的性傾向來判斷他們，即便它根本與當時的工作或情境無關。異性戀者可以從新聞報導或接觸經驗中轉變這種印象，而且誠實地評價自己的反應：如果我知道我孩子的

老師是個同性戀，那會改變我對他的觀感嗎？如果這個家庭的父母是異性戀，而不是兩位女同性戀，我對他們還會有相同的疑問嗎？在這次的接觸中，如果我知道其他人是同性戀或異性戀，我會覺得更自在或更不自在？如果我知道某位運動員是女同性戀，我仍然會欽佩她嗎？如果我知道美國總統是同性戀，我會如何反應？我選出的參議員或代表呢？我的同事呢？

同性戀恐懼症的盛行

在這個國家裡，多數人不會因他們的性別問題而被判斷，唯獨女同性戀與男同性戀會因他們對伴侶的選擇，及人們對同性戀者的臆測而受到批判。一個人可以一輩子和他人共同工作與生活，可是一旦人們發現身邊的人是同性戀，就立刻只以這個身分來界定他。

許多異性戀者是激進的同性戀恐懼症患者──甚至讓他人的性傾向問題影響到自己的生活。這種激烈的憤慨反應在社會大眾對同性戀者的羞辱與蔑視，以及對他們的人身攻擊上。我的推測是，同性戀者使那些對自己的性別態度不確定的異性戀者感受到極度的威脅與恐懼。同性戀恐懼症通常是「男子氣概」的衡量工具（Kokopeli & Lakey, 1983）。這個現象被我們國家的文化所惡化，大眾既以嚴肅的態度看待性，卻又對它著迷。一方面，我們譴責公然表現性態度的人，譬如那些公開性傾向的人。另一方面，我們利用性暗示來販賣從汽車到開罐器等，所有想像得到的產品。因為我們是一個對性諷刺感到興奮，且從中取樂的社會，有關同性戀的玩笑通常都被認為是可接受的，甚至從未對種族議題開過玩笑的人也抱持這樣的

態度（Smith, 1983）。

　　性傾向與種族、文化及階級產生交互作用。同性戀的生活品質嚴重地被他們所處的文化對同性戀的態度所影響。在對同性戀恐懼症有強烈反應的文化中，同性戀者必須花相當長的時間來隱瞞他的性傾向，或選擇離開他所處的文化。有固定專業工作的同性戀者可能比那些邊緣受僱者較不易受傷害。然而，即便在最開放的環境裡，他們仍然處於被歧視與遭到暴力對待的危機中，而且通常必須比異性戀的同事更自制與謹慎行事。例如：在工作場合，異性戀者可以毫無顧忌地談論他們的週末計畫，而不必擔心會洩漏他們的性傾向（如果這件事尚未被工作同仁知道），或讓自己在惡意的評論中受到傷害。

兒童所理解的性傾向

　　為了準備寫這一節，我從電腦中搜尋一些研究來尋找任何有關兒童對性傾向的理解，以及對同性戀與異性戀的態度。我並未發現什麼，因為許多人強烈地反對在學校裡提到任何有關同性戀的問題，更不可能訪談孩子對這個主題的觀點。因此，我們沒有太多的訊息來幫助我們預測孩子的問題，以及消除他們對同性戀潛在的恐懼態度。

　　學前到國小三年級的兒童是本書主要的關注對象，學生本身的性傾向不可能是學校教育的主要議題。然而，幼兒通常對於成人關係，以及誰跟誰可以成為一家人存有一些疑問。當幼兒分配遊戲的角色時，他們通常爭論誰是爸爸、誰是媽媽，或是不是可以有兩個

（或更多個）爸爸、媽媽。學前幼兒對家庭成員的想法仍相當地有彈性，但是他們往往很快地從父母、老師、較大的同伴與媒體中了解到家裡只能有一個媽媽跟一個爸爸（這些當然只考慮多數家庭而排除同性戀夫妻）。

在同儕文化中，同性戀恐懼症常常根植於他們將自己定義為所屬性別（也很可能是種族）團體的成員。許多兒童會排斥不符合性別角色規範的同伴，且經常以對同性戀的羞辱（甚至可能連他們自己都不了解），來強化性別角色的一致性。同性戀恐懼症與僵化的性別角色相互依存，幫助兒童發展更有彈性的性別觀點和角色可能是一種消除同性戀恐懼症的方式。

同性戀恐懼症也會因同性戀者的父母或其他家人的被邊緣化而傷害到兒童。如果他們父母與家人的生活型態被輕視與忽略，這些孩子與那些跨越種族、文化與階級疆界的孩子一樣，面臨對家庭或學校忠誠衝突的問題。諷刺的是，為了拉近家庭與學校距離的善意努力，可能為同性戀父母的孩子帶來一些困擾。當討論母親節與父親節或展示家人的照片時，老師要有心理準備回答任何問題，並且說明與強調所有家庭都是特殊的、可以由許多不同的方式及不同的人組成的觀念。自從 AIDS 的問題被大眾媒體連結到同性戀之後，來自同性戀家庭的兒童可能遭受同儕與其他家庭的責難，老師要隨時準備處理一觸即發的潛在衝突，並且對沒必要感到害怕的兒童及他們的父母提供正確與安慰人心的訊息。

處理敏感的性傾向問題最大的挑戰可能是，堅持避免對這個主題作任何的討論，特別是在學校裡。在紐約，有個稱之為 Children of the Rainbow 的多元文化課程遭到廣泛的抵制，因為它提到了一小

部分由同性戀父母所組成的家庭（DeGaetano，私人通訊）。同樣
地，有些針對 Anti-Bias Curriculum（Derman-Sparks et al., 1989）所提
出最嚴厲的攻擊焦點在於課程中的一些句子上，這些句子提到教師
可以幫助兒童避免發展反同性戀的偏見。基於這些理由，試著引導
孩子表達出對性傾向的想法與感受可能是行不通的。無論如何，老
師與父母應重視孩子對同性戀恐懼症的假設與攻擊，並且向他們解
釋何以那些假設是不正確的且具有殺傷力的。

第六章

能力與殘障的脈絡

省思

　　在回應「我是誰」的問題時，你是否提到自己為殘障人士？如果你真的不具有法定的殘障條件，你可能不會提到，因為在我們的文化當中，那被認為是正常的。然而，我們所有的人都有某種程度的能力與缺陷，其中有些部分在我們的文化中比其他文化更為明顯，我們有必要認知到這種關聯性，以避免在「有能力的」與「殘障」之間形成一個尖銳的差異。既然，任何人都可能在一瞬間變成「殘障」，那麼，「暫時性的能力」這個用語可能是更精確的。要了解我們自己的能力與殘障如何影響我們的生活，我們可以問自己：我

覺得什麼是我可以做得好的？我總是試著避免什麼樣的活動或任務？在什麼樣的情況下我覺得不舒服或無法勝任？什麼樣的事情對我來說曾經是很難學習的？當我必須勉強地學習某件事情時，我對自己的感覺為何？我對那些能夠學得比我輕鬆，而且比我快的人有何感覺？我的優點與限制如何影響我的學業？職業的選擇？社交生活？如果我生活在不同的文化和／或氣候和／或年代，我的優點與限制將如何影響我想對社會有所貢獻的期望？

　　多數人一生都以他「能夠」作什麼來被判斷，但，面對具有法定殘障的人，我們第一個想到的是他「不能」做什麼。欲了解這想法從何而來，我們可以從心理上轉換角色。不管這個人是不是殘障，我都會以相同的方式反應嗎？什麼樣的推測構成我對殘障的偏見？它們是否有正當的理由或根據？例如：假設一位聽障人士會使用手語可能是合理的，但並不表示他是沮喪的。透過詢問下列的問題，我們可以開始檢視自己太過籠統的觀點：如果我所面對的政府官員、律師或醫生坐在輪椅上，我會如何反應？如果我知道我孩子下學年的新老師是位盲人，我會怎麼想？如果我的新鄰居曾在精神病院待過呢？當你思考每一種狀況時，試著將焦點從他不能做什麼，轉換為他能做什麼。例如：一位盲人老師可能無法用眼睛看到學生，但是，他可能對孩子聲音中所傳達的情緒相當敏感，而這可能是明眼的老師所忽略的。同時，在他班上的兒童可能有機會學習聲調、觸覺、嗅覺及味覺的細微差別，這些可能是在明眼老師的教室中體驗不到的。

完全融合的挑戰

　　一九九○年美國通過了殘障法案，殘障者得以進入我們社會中所有的機構與組織。然而，要將他們完全融入社會，迄今仍是一種挑戰。對 Turnball 與 Turnball（1991）而言，其中的一個主要的問題是───一般大眾傾向將殘障的兒童與成人視為次等公民、增加負擔、同情的對象，而且認為他們無法提供建設性的貢獻。他們被期待去接受次等公民的地位，懷著「務實的」期盼，以及對社會（勉強地）提供給他們少數受到限制的機會與權利表示感激。很可惜地，為孩子規劃的節目和書籍當中，很少有殘障人士具有抵抗、創造與冒險等應可抵銷上述貶抑觀點的特質。

　　直到一九七○年代，多數具有法定殘障的兒童（例如：腦性麻痺、智能不足）才被安置在特殊教室或教養機構，而且從「正常」的同儕中被隔離出來。那些較輕微殘障的兒童，像是特殊學習障礙或注意力缺陷的孩子，通常未被診斷出來，還留在普通班級中奮力地掙扎。自從一九七○年代以降，特別是在 PL 94-142（1970）法案及 PL 99-457（1986）法案通過後，在「最少限制的環境」裡教育兒童的原則成為努力的方向，其目的乃在確保「所有兒童，不管他們的需求有何差異，都應該被安置在正規的教育環境，他們應該能夠在任何年齡入學」（Sheridan, Foley, & Radlinski, 1995, p. 42）。

　　具有法定殘障的兒童已經以不同方式在普通班接受教育，並獲得程度不一的成功經驗。有些孩子利用部分時間在資源教室接受補救教學，其餘時間（通常是非讀、寫、算的課程，譬如：藝術、體

育、音樂）在普通班級。這樣的安排可能中斷兒童一天的學習，而且使他們處於不利社交與課業的困境，下文節錄自 Polakow（1993）對海瑟的觀察，說明了這個問題：

> 海瑟被帶離開（她的班級當時正在練習數學學習單），然後到特殊教室進行補救閱讀課程。當她回來的時候，數學課已經結束，同學們開始上社會課有關日本的單元。「坐下來注意聽！這樣妳才可以跟上進度。」梅可太太說。同學忙著交報告的時候，海瑟不知所措地站在桌旁。她必須利用下課時間來彌補社會課程，而且無法在當天取回她的數學學習單。（p. 139）

　　另一種替代方案是，特教專家或助理老師進入普通班，和特殊學生及教師一起工作。這種安排對學生而言是一種比較緩和的轉換方式，而且提供普通班教師與特教專家密切接觸的機會。然而，在班上學習時各方面都擁有一對一協助的孩子，幾乎等於在教室裡有個個人班級，而仍然與班上疏離，因為他們並未融入教室中正在進行的活動。

　　雖然有許多人讚許這樣的觀點，但是完全融合的方式仍有爭議。校方在經費與時間上的供應因緊縮的預算而不足，因而引起一般學生家長的不滿，他們擔心自己孩子的權益會受到影響。而老師必須兼顧各種特殊兒童的需求與全班學生的需求，常常會感到不勝負荷，如果他們缺乏與特殊兒童相處的專業訓練，又沒有得到學校的全力支持，情況就更為艱難（Gemmell-Crosby & Hanzik, 1994）。與其抱怨殘障兒童的加入，家長與教師可以共同努力，以確保教師得到他

們所需要的專業訓練與支持。

　　除了許多法律與教育方面的改革，有關融合教室的研究一致地發現，多數殘障兒童在社交及課業表現方面呈現與同儕隔離的現象（Sheridan et al., 1995），一如上述海瑟的例子。在美國，主流文化對個人成就和競爭的強調，可能使真正的融合格外困難，因為兒童在很小的時候便學會以一個人能做什麼、知道什麼來判斷自己與他人。丹尼爾第一天上學，走過幼稚園的門口時，一位孩子這樣跟他打招呼：「我可以數到一百，你呢？」丹尼爾被這個開場白給嚇到了，而一位有學習障礙的孩子則可能感到被傷害。

　　然而，疏離並不是無法避免的。在一份報告中（Leifield & Murray, 1995），艾瑞克患有腦性麻痺的父母，描述他們如何成功地讓孩子在普通班就讀。除了父母親保護孩子的決心與技巧之外，最大的因素是跟他們一起工作的專業人員的態度。早期介入中心的工作人員秉持這樣的想法——「我們知道這個孩子會成功，所以讓我們看看我們可以做什麼來支持他」（p. 246）。不像多數殘障的孩子，艾瑞克被當作教室裡的一份子——他有朋友，受邀參加生日派對，用他的電動輪椅跟其他孩子一起在戶外玩，喜歡優秀的同學，而且經歷童年友誼關係中常見的反反覆覆。這個例子說明了融合可以產生效果，但是它需要有知識豐富、果斷堅毅及善於和行政體系打交道的父母，以獲得孩子所需要的照護與權利。在這個過程中，同樣地，可能也會受到種族、文化與階級的影響。一位剛開始學英文的貧窮單親媽媽，又沒有車子，就可能很難說服學校行政人員為孩子爭取適當的照顧。

兒童所理解的殘障

　　孩子在幼兒階段就能逐漸意識到感官與外表上的殘障（DeGrella & Green, 1984），毫無疑問地，他們察覺與理解的程度隨著不同的殘障類型而改變（Conant & Budoff, 1983; Diamond, 1993）。幼兒比較容易注意到外表的殘障，主要是因為殘障人士所使用的輔助器具是很容易觀察到的，譬如：枴杖或輪椅。孩子們不太會察覺到一個人智力和心理上的特殊狀態。他們也可以理解外表的缺陷是如何影響一個人（例如：她不能跑），但是無法理解認知或情緒限制的影響（Nabors & Keyes, 1995）。這些差異是合理的，因為兒童通常以個人的經驗來解釋殘障，譬如：視障就像在黑暗的房間裡看不見東西，肢體障礙就像困難地走過沙地（Conant & Budoff, 1983），但孩子很少想到他人的認知與情緒如何運作。當幼兒試著理解殘障時，通常提到不成熟（例如：他還沒學會走路）或者某種外傷（例如：他摔斷了腿，而且沒有辦法走路了）（Diamond, 1993; Sigelman, 1991）。有些讓孩子體驗某種殘障的模擬活動（例如：嘗試坐輪椅、戴耳塞、戴眼罩行走），可對特定的缺陷提供較確切的訊息，並幫助兒童對殘障的同儕更能夠感同身受。這些做法可以是有效的，但是應該與殘障者有實際的接觸，而非只是憑空想像，這樣孩子才會了解殘障只是部分的缺陷，而不是整個人的特徵。

　　在幼兒階段，兒童對殘障者的態度通常是負面的。三歲到六歲的幼兒對殘障者更存有偏見（DeGrella & Green, 1984）。二到四年級時，這種傾向仍然持續著；直到四至六年級之後，他們對殘障者

的態度才逐漸變得正面（Condon, York, Heal, & Fortschneider, 1986; Miller, 1984）。或許在四年級之後，兒童更能夠意識到他人的觀點與經驗，並能夠重新思考自己對殘障者的刻板印象。在最後這個階段，女孩子比男孩子更傾向於接受殘障的同儕，這種現象可能反映出女孩們較樂意扮演養育的角色，而男孩子則傾向於以身體的本領來判斷他人（Hazzard, 1983）。這個例子說明，「接受」可能不是基於對殘障者的尊重，而是對「不一樣的、無助的、值得同情的可憐人」的施恩心態（Hazzard, 1983, p. 137）。

許多研究結果發現，殘障兒童常常被隔絕於普通班級的社交活動之外（Diamond, Le Furgy, & Blass, 1993; Gerber, 1977; H. Goodman, Gottlieb, & Harrison, 1972; Iano, Ayers, Heller, McGettigan, & Walker, 1974; Nabors, 1995; Taylor, Asher, & Williams, 1987）。事實上，有些關於殘障兒童在班上越來越孤單（Diamond et al., 1993; Guralnick & Groom, 1987）的證據顯示，一般兒童與殘障兒童的關係若只限於有接觸，並無法消除彼此之間的界線。

然而，社交上的孤立仍然受到殘障的狀況與本質的影響。譬如：當兒童想玩，或正在進行體能活動時，他們比較可能拒絕肢體殘障的同儕（Harper, Wacker, & Cobb, 1986）。輕度殘障的兒童與一般兒童的互動，跟一般兒童彼此之間的互動一樣頻繁（Guralnick, 1980）。在一項有關聽障幼兒的研究中，Kennedy 與 Bruininks（1974）並未觀察到一般幼兒對聽障同伴表示拒絕。因為聽障幼兒仍能從事體能活動，而這類活動對小朋友來說，通常是最重要的遊戲類型。此外，聽障幼兒可以發展替代的溝通方式，而且能夠參與大部分的遊戲及課業活動。一個班上的孩子表示他們喜歡聽障同學，因為可以跟他

學手語（Swadener & Johnson, 1989）。相對地，幼兒可能對情緒上或認知上無法提供點子與想像的同學比較沒有耐心。幼兒常常表示他們不喜歡殘障同學，因為他們破壞性強以及／或具有攻擊性（Nabors & Keyes, 1995; Roberts & Zubrick, 1992）。因此，具有行為與情緒障礙的兒童特別容易遭受拒絕。

當不同能力的兒童真正地玩在一起，他們的互動通常是勉強與不平等的。譬如：當發展遲緩兒童與一般兒童在一起，他們比兩位一般幼兒較少出現聯合活動（Siperstein, Brownley, & Scott, 1989）。有些兒童願意接受居於從屬地位的殘障同儕，卻拒絕將他們視為平等的同伴或領導者（Miller, 1984）。甚至，即使孩子之間有相似的互動類型，而且表面上看起來好像發展出平等的關係，但是，當遊戲變得更複雜，而且需要更多的社交及認知技巧時，殘障兒童通常都被大家遺忘了（Guralnick, Connor, Hammond, Gottman, & Kinnish, 1996）。

成人在殘障兒童的社交融合過程中扮演一個關鍵的角色。許多研究（Gonsier-Gerdin, 1995; Odom, Jenkins, Speltz, & DeKlyen, 1982; Odom et al., 1996; Sheridan et al., 1995; Swadener & Johnson, 1989）提供了一些方法，讓老師與父母可以促進殘障兒童真正地融合到教室內、外的社交生活中。首先，當成人明顯地與殘障兒童相處愉快，而且支持他們與同儕之間的互動，殘障兒童就較能成為教室社交生活的一份子。第二，成人可以藉由下列方法來促進孩子彼此的互動——密切地監督社交融合的程度、提供活動以發展社交技巧與積極的同儕關係、明確地教導缺乏社交技巧的兒童、當孩子們一起玩的時候巧妙地支持他們、提供各種不同的活動情境，讓兒童可以進行不

同層次的互動（例如：平行遊戲及主動地合作）、提供充分的課業支持，使兒童不致感到慌亂與挫折。第三，合作性的活動比競爭性的活動更有助於融合。第四，殘障兒童應該被每一個人所認同，包括他們自己，把他視為團體正式的一員，也是所有活動不可缺少的一份子。為了支持這個目標，需謹慎地不要提供殘障兒童特別的協助（明顯地有別於廣被採用的隔離方案），並以最不會引起混亂的方式來進行。第五，參與課後活動及團體友誼活動（例如：Forest & Lusthaus, 1989），使兒童能與同儕發展出更多共同點，並建立友誼。Sheridan 跟他的工作夥伴（1995）針對這些原則在實務上的應用提供許多詳細的例子，他們的個案研究說明了如何改變環境以照顧到有特殊需要的兒童，從課業與社交兩方面來協助他們。

　　兒童意識到殘障，特別是外表與感官的部分，因為它們對孩子來說是顯而易見的和可以理解的。很不幸地，大部分的研究指出，許多殘障兒童與同儕相處時都有被孤立的情況。家長與老師可以協助殘障兒童融入教室的社交生活之中。但是，我們的文化所強調的個人表現與競爭，可能會抵銷這些努力。我們必須教導所有的兒童挑戰對殘障者的刻板印象，挑戰以殘障與否來區分人類的觀念。

了解兒童所知、所思與所感覺的能力與殘障

1. 觀察一般兒童與殘障兒童的互動情形。殘障兒童是參與或旁觀？在教室的社交生活中，一般兒童與殘障兒童各扮演什麼樣的角色？在想像遊戲中呢？

2. 提供兒童各種不同殘障類型的娃娃、木偶與照片，請他們描

述圖片中的人，看看他們是否注意到殘障。如果他們提到殘障，問他們一些較深入的問題，以了解他們是否知道殘障的原因和影響。

3. 了解兒童對殘障者有什麼樣的看法，展示顛覆殘障者刻板印象的圖片給孩子看（例如：盲人溜冰、坐輪椅打籃球的人、被截肢者擔任建築工），且聽聽他們的反應。

4. 閱讀或演出殘障者（包括兒童與成人）的故事或木偶戲，看看孩子們有何回應？他們的假設是什麼？有何錯誤的訊息？

5. 用手語說故事和唱歌，看看兒童有何反應？教他們如何使用手語，然後看看他們是否能夠理解某些人能以手語達到與談話相同的目的。有閱讀能力的孩子可以進行類似點字的活動。

6. 透過一系列的活動，讓兒童體會不同殘障類型的影響。聽聽看他們的問題與推想。利用這些活動來增強他們對殘障者的同理心，並且想想殘障者如何發展克服生理限制的能力。

PART Ⅱ

日常生活中的多元文化：實務應用

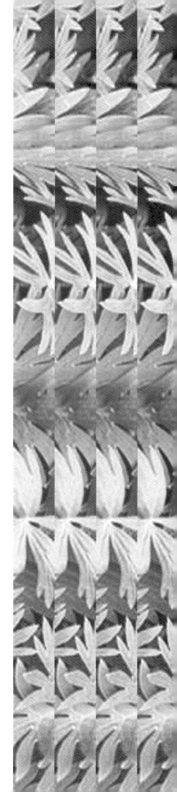

第七章

挑戰我們的臆測
及現況

　　為了提醒並教導孩子關心他們所處的世界，我們必須發展批判
性的思維，那是一種「從習以為常的世界跳脫出來的能力，能夠洞
悉我們的觀念和看法是透過語言規範、文化符號和內在力量所建構
而成的能力⋯⋯能提出敏銳問題的能力」（Kincheloe, 1993, p.
109）。我們每個人都有自己獨特的經驗史，而且一生都會受到這些
經驗的影響，形成我們看待這個世界的「鏡頭」（lenses）。這些鏡
頭有許多不同的面向；有的很清晰，有些則模糊難辨，更有些完全
混沌不明。這些都深深地影響我們理解世界的方式。然而通常我們
對這類影響是不自覺的；我們視之為理所當然，並且自以為我們所
看到的就是事實。因此「跳脫既有思維」及「提出敏銳問題」的課

題需要相當情感上及認知上的努力。在本書第一篇，我拋出許多問題以開始這個過程。在這一章裡，我提出藉由「書寫與閱讀」、「對話」及「採取行動」，說明具體明確的方式以進行這項工作。

書寫與閱讀

　　我們必須認清自己——誠實地觀察自己對其他個體及整個大環境的反應，並分析它們反映出怎樣的意念，以及這些意念是如何形成的？進行這項探究的方法之一就是做紀錄，寫下並檢驗我們對他人及事件的回應。做紀錄最大的好處，在於它讓我們有機會表達和探索我們可能在別人面前感到害怕，或不好意思說出的反應。由於那是我們反應和想法的長期紀錄，我們可以回顧，並辨識哪些是我們先入為主的看法，分析它們與我們的背景和經驗有何關聯，並觀察它們是否正在改變。在一些為期一學期的大學課程中，學生們對上課和閱讀的反應做詳盡的紀錄，分析他們的看法和意見（見 Derman-Sparks & Phillips, 1997，和 Tatum, 1992，可以找到精彩的範例）。

　　藉由監控自己對外界的反應，我們可以善用經驗，以便「用新的眼睛看世界」——去識別鏡頭裡的多重面向。我們收養了丹尼爾之後，對於我們文化中的親子關係是多麼的生物取向而感到震驚，同時也驚覺我以前居然沒有注意到這個現象。我鮮明地回想起，當時為了出席我們的實驗學校而填寫丹尼爾的發展紀錄時，對表格上一大堆詢及懷孕、生產和哺乳的問題，卻沒有任何項目可讓我寫下收養經驗，而感到憤慨和被排拒。剎那間，十足諷刺地，我突然想起，幾年前我也是這份表格的設計者之一呢！因扭傷或骨折而有暫

時殘障經驗的人，會覺得世界突然變了樣——人行道的路緣好像變得特別高，門顯得特別厚重，同伴們走路的速度也似乎特別快，如此隱約體驗到坐輪椅及靠支架行動者的日常生活有多麼不便。在陌生的國家旅行或遷入新社區，會使我們更感受到身為外來者的挫折和焦慮。然而我們不可假設靠支架走了幾個禮拜，或在陌生的社區住了一年之後，就表示我們真的了解別人的日常生活和整個人生經驗。不僅我們不知道的還很多，而且有很多我們永遠無法明白。

閱讀由具各種生活經驗和觀點立場的作者們所寫的書籍和文章（例如：Asian Women United of California, 1989; B. Thompson & Tyagi, 1996），也可以讓我們的見識超越自己有限的經驗，並更明瞭這社會上的不平等如何影響特定族群及個人，進而形塑他們對美國的看法。這些書籍和文章也讓我們更看清楚自己的生活和主觀的想法，並開始變得能理解局外人和局內人觀點上的差異。舉例來說，我發現藉由閱讀並對照由白人作者所描述在美國的非裔美國人的書籍（例如：Kotlowitz, 1991; Nightingale, 1993）和非裔美國人本身所寫的書（像是 Bell, 1992; Campbell, 1992, 1994; hooks, 1990; West, 1993; P. Williams, 1991），我開始了解，對像我這樣的白種人來說，閱讀各種觀點和立場的書籍有助於讓我「跳脫原有思維」，並檢驗我們的生活和對世界的認知，彌補我們對日常生活經驗和人生重要事件的反省。目前這類不同論點的傑出書籍和文章相當多，我們都應善用這些豐富的資源。

學習和了解的過程向來被認為處於文化的脈絡之外，因此有別於獲自生活在某特定社會裡的知識……即便在不盲從的情況下，歐

美價值觀仍是主要的參考指標，那就是主流文化中的個體會趨向
或遠離他們的個人關係和團體關係。（Darder, 1991, p. 119）

對話

　　閱讀和書寫必須藉由交談讓人們得以更確切地對照經驗、指出
彼此的盲點和誤解，並為個人改變及政治性的行動尋求或給予支持。
由於本書的主旨為促進親師之間的合作，因此我將焦點集中在親師
座談會、班級會議和討論團體中可能會出現的話題。但這些議題同
樣也適用於其他場合，如大學課堂、宗教或社區團體、教師研習等。

　　傾聽和了解彼此的觀點是個十分艱鉅的過程，尤其是涉及到種
族、文化、階級、性別、性傾向和能力等差異時。多數人處理這類
問題的時候感到非常焦慮不安（Tatum, 1997），因此提供相互坦誠
及支持性的環境是絕對重要的。Tatum（1992）在她的種族主義心理
學這門課中採用了下列幾條準則，親師會議也不妨引用，以創造具
安全感的環境，讓參與者能夠自在地交談。第一，藉由建立另一種
思維來扭轉交相指責的情勢，那就是：在這個社會中成長的每個人
都受到偏頗態度的影響，大家都是種族偏見的受害者。而且，人們
不能因小時候所學到的事受到責怪，但身為成年人，有責任去辨識
並終止種族壓迫的循環。所有參與者皆需保守團體的機密，不可明
嘲暗諷，即使是玩笑性質都被禁止。最後，大家談談自己的親身經
歷，而不是推想或臆測他人或某族群的經驗。

　　每次會議中應指派訓練有素的帶領人，以維持安全的氣氛，保

障參與者所冒的風險,並確認每個人有均等的發言機會。在研討會和課堂上,講師或教學者就是帶領人。在學校和班級會議中,通常由校長、主任和老師擔任這個角色。但為表現真正的合作精神,也可以請家長帶領活動進行。若氣氛有些緊張,特別是家長和學校教職員間的緊張,那麼校外的帶領人是最適合的。至於非正式的討論團體,則所有的參與者都應接受帶領活動進行的訓練,以便輪流督導並且維持討論的進行。

☼ 親師溝通

　　基於某些原因,親師之間並不太容易做到坦誠開放的溝通。例如:有時老師和家長們不是使用同一種語言,所以根本無法產生有意義的對話。通常其他教職員、學生的家人或社區人士可以擔任翻譯的工作,老師亦應確認翻譯人員能夠陪同出席每一次的班級聚會和討論會。然而,這樣間接的溝通顯得很不自然,況且有些字義在如此的情境中無法被傳達得很貼切。倘若老師只會自己的語言,當他們發現班上有不少學生來自使用某特定語言的族群,也許會希望利用暑期課程學會該語言,以便能更直接地與他們的家長溝通。有些學校的老師們可以請以該特定語言為母語的高中學生及家長來教授語言課程。以這種方式提供語言教學十分經濟,同時可讓那些家長和年齡較大的學生擔任別有意義的角色。此外,行政人員也可以為家長們籌畫以親師溝通、親職教育為重點的語言課程。

　　另一個阻礙親師之間坦誠溝通的原因是:我們往往預期家庭和學校有——或應該有——共同的觀念和做法。但,如同在第四章所討論的,許多美國家庭發現校方的教育目標、價值標準和辦學實務

與父母培育子女的目的就算不衝突，也並不完全一致。家長和老師經常迫於現實情況，無法公開地承認並討論他們看法上的差異。我們整個教育體系中，教師都被視為是專家（Silin, 1995），即使在家長投入程度比較多的學前教育領域也是一樣。通常大家普遍存在一種認知：「當親師之間意見不同時，『教師』應該傾聽、說明、提出折衷辦法，但絕不屈服」（Tobin, Wu, & Davidson, 1989, p. 210）。許多親職教育課程忽略了不平等、種族歧視和貧窮等問題所帶來的深遠影響，而要求這些家長藉由仿效白種中產階級的老師和父母來「改善」其親職知能。特別是當教師們在接觸那些面臨窮困、離異、無家可歸，或其他艱難處境，而仰賴孩子的老師給予大量支持的家長時，即使非常開放、善意的老師也經常不自覺地陷入專家的角色中。然而有時在富裕的社區裡情況就不一樣了，有些父母會將孩子的老師當作受僱的員工或「為社區提供服務的保姆」看待（Tobin et al., 1989, p. 209）。家長們會運用影響力干預學校是否因員工進修或氣候不佳而停課，或希望老師給孩子特殊待遇，或修正課程以滿足其需要和目標。理所當然地，許多老師對家長這種蠻橫的態度感到憤慨，並避免和這些家長溝通。

有個辦法可以改善這種親師之間的互動關係，那就是創造親師合作的情境及交談的機會。常見的討論團體、研討會、午餐會、早餐會、週末活動等等都是促進親師彼此了解、開始合作的可行方式。行政人員可以籌畫親師雙方都能參與的全校性工作坊，家長們更可定期進入教室，成為教學團隊的一員，而不僅僅是擔任校外教學的接送工作，或幫忙布置班級派對而已。可行的方式不勝枚舉，部分詳述於本書的結論──「未來的願景」中。就如同後面將討論的，

我們也可以藉由親師座談會和班級會議，發展出合作性的親師夥伴關係。

「時間」是第一個立即浮現的問題。為了促進家庭與學校之間的合作關係，我們需要花時間討論、制定計畫、一起執行。我了解在夜間趕赴開會是多麼困難。（走筆至此，我腦海浮現出自己匆匆出門趕著開會的畫面：帶著用餐巾紙包著吃到一半的晚餐，其餘的因來不及咀嚼還卡在我的胃裡——唉！多麼渴望我不必再趕著出門。）但想想我們卻總是找得到時間看電視、逛商場、跟朋友打電話閒聊、參加社團，而這僅僅是一小部分的例子而已。若家長和教師感受到這是一個彼此支持的團隊，那麼會議可由偶爾必要性的舉辦，改為只要每個成員覺得有所斬獲的時候就可召開，例如——對自己和子女有新的體悟，與其他家長、教師及社區的關係越來越密切，或對班上和家庭提出活動構想和策略。以這些內容為主的會議對家長來說似乎負擔比較少，而能提供較多聚在一起的機會。但很顯然地，有許多相關問題需要解決——交通、小孩照護、找不出大家方便的時間。教師和家長也許希望嘗試不同的時間和地點，以找出最適當的安排。但最根本的重點是：會議或研討會是否能滿足參與者的需求，而讓他們渴望出席？若是如此，大家自然會排除萬難。否則上述理由永遠會是缺席的藉口。

☼ 親師座談會

在典型的親師座談會中，教師所扮演的是專業人員的角色：向家長們探詢有關孩子的背景資料，告訴家長孩子在學校的情況，同時表達對學生的關懷，或提出關於孩子的一些問題，有時則對家長

提供建議。通常教師也會透露部分他們個人的資料和感受。身為教師，我們必須謹慎地考量這種專業認知上的差距，並思索如何掌握進行親師座談會的氣氛及方向，以期達到雙向交流的目的。若是公開承認我們的不足之處，或是我們的背景及其影響，會有什麼情形呢？其實家長們通常能清楚地意識到老師的偏見和侷限，所以掩飾這些部分是沒有必要的。「我發現，如果我想要知道如何用最適當的方式教導不同於我的學生，那麼我最好向成人尋求協助──也就是跟我的學生來自同一種文化的家長或教師」（Delpit, 1995, p. 102）。若老師們不去刻意隱藏自己不熟悉的事物，就能更自在地向學生家長請教超出他們個人經驗之外的問題：「我們班上有個孩子一直堅信莎拉不是跟她真正的媽媽住在一起，你如何向其他小朋友解釋莎拉是被領養的？」「當藍尼發病時，你使用怎樣的字眼向他及他的朋友們說明發生了什麼事？」「你如何跟法蘭克談到他爸爸在服刑的事？如果這件事在班上被提出來討論，你有什麼意見？」假使孩子們正學習英語為第二語言，教師們應和父母對他們及學校中其他老師是否可以說孩子的母語，達成明確的共識。更可以詢問家長最需要怎樣的支持？如何協助父母教孩子學英語，或保留母語。如果老師和學生無法使用同一種語言，家長和老師可以跟孩子討論這個問題的含意，並想辦法加以補救，直到孩子能逐漸流利地使用新語言。（如同先前所提到的，必要時口譯人員應提供協助。）老師們不妨採用下一節「班級會議」中提到的幾個話題作為開始。

　　當學生表現不理想時，家長和老師常互相責怪──有時是公開的，有時則私下抱怨（例如：「如果他們不要讓小孩子看那麼多電視……。」或「如果老師的講解能有系統些，我的孩子就不會被這

些作業搞得暈頭轉向……。」）。通常雙方都基於自我保護的心態而避免或擴大衝突。親師必須坦誠面對他們之間的差異，並藉由互相協調——或至少接受這些差異（Gonzalez-Mena, 1992）來解決問題。最好他們能夠共同找出解決辦法，但也許會花上一段時間。親師雙方需明白表示他們所關切的事，並願意傾聽對方的意見。舉例來說，假使一位非裔美籍的家長關心孩子在以白人為主的班級裡會感到不安，老師不必辯護，而應坦然承認：「身為白種人，我不了解成為班上唯一的黑人孩子是什麼滋味。就像這國家裡的每個人一樣，我有許多種族問題方面的盲點。以您的經驗，我們該怎麼做，使這個班級更適合貴子弟？」

我並不是提倡親師座談會應有劇烈的改變，而是希望有一點小小的調整；從教師以專家身分向家長傳遞理念，轉變到老師和家長坦誠地分享關懷，共同探討可能的解決辦法。

☀ 班級會議

為家長召開的班級會議通常在學期初，或在學年中再舉辦一到兩次。多半由老師說明課程，簡介班上已經做過的活動，以及接下來幾個月將要進行的工作。教師往往會為了讓家長對課程的品質產生深刻的印象而感到有壓力，並且花許多時間整理教室、規劃教材的陳設以展現在家長面前。

規劃良好的班級會議有助於家長間或親師之間的合作關係。為達到這樣的功能，應增加會議召開的次數，尤其是學期剛開始的時候。進行的方式應著眼於省思和討論，以取代教師單方面的訊息傳遞。事實上，有些會議可以讓家長來主導。在最初一次或兩次的班

級會議中，以親師互相認識為主，並且藉由介紹自己的種族、文化、階級和職業背景，讓大家對每個人的孩子有初步的認識。為了讓討論持續進行，老師可以請家長們談談下列問題。這些問題的內容及措詞應依家長的特質而有所調整，例如他們先前對彼此、對學校熟悉的程度，以及對這種討論方式的投入意願。對有些人來說，先在小團體中討論這些問題，然後再和大團體分享，會感到比較自在些。老師可以協助創造安全的環境，並在開始這些話題之前，先介紹自己，作為坦誠參與的示範。

1. 你從哪裡來？在這個社區住了多久？

2. 你如何看待你自己和你的孩子？哪些團體會讓你花最多時間投入？覺得和哪個團體最親近？你如何教導孩子認識他的出身背景？你的種族、文化和階級背景，如何影響你試著要教給孩子的價值觀？

3. 你家裡說哪一種語言？如果不是英語，你是否試著教孩子母語？你如何進行的呢？

4. 你如何描述你的孩子？他喜歡哪一種動物、植物或天氣？他最喜愛和最不喜歡的活動是什麼？他喜歡和同伴們一起玩嗎？喜歡和少數人或一大群朋友在一起？對動態還是靜態的活動有興趣？

5. 你最關心孩子哪一方面的問題？你的孩子是否有某方面的限制是你希望其他家長留意的？你是否會擔心孩子在班上的感受？

白人中產階級的家長通常不認為自己是屬於某特定種族或文化

族群的一員，所以可能會在剛開始的時候對上述問題感到困惑。無論如何，這樣的對談可以幫助家長發覺他們的確在某特定的社會團體和文化中養育孩子，同時他們也正在對孩子傳遞某種特有的、不同於其他家庭的價值觀。

這樣深入的自我介紹，讓所有的家長和老師對每個孩子有較全面的了解，進而能夠維護孩子稚嫩的友誼，並且能夠更適切地回應孩子的問題和想法。例如，若某位家長知道賽琳娜患有腦性麻痺，那麼當孩子回家說：「賽琳娜只是小嬰兒，因為她還不會走路。」時，就能較妥善地處理。如果三位小孩子都正在學習英語為第二外語的家長們彼此認識，或許可以互相打氣、分享資源。害羞小孩的媽媽也許會因為知道班上還有兩位同樣性情的小朋友，而感到寬心，並和他們的家長相約帶小孩在課餘多聚聚。這些例子顯示出每位學生的不同之處都可能對班級裡的互動關係產生影響，我們也應坦然接受這些現象的存在（例如：「我一輩子都住在這個城鎮，實在無法想像一個剛搬來的人會有什麼感覺。」）。

在接下來的班級會議中，家長和老師討論彼此對孩子的期望，和他們對孩子學習情況的看法。家長們可以談談孩子在課餘時間通常都做些什麼，老師則說明學生在學校的作息，以及他們認為孩子能夠從某項活動中學到什麼。這樣的話題可以顯示出家長和老師對學習、行為期待和常規紀律的不同看法。儘管這些不一致的看法有些令人不安，但公開討論是比較好的，避免去認定某人為「壞老師」或「壞家長」，而抱持積極的態度：「我們對學習的看法不同，獎懲孩子的技巧也不一樣──讓我們試著互相學習，了解為什麼會意見相左，並尋找共同點或折衷的方法。」班級活動的錄影帶或照片

更提供了實際教學和常規訓練的具體範例，或許能幫助父母和老師更明確地討論彼此的期待有何相同和相異之處。教師不應只是簡略地引述國家幼兒教育協會（NAEYC）的指導方針，或兒童發展的理論及研究，而應仔細傾聽家長所關切的事和他們的建議，了解他們教養孩子的理念脈絡。藉由聆聽家長如何處理各種狀況，老師也可從中思索與家長互相配合的方式。假使老師們和某些家長在教育目標及教育方法上的意見極為分歧，或許需考慮舉行額外的會議以尋求共識，或討論如何幫助孩子適應兩種不同的要求。

學期初班級會議的另一個重點是探知孩子先前已經具備的各種經驗，並且思考在這一整年中，父母和老師如何根據孩子們既有的經驗建立知識基礎，並拓展到新的學習領域。教師不妨請家長想想下列問題：

1. 班上孩子有多少機會和其他種族、文化、社會階層的人接觸？他們和殘障人士相處的經驗為何？

2. 孩子對社區服務的認識為何？像是警察、救濟事業工作者和校園師生？他們對家人、鄰居和同伴等非正式支持系統的認識為何？

3. 孩子熟悉的工作場所有哪些？在他們認識的人裡面，是否有人從事顛覆性別刻板印象的工作（如：女性建築工作者）？孩子是否見過來自不同文化和族群的人，以及不同能力和殘障的人合作共事？

4. 什麼樣的環境是孩子熟悉的？他們與原始地區及都會區接觸的經驗為何？他們對生態問題了解多少？

　　當父母和老師討論、比較孩子的經驗時，可據以構思課程、籌畫校外教學、擬定到班上訪問的人選，善用資源和先前的經驗，並且設法彌補孩子背景上的限制（例如：對於住在鄉村和郊區的小朋友，老師和家長可以計畫來趟都市之旅）。

　　隨後的班級會議中，親師可以討論之前提出的議題，繼續籌畫整體的課程，並共享資源。此外，不妨撥出一次會議專門討論電視、電動遊戲和消費的相關議題。家長們可以談談在他們的生活中，「購物」和「擁有物品」所占的重要性，以及他們如何回應孩子想要更多玩具、看更多電視節目的要求。父母和老師可以探討如何互相支持，以減低消費主義對孩子的影響。他們可能會對孩子看電視和不准帶玩具到學校制定共同的規則，孩子就不會堅持「班上所有的小朋友整個週末都可以看電視。」

　　另一次會議重點在探索父母和老師試圖傳遞給孩子有關性別角色和性傾向的觀念。這些主題可能會引起相當激烈的反應、對立和誤解。然而，若親師雙方能及早意識到他們不同的觀點，就能更敏銳地處理這些問題，並避免當家長某天走進教室，突然看到他的兒子正打扮成新娘，而讓這樣的議題意外爆發（這是我任教初期的親身經歷）。

　　總而言之，班級會議並非僅供教師說明既定課程的場合，它更是將親師凝聚為教學團隊的機會——在這裡，每個人都了解彼此的背景、所關心的事務，對教育提出構想、熱心投入。

　　班級會議也為親師提供公開討論的機會，以較深入的方式挑戰他們對社會階層區分，和對大自然種種自以為是的想法。不過，有些父母和老師並未準備好參與這種自我審視的工作，若將這些議題

列為班級會議討論的內容，或許會使他們覺得跟團體格格不入。對此議題有興趣的人或許會形成持續進行的小組（由各個班級的老師和家長所組成），他們可能以種族、民族、性別、階級、殘障或性傾向來分組。雖然這種方式似乎有些不合宜，但它確實提供了空間和安全感，讓他們能從防衛、盲點和痛苦的回憶中努力掙脫。在某次員工會議中，我引導大家討論日常互動中普遍存在的種族歧視之後，一位非裔美籍的同事告訴我，對她來說，坐在那兒聽著她的白人同事「恍然大悟」那影響了她整個生命的種族歧視，是多麼地難受。她建議白人職員應分開聚會，以繼續這樣的討論。理論上，最好有各種族群的人參與，因為當人們經歷了體察自我認同和成見的不同階段，他們的需求會改變。例如，某人起初會加入完全由亞裔美國人所組成的團體，以便在那樣的脈絡裡尋求自我認同；但後來她可能想成為由各種族群形成的團體中的一員，了解一般性的議題以及和他們共同合作的可能性。

☀ 探究主觀思維的成因和影響

這部分所討論的幾項主題是按順序安排的：從透露較表面的、安全的訊息，到面對較痛苦的深層議題。許多反種族主義和多元文化的研討會和大學課程也依類似的次序進行（見 Derman-Sparks 和 Phillips, 1997，可以找到這類課程的相關訊息及學生反應的詳細資料）。訓練有素、經驗豐富的講師在這類討論會中格外重要。以下的建議是為由不同背景的家長和老師所組成的團體而寫的，但這些主題亦可應用在許多不同的場合，或稍作更改也適用於各個種族、文化、性別和階級的團體。最重要的是大家能夠相聚一段時間，才

能透過緩慢的自我揭露及剖析成見的過程，彼此支持打氣。

　　參與者可以聊聊他們如何以種族、階級、文化、性別、殘障和性傾向來定義自己，作為互相認識的開端。也可以介紹家族史，特別是他們的種族、社會階級、文化和性別如何影響他們早期和目前的生活。討論會的帶領人可利用本書第三至六章省思部分所提出的一些問題，協助大家更明確地表達他們的自我認同和相關的看法。

　　為釐清他們日積月累而形成的價值觀，不妨再繼續探討下列問題：我認為哪三項傳統、物品或食物象徵我的家族？為什麼它們很重要？它們代表了哪些價值觀和／或歷史？我目前的價值觀和期許是否也反映了家族的價值觀和期許？我的價值觀如何反應出家族在我成長的年代和現今生活中主流社會所代表的富裕程度和地位？我對周遭的自然環境了解多少？我的自我認同和價值觀跟我的父母有何不同？為使討論易於進行，大家可以展示象徵其背景的照片或物品。這種對自身文化和經驗深入的剖析，常常會對人們長期累積的價值觀和所重視的事物激盪出一些耐人尋味的新發現。

　　參與成員也可談談生活周遭和整個社會如何看待、對待他們所屬的種族、文化、社會階級、性別、性傾向和殘障團體。他們在傳播媒體上的代表比例是否適當？大眾對他們的觀感是正面的或負面的？扮演次等的或主要的角色？他們是被接納的或被排斥的？成員們或許會因各族群被呈現的形象而持不同的觀點。舉例來說，媒體上有許多被視為以黑人為主的電視節目，多數白人因此認為非裔美國人在電視上已有充分的代表性。但他們的非裔美籍同事也許會覺得黑人所扮演的大多是受限的、刻板的角色。

　　當大家彼此熟識信任，討論的內容可聚焦於不平等和偏見等較

艱難、具潛在爭議性的議題，以及這些問題如何影響我們長期以來對事物的觀感和日常人際互動。一個較漸進地處理這些難題的做法是：問問自己和別人，在我們的早期記憶中，如何意識到自己和別人不同？哪裡不同？語言？外觀？我注意到什麼？當時我的想法和感覺是什麼？我害怕嗎？覺得難以理解嗎？還是覺得有趣呢？我是否向任何成人問過這些「不同」？若沒有，為什麼？如果有，他們有什麼反應？在期刊上發表的文章及論述對這方面的探究經常能幫助我們發現自己如何對事物形成刻板印象和成見，以及它們如何影響我們對他人的反應。回想這些經驗能給我們一些具體的線索，以了解我們的孩子如何詮釋他們在家和在學校所接觸到的訊息。

通常最困難的部分是分析大家目前每天的生活經驗，並思考他們怎樣依過去根深柢固的刻板印象和主觀想法與他人互動。成員們可以問問自己：最近一次我對某個人或某族群感到恐懼或不自在是什麼時候？究竟是他們外表上的哪些特徵、衣著，或是行為讓我覺得不舒服？我是根據實際情況做反應，還是對看起來像是刻板印象中的那些人作反應？ Spindler 和 Spindler（1994）談到「三思」（thinking thrice）（p. 324）。首先，留意你的行為；然後，想想你背景中的哪些部分使你以某種角度解釋該行為？最後，分析他人的背景如何影響他的行為？為更徹底了解我們的刻板印象和態度如何影響別人，不妨談談當我們自己覺得受到輕視和／或排斥的經驗。即使是短暫的被忽略和被邊緣化，也會引起極大的憤怒和無助，我們可以利用自身的經驗，去了解被污辱指責會如何深深地影響個人關係和工作、生活的能力。我們可以從幾個方向來思考：我何時感受到自己是受歧視的對象？為什麼被歧視（種族、性別、職業、身

材、性傾向、民族、年齡……等等）？我如何回應？我的感覺是什麼？我做了什麼？但願我做了什麼？在那樣的情況下，怎樣的支持會有幫助？當然，偶爾會遭遇到的輕蔑，像是擺出高姿態的汽車修理員，或一時對某職業惡意的評論（「你教小朋友──那不過就是哄哄小孩罷了！」），跟因為個人所屬族群的負面形象而長期受到攻擊，或常常被「好」學校和鄰里刻意排斥，是不一樣的。而那些沒有長期被歧視經驗的人，可以利用這些情境稍微體會刻板印象如何影響他們所批評嘲弄的對象。

　　「模擬」是幫助人們了解自己觀點上的限制很有用的工具。有個在商業領域裡所採用的遊戲「Ba Fa, Ba Fa」①，參加的人分成數個「社會」，每個社會學習一種截然不同的、虛構的「文化」。在適應了他們各自的文化之後，每一小組的成員試著融入其他組別的文化。當他們面對不熟悉的、難以理解的規則和期望，參與成員常會經歷挫折和孤獨的感受。在這短短的練習當中，大家開始明瞭，自己的某些主觀態度會使了解和接納他人的觀點變得困難。參與者常發表這樣的意見：「現在我明白小孩子從另一種文化來到我的班級是怎樣的感受了。」大家也驚訝地發現，對某文化僅僅接觸了五分鐘，就難以接受其他文化了。

　　欲敏銳地察覺自己的偏見和刻板印象，以及理解不同的人如何解讀同樣的情況或物體，可以小組分析影片、童書、新聞節目和報紙及雜誌上的文章。以小組進行的好處是不同的人會留意到特定的事，而互相比較看法的好處是能協助大家發現自己的盲點。某個人可能從單一的角度看女性角色，有人也許注意到殘障人士在各種角色上的不足，另一個人或許指出白種人總是去解救痛苦無助的拉丁

人，或發現電影中的英雄總是必須能夠「征服」大自然。

　　坦然面對並質疑自己的成見是終身的過程，沒有任何一個研討
會或會談能提供神奇的「療效」。但若我們放開胸懷去學習，就能
從每一次談話學到一些新的事物，並驅策自己嚴格地檢驗我們的主
觀推論。一位長時間從事反種族主義的教育家──Andrea Ayvazian，
有如下中肯的評論：

> 沒有人能到達不受刻板印象和偏見束縛的樂土……對我而言，重
> 要的是立志持續地朝這個旅程前進，而非懷著羞愧而失意洩氣，
> 或被防衛和拒絕所困。（p. 15）我們的付出不一定要有完美的結
> 局，但我們確實必須嘗試新的行為，並準備好跌倒了再爬起來。
> （1997, p. 17）

採取行動

　　最後，家長和老師必須以他們新的認知「做」些事、策劃活動
並執行（有關如何達成這類活動計畫的說明和範例請參考 Derman-
Sparks & Phillips, 1997）。老師可以設計新的教具或課程活動，並鼓
勵同事們也這麼做。至於家庭，則可以參加新的社會團體以掙脫他
們種族或文化上的孤立，試著以批判的角度看電影和電視，並減少
觀賞的時間，同時開始減少消費。家長和老師可以一起嚴格地檢閱
學校圖書館裡的童書，並募款添購新書以充實館藏；或者蒐集優良
的攝影作品，讓孩子多方面地認識世界，以消弭他們的刻板印象。

他們還可以合力改變校方以能力分班或懲戒制度等帶有偏見的政策。

　　當家長和老師對周遭的不公平現象變得更為敏銳，且有信心去改變這些現象時，他們就能發揮更大的影響力。例如參與地方上推動城市各住宅區和公園的整潔維護工作，或迫使地方企業遵行環保或勞工安全規章。他們可以加入教師改革組織、生態團體或維護本土權利等國內或國際性的社會運動。既然各個層面都有工作尚待完成，顯然每個人都需選擇一項貢獻心力的著力點。不要忘了社會上種種不公平現象的存在與我們所付出的努力是密切相關的。

　　未來有無限可能，但最重要的是人們不會因受到壓力或感到內疚就裹足不前，反而會掙脫困境，開始為他們的生活和他們的世界做些改變。採取行動——即便是微不足道的事——都能激勵我們，鼓舞我們做下去。

註釋

①由 R. G. Shirts 所創，有關「Ba Fa, Ba Fa」的資料可洽 Similie 11, P.O. Box 910, Del Mar, CA 92014；電話：(619) 755-0272；傳真：(619) 792-9743；E-mail: sts@cts.com；網址：www.stsintel.com/

第八章

自然環境與學習資源

　　我們居住及教學的地方,顯然對孩子們如何認識其所處的自然環境和社會環境有著深遠的影響。大部分的學校及家庭被財務問題和其他的條件所約束,只好在不盡如人意的環境中生活和工作。然而,我們可以對這樣的環境加以分析,創造與環境的限制和潛在價值共存的方法。

自然環境和社會環境的關係

　　討論到家庭和學校的空間時,首先要考慮的,就是它們如何和自然環境連結。孩子們是否方便到戶外去,在視力所及的範圍內是

否幾乎看不到綠色植物？還是多少能看到一些？有些地區因為氣候、距離（像是住在公寓十樓）、安全等因素，以致到戶外去的機會受到限制。有時則是因為附近缺乏生物的關係。我們應試著將植物、苗圃、水生和陸生的動植物、小寵物等帶入自然環境中，讓孩子可以學習照料並觀察牠們。照片能夠幫助孩子熟悉自然環境，並引起他們對不同氣候和地形的關注。照片也可以說明所有人類和生物的相關性，因為我們生活在同一個地球，呼吸相同的空氣、飲用同樣的水，並享有保護環境的共同利益。孩子應盡可能每天到戶外至少數分鐘，讓他們可以「感受」一下天氣：風、雨和季節性的溫度變化。例如，與其只是每天做紀錄天氣的例行工作（很快地在日曆上記錄當天是晴天、陰天或雨天），教師和小朋友不如到戶外去，觀察氣候變化如何影響整個生態系統——例如地上出現較多小水坑、樹葉落下了、花兒發芽或綠草轉為棕色等等。孩子們可以比較季節變換對他們的日常生活，以及對不同動植物和水資源所產生的影響。較大的孩子或許會注意到世界上其他地區季節變化的情形（當北半球逐漸變冷的時候，南半球卻漸漸轉熱，反之亦然）。他們會思索來自不同氣候區的人如何適應天氣？以及不同的天氣狀況如何影響像遊民那樣無法自我保護的人？

　　第二點也是相當重要的問題：自然環境與社會環境的關係為何？回答這些問題會牽涉到社區裡種族、文化及階級的組成。父母們需留意他們的周遭環境，想想哪些人會，以及哪些人不會出現在其中？孩子從他們的父母所選擇的環境中接觸到什麼訊息？許多家庭所居住的社區居民同質性較高，他們的孩子可能無法在成長過程中，做好迎接多變及多元世界的準備。教師不妨思考學童和學校教職員的

組成是否代表了社區的多樣性？如果沒有，是什麼原因？他們可以分析學校員工的組成模式，以了解是否典型的強勢族群（意即：是否由白人，特別是白人男性主導而其他人跟隨？如果是的話，什麼樣的工作由殘障人士擔任？）在學校被複製或被質疑。我們也可以留意社區裡潛在的學習場所──商店、小型工廠、農場、遊民收容所、黨政競選辦公室，並評估孩子能從這些地方學到什麼。

　　分析了我們的環境之後，可以利用我們所在地點的潛力加以開發，彌補它們受到的限制。若孩子所屬的族群經常被人們忽略，或被媒體中傷，應讓他們有機會被能肯定他們的事物和經驗所圍繞，並與勇於挑戰這些不平等的人士接觸。此外，對於生活方式較接近白人中產階級「標準」的孩子來說，他們在生活型態的多樣性及優越性方面，可能會發展出不切實際的觀念。他們需要被能夠反映人類多樣的生活方式和特質，以及社會不平等本質的教材和活動所挑戰。如同下一節將討論到的，我們可以利用校外教學、房間布置、書籍及其他資源，去創造最適合孩子，並能促進他們學習的經驗和環境。

校外教學

　　校外教學對美國的學校來說，是由來已久的傳統，也是當外面的世界和學校之間有明確連結的時候，一個學習的良機。它富有趣味又令人興奮，而關於地點的決定則鮮明地反映了校方對社會、文化和經濟方面的考慮重點，也反映出學校的價值觀。班上要去參觀主要展出歐洲作品的美術館，還是去以非裔美洲文物為主的歷史博

物館？他們去聽交響管弦樂隊的排練、還是墨西哥團體的表演？當他們去醫院參訪時，他們只見到醫生和護士嗎？有沒有也訪問到廚師、守衛和技術人員？規劃校外教學時，應考慮孩子的背景、先前的經驗，以及目前的興趣。可能的話，最好能和家長及社區人士共同商議。這樣的郊遊才能彌補學校及家庭中自然環境和社會環境的不足。到州立公園或其他鄉村和較原始的地區通常是學校優先考慮的地點，因為那是平常學生較少接觸到的自然環境。同樣的，從鄉村和郊區來的孩子應造訪都會區，讓他們熟悉都市的新奇魅力和挑戰。當孩子處在陌生的環境，他們經常會覺得害怕。這類旅行可以幫助他們認識自己的恐懼，體察他們是否處於現實環境中，並學習讓他們在新環境中產生自信的能力。

我們必須思考孩子究竟在校外教學活動中學到了什麼？獲得哪些經驗？身為教師，加上最近成了隨行家長，我常懷疑校外教學中最值得回憶的是否只是坐巴士和一天不用上課。我們常見孩子到博物館或水族館參觀，卻四處奔跑或互相嘲弄取樂，不堪其擾的教師和家長試著讓孩子們專心看展覽，或至少讓他們排好隊。有時候，孩子們急速地穿梭在創意十足的展示品之間，但他們卻不肯花時間去細心體會。在一次我擔任隨行家長的校外教學中，我們帶五十位幼稚園小朋友參觀科學博物館。他們表現良好，也對展出內容很有興趣。但在這兩個小時裡，我們欣賞了天文館的一場有關太陽系的介紹、參觀了恐龍館、野生動物館，以及嘗試各項探索活動，並吃了午餐。那可說是一次傳統的填鴨之旅──在有限的時間裡盡可能看最多的事物。孩子們非常興奮，但沒有機會超越「哇！看看那個！」的層次，去了解和欣賞展覽。我們或許會將孩子教育成藝術、

歷史和科學知識的消費者，然而卻沒有以更深遠的方式影響孩子。

　　與其帶大團體去不熟悉的地方進行校外教學，教師不如考慮提供孩子較單純且更有意義的經驗。孩子們——最好以小組方式——訪問家長的工作地點、當地的商店和企業、遊民庇護所，以及老人安養中心。他們可以在同一地點造訪數次，以便了解那些機構運作的細節。在這些地方工作的人也可以到班上，讓孩子有機會向他們提出問題。

　　我們當然不願放棄博物館和美術館這麼棒的資源，而且可以用不同的方式來好好利用這些機構。不妨讓某個班級的學生到同一個博物館參觀三次，來代替一年參加三次不同地點的校外教學，這樣可以讓學生更深入地探索，並有機會和工作人員聊聊。例如，首先孩子可以訪問水族館，看看它是什麼樣子，並對各種不同的魚類及水生環境有概括性的了解。然後在課堂上，孩子們以合作或個別的方式，根據他們參觀水族館時，對特定種類的水中生物所做的觀察，進行研究和討論。第二次參訪時，他們就可以針對這種生物再仔細觀察，並看有何新發現。他們或許會對特定主題的展覽產生興趣，像是針對海洋生態的惡化做深入說明的展覽，以了解這種情形為海中動植物的生活，以及討海人的生計所帶來的影響。第二次參觀後，可以邀請綠色和平組織或類似團體的成員到班上和孩子談談海洋污染的來源及影響。當地的漁夫也可以在邀請之列，介紹他們的工作，談談過度捕撈和污染如何影響到他們的生活。最後一次到水族館時，孩子們以新的態度來認識並珍惜脆弱的海洋生態系統，同時討論他們和水族館的工作人員在這些問題上可以做些什麼。他們可以製作海報，喚起大家對海洋及魚類危機的重視，並在水族館和其他公共

場所展示出來。

閱讀至此，你或許想像孩子會抱怨地說：「什麼？我們還要再去那裡？」對孩子來說，習慣了每晚觀賞不同的電視節目、趕著去看最新上檔的電影，或購買最新的電動遊戲，他們會願意回到相同的地方，每次都學習一些新的事物，確實是個奇怪的念頭。然而對同一場所做深入認識是相當具有影響力的一課，而且很適合矯正他們從其他的來源養成對「最新」和「最炫」的堅持。

通常帶學生到博物館或其他文化機構參觀的理由是讓孩子認識這些資源，孩子也會央請他們的家人帶他們去。這是很好的觀念。我曾帶二十位小朋友去博物館，大部分時間都花在數人頭、將他們從一個地方趕到另一個地方。比較起來，我發現自己帶孩子們前往獲益較多：我們可以討論展覽品，如果我們願意的話，可以花半小時觀察或操作某項作品。然而許多家長缺乏交通工具或經濟來源，以致無法進行這些後續的參觀。校方可以考慮和博物館或其他社區組織合作，安排家庭實地參訪，由主辦單位負責交通工具、提供優惠票價，讓孩子可以跟他們的家人一起去，分享他們學得的知識，並以他們自己的速度從容地參觀。

照片

照片是具體呈現人類與他們的生活和工作，以及自然環境的好方法，而這些事物恐怕是在孩子的生活範圍裡比較少接觸到的。在本書的第一篇，我提出家長和老師可以運用照片，來了解孩子如何看待和認識不同族群的人們及自然環境，並挑戰他們對這些人事物

先入為主的想法。在此，我要討論的是挑選照片的準則，以及利用照片創造出多元文化環境的方法。

　　首先，容我說明為什麼我建議以照片代替圖片或繪畫。不同風格的藝術家所創作的圖片或繪畫可以是意義深遠的展覽品，特別是那些以表現社會正義為主題的畫家（例如：Diego Rivera 和 Fasanella 的作品）。然而，欲透過個體來認識不熟悉的族群，孩子需要的是他們日常生活中真實人物的影像。大體而言，照片比圖片或繪畫能夠捕捉到更多人種的面貌態樣和更深刻的人類情感。

　　相較於和自己同樣種族的人，孩子很難察覺不同種族的人的個別差異。從各種背景的人物照片中，孩子有機會仔細觀察和比較人們的面部表情及個別特徵，而那些人對孩子來說可能起初看起來沒什麼不同。我曾在克里夫蘭兒童博物館的展覽中，見過一種將照片運用得很有創意的電腦遊戲，稱為「人物拼圖」（People Puzzle）。大約十五對代表各個族群面貌特徵的兒童照片，都正面朝下放置。玩遊戲的人必須記住各臉孔的位置才能完成配對。當我進行這項活動時，為自己一直出錯而感到懊惱，但同時也注意到它的確提高了我對個體差異的敏銳度。這項活動可利用照片貼在堅固的卡紙上製成，在學校或家中進行遊戲。

　　在照片的蒐集上最好能包含各種膚色、髮質、面貌特徵、服裝及飾品的人物。還應包括健全及殘障人士，照片中的場景也要能代表各種職業、房舍住宅和家族。這些人物應以能夠讓小朋友辨認的情境和情緒表露的方式呈現，才能讓他們明白儘管人們有著不同的外觀、衣著和生活方式，但他們都有相同的情感，而且他們所做的有些事和小朋友家裡是一樣的。那些顛覆僵化印象的照片也應包括

在內，例如黑人男性擔任高級主管和醫生、白種男性擔任掃街工作、女性從事建築工作，以及在各個工作領域服務，或參與運動比賽的殘障人士。大自然及人類生活在各種自然環境中的照片也不能少。抗爭遊行和罷工及其他反抗行動的照片也是很好的教材——再次強調，盡可能呈現人類的多樣面貌。

挑選欲蒐集的照片時，應有人——包括與照片中同一族群的人員，在展出前負責檢視照片，以確認它們是真實的、有代表性的影像。跟傳統的族群比起來，當代族群的影像應更被強調，孩子才不會被過去的文化、種族和經濟方面的不同所混淆。刊物（例如國家地理雜誌）上的照片較傾向於以引人注目的方式來表現人類的各種影像，選用時應謹慎。

在學校，教師和家長可以合力募集照片，並分類管理。當教師發展課程主題、試著彌補某族群的低能見度，或挑戰孩子傳達出來的某種主觀印象，他們可以從所建立的照片檔案中挑選相關的照片，在孩子對該主題有興趣的期間使用。照片應經常輪換，才不會淪為牆壁上的裝飾品。為了收到最大的效果，照片應張貼在與孩子眼睛等高的地方，而且要夠大，使它容易被看見和被了解。

班上學生的家庭生活照也很有用。首先，它顯示出每個家庭各有不同，卻有類似的情感聯繫。其次，既然孩子通常認為較深的膚色是著色或在太陽下過度曝曬的結果，那麼，有著相同膚色和面貌特徵的親子照片能幫助孩子再次檢驗這種想法。相對的，沒有血緣關係（養父母或繼父母）的親子照可以說明家庭組成的不同形式。

在家裡，家庭照是生活樂趣的來源，記錄對家庭事件、旅遊和親友的回憶。許多孩子很喜歡專心翻閱家庭相簿或觀賞家族錄影帶。

它們提供了講述熟悉的生活點滴、重現家族大事的機會。尤其在家族遭逢親人過世或離異時，這些照片和影帶顯得特別重要。家庭照片也向我們反映出我們的生活。它們清楚地顯現我們生命中的重要人物，以及這些人物是否來自於跟我們不同的種族、民族和社經團體。這種情形並不常見，但親子可以利用家庭相簿來探討他們的社會環境。儘管家庭不像學校可以替換展示別人的照片，他們仍可利用雜誌和書籍裡的圖片，引發關於生活方式、關於貧窮和財富的疑問和對話。

顏色的運用

　　在進一步閱讀這個部分以前，請先將你教室裡或家裡所使用的顏色列一張清單。包括玩具、牆壁、家具和隔間櫃等等。現在想想你的美勞用品，哪一種顏色的紙和顏料總是剩得最多？除非你的情況特殊，在教室和家中的布置，特別是孩子的房間，採用的顏色多半是明亮的淺色系。而且美勞材料中使用率最低的大概是棕色和黑色。

　　一般來說，孩子（包括黑人和白人）會挑選接近暗膚色的黑色或棕色為他們最不喜歡的顏色。從孩子在這個國家出生的時候開始，他們就被訓練得喜好淺色系。除了泰迪熊之外，幾乎所有孩子的玩具都是明亮的顏色。孩子的衣服和房間布置也是如此。不少彩色筆、顏料組以及關於顏色的書甚至根本沒有黑色或棕色。在孩子的藝術概念尚未成熟的時候，很容易受到「美麗的藍色圖畫看起來像天空」這類讚美的影響，反之棕色這種由多種顏色混合而成的色彩，通常

被成人評論者視為是「髒污」的。一位教師拒絕孩子想玩黑色黏土的要求，理由是：「那看起來會很醜，沒有人想要玩那種東西。」一般說來，這些成人的反應並不是真的有種族偏見的意思，而是多年來將明亮色彩與正面的價值判斷、暗沉色系與負面價值聯想在一起的結果。不論如何，孩子們正從中將種族的觀念與顏色的喜好連結在一起。

　　我們雖無法消除孩子自出生就接觸到的大眾對顏色的這種普遍看法，但我們可以藉由以暗色系布置教室和房間、鼓勵孩子探索並欣賞棕色和黑色，來顛覆這些迷思。孩子也許剛開始會抱怨水槽裡黑色的水，或顏料架上五種深淺不一的棕色，我們可以鼓勵孩子表達他們的負面反應，然後引導他們探討自己為什麼會有這些想法。例如，若孩子認為棕色黏土聞起來像便便，就像一位孩子向我保證的，我們可以鼓勵孩子去聞一聞，看看它的味道是不是跟其他任何顏色的黏土一樣。一位幼稚園教師和她的班級進行混色活動已經好幾個禮拜了，當活動進行到最高潮的時候，孩子將所有的顏色混在一起，變成各種深淺不一的棕色。相較於一般人對棕色的負面看法，這裡的棕色是令人興奮的，因為它包含了所有的顏色。

　　黑色與白色的對比是另一個父母和老師可以對藝術媒材提出探討的概念。孩子可以用不同的比例混合這兩種顏色，這樣他們可以看到漸漸變深和漸漸變淺、兩種同樣美麗色彩的變化過程，而不是互相排斥的對立顏色。新色調的膚色蠟筆、彩色筆和顏料也可以幫助小朋友用比較實際，及較少爭論的方式來認識皮膚顏色的層次。

電視

　　我將電視放在這一章，因為它的存在和被使用的方式會深深地影響社會和自然環境。家長、教師和孩子必須對電視和電動遊戲在他們生活中所扮演的角色做出理智的決定。對家庭來說，第一個要做的決定就是家裡是否需要電視。我知道不少家庭已經擺脫了電視，或正打算這麼做。他們發現只要家裡有電視，孩子就會想看，而且當父母忙碌的時候，更沒辦法防止孩子看電視。當學校發起「關掉電視週」，許多家長和學生反應他們享有一段美好時光——愉快地花幾小時聊天、做計畫、一起玩遊戲。然而，一旦這一週結束，他們便立刻恢復看電視的習慣。就像某些食物，只要在那裡就很難拒絕。折衷辦法是選用一台有錄放影機功能，但無法接收有線電視或天線的電視。如此一來，孩子仍可以看電影，但不會坐在那兒一個節目接著一個節目的看下去。此外，挑選租借的片子也讓親子有機會討論哪些內容反映刻板印象或充滿剝削暴力。另一個可行的方法是限制頻道的數量。我發現五百個頻道這種令人心驚的現象，反映出我們為了逃避現實而永不滿足的需求。家庭應認真思考為什麼他們需要這麼多消遣娛樂，亦應認清他們只是在讓自己得到安慰，麻痺生活中的痛苦。如果世界是這樣一個糟糕的地方，我們要努力改變它，而不是逃避它。

　　鎖碼裝置讓父母能夠限制孩子觀賞暴力節目，卻非治本之道。首先，如同懷疑論者所提出的，孩子通常比父母更了解節目播映的訊息，可能很快就學會破解這道防線的方法。更重要的是，鎖碼裝

置只是掌控了孩子收看節目的管道，並沒有教他們如何挑選和判斷
適當的節目內容。再者，鎖碼裝置表示對現況的接納——有些業者
受全球性的商機（性和暴力最有賣點）所驅使，控制了大眾空中傳
媒，而且這種情況還會繼續下去，我們所能做的就是限制孩子觀看
這些節目的機會。

有了電視之後帶來了許多問題：放在哪裡？如何利用它？家人
在電視機前吃飯嗎？它放置在遠離大家聚集的地方，還是放在正中
央？一天開多久的時間？每個人有「自己」的電視嗎？家人會討論
收看什麼節目，然後一起觀賞嗎？會討論和批判節目的內容嗎？當
我們做這些決定或認可已做的決定時，我們要考慮到電視對孩子眼
中的世界及和家人互動的影響。同樣的問題也可以應用在錄影帶和
電腦遊戲上。孩子學到怎樣的價值觀？我們希望孩子花多少時間和
精力在這些活動上？

教師最好跟父母商議後，決定是否允許電視、電腦遊戲和相關
產品在教室裡使用。有些人主張讓孩子扮演或應用他們從電視裡學
到的事物是比較好的。其他的人則認為學校是孩子探索廣大世界和
生活的地方，所以電視相關遊戲應被排除在外（Carlsson-Paige 及
Levin, 1990 在此議題上有更多討論）。不論電視和電腦遊戲在教室
內是否被允許，我認為除非為了要進行批判性的分析，教師不應將
電視節目中的角色和照片在課堂上應用或展示，鼓勵孩子將注意力
放在電視和電影上。這世界充滿了有趣的資訊和經驗，而依賴對孩
子有害的影像只是浪費他們學習的機會。

當教師注意到某些孩子忘我地模仿電視中的人物和劇情時，或
許該和其父母談談如何擴展孩子的興趣，並減少他們對電視的依賴。

教師們可以提供一些替代活動，並協助家長在處理孩子看電視的問題上做出明智的決定。家長們可以互相想辦法減少孩子看電視的時間，像是安排孩子一起出去玩、送孩子們參加活動，以及參與社區事務等。他們也可以在孩子們彼此造訪的時候，約束看電視的時間及欣賞節目的類型。

　　僅管電視帶來許多問題，我仍認為電視是個在多元文化和紓解壓力方面具有潛在影響力的工具。電視能夠增強孩子批判思考的能力。家長可以幫助孩子學習以批判的角度收看節目、廣告和新聞，並鼓勵他們辨識僵化印象和不正確的訊息（請參見Carlsson-Paige及Levin, 1990 的建議）。他們可以分析故事情節並思考下列問題：誰擁有權力？權力的來源為何？是種族？性別？金錢？魔力？還是武力？用什麼標準或由什麼人來定義「好人」和「壞人」（兒童節目裡很普遍的主題）？他們可以數數看不同族群的人多半擔任哪些角色，並看出哪一個節目比其他節目帶有偏見？如果孩子對某個節目入了迷，教師和父母可以引導孩子批判分析它吸引人的原因。製作人用什麼技術或主題引起孩子的興趣？當孩子發現一個節目在某方面帶有偏見，他們可以張貼海報以公告周知，並寫信給電視網和廣告主。小學生可以自行製作錄影帶，了解畫面內容的取捨，以及拍攝的方法（例如距離和角度）如何影響觀賞者的詮釋和想像。學前幼兒可以欣賞這些錄影帶，看看螢幕上的影像與真實生活有何不同？在教師或較大孩子的協助之下，他們可以進行實驗，以了解廣告主如何誇大某項玩具的尺寸或功能。

　　電視讓人們以有意義的方式認識不同的文化、社會不平等、環境議題，和為社會改革而發起的運動。越來越多的基層運動人士製

作錄影帶以記錄不公平的事實,以及他們為克服這些困難所做的努力。可惜這類錄影帶和節目只是少數,不足以影響同儕文化。孩子們較常扮演的是電視節目中超級英雄的搏鬥,而非紀錄片中的景象。

所有關心孩子的人應對電視網和有線電視台施加強大的經濟壓力,要求他們以實質化的內容取代暴力、種族偏見、性別歧視,和以孩子為訴求對象的商品化節目。我們必須取回對大眾空中傳媒(類似公路和航空公司航線等公共領域的一部分)的掌控權,我們可以支持公共電視和地方上的社區頻道、督促地方電台播出基層團體的節目、調查並報導當地問題、抵制電視網剝削孩子及其家庭的做法。這是相當需要勇氣的挑戰,但許多父母和教師對於在媒體環伺的環境中養育孩子感到忿怒和恐慌,而那正是促使我們踏出改革步伐的動力。

玩具和學習資源

為孩子挑選學習資源對老師和父母們來說都是一件令人怯步的工作。我們大多從其他老師和家長那裡承襲玩具、戲偶、道具和美術用品,並決定哪些要保留,哪些要丟掉。當購買新的學習用品時,我們必須從大批目錄或數量驚人的玩具店中做選擇。很顯然地,財力上的限制是我們決定購買項目和數量的主要依據,但在這些範圍之內仍有許多選擇。

學習材料的選擇應是明智而理性的,不是只為了「其他每位小朋友(或同學)都有一個」而去購買或持有。如果可能,孩子應參與做決定的過程,以得到釐清和表達意見的經驗,聽聽大人的反應,

以及發展批判思考的能力。我們可鼓勵他們思索真正喜歡的是什麼，並對抗他們從朋友和電視聽來的訊息。（例如：「在你做決定之前，仔細認真地想一想你是否真的想要為芭比添購這項新配備？還是只因為你看到電視上的廣告？讓我們看看它，它是否看起來像廣告上那樣花俏呢？」「我知道你的一些朋友有新推出的玩偶，但我也知道很多人沒有，因為我跟他們的父母談過這件事。與其想著哪些朋友擁有這項玩具，不如讓我們想想這是否是個可以陪伴你很久的玩具。」）如果孩子發現某件商品不如廣告上那樣吸引人，我們可以幫助他們記得這個經驗，避免下次再被宣傳不實的廣告所迷惑。我們不應縱容自己說：「我早就告訴你了！」（即使我們也許會這麼想！），而應利用這情況幫助孩子更意識到商業廣告如何發生作用。（例如：「我知道你真的很想要會眨眼睛的洋娃娃作為你的生日禮物，但這有點讓我想起我們去年春天買的那些會發光的鞋子。記得廣告上保證閃光會跟鞋子一樣持久，但兩天後那些燈就不亮了。」）

老師們不太可能跟學生一起出現在玩具部門，但他們可以引導學生挑選教室裡的教具。例如，如果他們打算買新的拼圖，老師可以跟孩子討論可能的主題，看看他們有什麼意見。如果老師準備買新的玩偶或娃娃，孩子可以仔細翻閱目錄，表達他們的喜好、指出其中所含的刻板印象和其他限制。

我們和孩子可以利用下列問題來挑選和／或淘汰玩具。若由大人做最後的決定，最好一開始就讓孩子知道，但他們仍可以說出他們的意見和喜好。

1. 不同的人和地方如何被呈現？在拼圖、洋娃娃或積木中的圖

案或型態是否呈現出某些刻板印象？還是他們代表了相當實際的形象？哪些族群被呈現？哪些族群沒有被呈現？哪些對自然環境的看法被傳達？

2. 如何使用這項設備或用具？可以同時讓好幾位小朋友使用，還是只能讓一位孩子使用？該教具是否能促進合作性遊戲還是競爭性遊戲？它是開放性的活動嗎（像是樂高）？或是有結束性指標的遊戲（像是拼圖）？

3. 該用具是由自然材質或人造材質製成？是手工或機器製作的？是否耐用？可使用一段長時間或很快就送到垃圾掩埋場？

4. 我們對製造該用具的公司了解多少？該公司在環保及員工的僱用方面有何特殊紀錄？

5. 某項用品的需求量有多少？我們想讓每位小朋友都有一個嗎？還是買一些讓全班（或兄弟姊妹）分享？

6. 想想我們所有的玩具、洋娃娃、照片、道具和服飾是否足以代表各種族群？這樣的分佈對班上某些小朋友是否恰當？哪些族群代表的比例過低或過高？

書籍

兒童文學在我們的努力下成為一項很有價值的資源，可幫助孩子建立民族認同並引以為傲。作者以人格化的、動人的手法讓孩子認識不熟悉的人，並以有意義的方式探討社會及環境方面的議題。然而，要寫出能達到這些目標的兒童故事是很具挑戰性的。部分試

圖描述人類廣泛經驗的書籍已因它陳腐、不切實際的內容而被批評。有些作者努力嘗試做政治或社會方面的陳述，而使故事含有教條的意味，這對小孩子來說是沒什麼吸引力的。父母和老師必須對書籍進行檢閱和評論，並挑選那些既能代表各種經驗和觀點，又能以適合特定孩子的方式來討論相關主題的書籍。有的書店可以讓老師先將書帶回幾天，學生就可以參與挑選的過程。家長通常帶孩子到圖書館或書店，花點時間一起翻閱並討論各種選擇。孩子可說出他們是否喜歡某本書的故事或圖畫，並看看書中是否對特定族群或處境有刻板印象或不公平、不正確的描述。

早在二十幾年前，童書中的種族議題評議委員會（Council on Interracial Books for Children）就發展出這套「分析童書中的種族及性別偏見的十種快速法」（Ten Quick Ways to Analyze Children's Books for Racism and Sexism）（1974），提供一個有效的方式阻隔那些在種族、文化、階級和性別（見表 8-1）方面有明顯的僵化印象及傳統權力關係的書籍。老師和家長可以使用這份檢核表增加自己對刻板印象的覺察，並檢閱教室和家裡的書籍。有些刊物（例如：*Rethinking Schools* and *Multicultural Education*，the journal of the National Association for Multicultural Education）為新的童書寫書評。我發現閱讀這些書評不僅能獲得這些書本身的資訊，也讓我的批判意識變得敏銳。

表 8-1　童書中的種族及性別偏見檢核表

---

1. **檢驗插圖**

   尋找刻板印象。注意特定族群是否被過分簡化地一概而論，和／或有貶低其形象的暗示。

   誰在做什麼？有色人種和各種族的婦女是否被定位為卑微屈從的角色？

2. **檢驗故事情節**

   成功的標準。有色人種是否需接受歐美的標準或「親近」歐美人士，或展現超凡的技能以獲取成功或被接受？

   問題解決。有色人種是否被視為引起麻煩的人？所反應出的問題完全是「個人事件」，與大環境無關？是否必須仰賴白種人的善行義舉才能解決？

   婦女的角色。女性的成就是否僅與她們的外表或人際關係有關？

3. **檢視生活方式**

   若有色人種被界定為「不一樣的」，是否意味著負面的價值觀？某些族群的故事是否只發生在猶太人、西班牙人聚居的地區或移民營區？

4. **在人群中的地位**

   白人掌握權力嗎？誰卑躬屈膝？某家族關係是否被假設與特定族群有關？

5. **注意英雄和女傑**

   當英雄和女傑是有色人種，他們是否必須避免和白人及中產階級價值觀產生衝突？他們最終是否總是協助白人？

（續下頁）

（續上頁）

6. 考量對孩子自我形象所產生的影響

　　楷模的設定是否限制了孩子的志向和自尊？該書是否能減低特定族群負面的、既定的形象？

7. 考慮作者和插畫家的背景

　　如果他們不屬於書中所描述族群的一份子，是什麼條件使他們有資格處理這個主題？

8. 檢驗作者的觀點

　　該書所持的文化、社會及經濟觀點為何？

9. 留意所使用的字眼

　　書中是否使用帶有貶抑意味、誘導性、有弦外之音的字眼，像是「未開化的」、「原始的」、「狡詐的」之類的？

10. 注意版權日期

　　在一九六〇年代初期，許多書籍是以白人觀點來描寫有色人種。近年來的書籍多半具有確實可信的依據。

改編自「分析童書中的種族及性別偏見的十種快速法」（Ten Quick Ways to Analyze Children's Books for Racism and Sexism）(1974), *Council on Interracial Books for Children Bulletin*, 5(3), 16

　　有些評論家質疑不屬於特定族群的作者們是否能真正反映該族群經驗的故事（Sims, 1982），這是個值得思考的重點。部分由白人作者所寫的故事巧妙地藉由一些手法貶抑其他族群，像是讓白人擔任核心人物，解救較沒有能力的，或被犧牲的有色人種，或者讓有色人種在白人的世界裡占有一席之地，暗示白人社會的公平。白人作者和讀者通常不會注意到這些偏頗之處，因為它們正符合潛意識中的主觀推論：白人理應扮演能表現他們優越感和開明自由的救助

者角色。

　　一般來說，由作者寫他自己所屬的族群故事是最理想的。但基於市場壓力，出版商通常會婉拒不具知名度的，或他們認為只能吸引少數人注意的作者。老師、家長和孩子可以向出版商施壓，請他們出版由少數不被注意的民族所寫的書。若作者不屬於書中所描述的族群，則該書應受嚴格的檢驗，查看是否隱約含有貶低該族群的意味，或曲解他們的立場。讀者也應閱讀書中正文前「致謝辭」的部分，看看作者是否徵詢過該族群成員的意見，並查閱作者和插畫家的年鑑大事紀，了解他們是否具有相關經驗或背景。

　　所有的書，不論內容，都反應出特定的價值觀，而且我們需要嚴格地檢閱有關植物、動物、機械或人類等，乍看之下似乎與文化無關的事物。舉例來說，儘管 *The Story of Babar*（De Brunhoff, 1984）這本書中的主角多半是動物，字裡行間仍顯現對歐洲（法國）殖民政策的讚揚，並對被「文明化」之前的非洲人民和動物含有許多輕蔑的影射。Silverstein 的 *The Giving Tree*（1964）表面上是關於一位男孩和一顆樹的故事，實則反射出我們的文化中對大自然父權的、剝削的觀點。這故事不僅強化全人類（至少是白人男性）將大自然視為私人財產，可任意使用或破壞的觀念，也鞏固了男孩／男人是享有者、剝削者的傳統思維，而大自然則被描述為女性，一個心甘情願、順從的給予者。

　　另一個檢驗的重點是現實主義和樂觀主義間的平衡。為孩子寫的書通常都有快樂的結局，有一部分則因低估或淡化了許多情勢的複雜性，以及身處其中的人們所經歷過的痛苦而被詬病。我們希望孩子能夠成為充滿希望的人，同時也能留意到他們所處的世界裡存

在的問題。*Out of the Dump*（Franklin & McGirr, 1995）這本書介紹的是住在瓜地馬拉市某個垃圾場裡的孩子們的詩和照片，是一個平衡「絕望」和「期待」很好的例子。這群孩子可說是在艱苦的生活環境中果敢堅強的寫照，然而書中著眼於傳遞勇氣、韌性甚至歡樂的訊息。這些孩子利用廢棄物製作玩具，在髒亂的垃圾場裡玩遊戲。他們的經驗襯托出美國小孩跟世界上大部分的孩子相比，享有大量的特權和富裕，也反映出對消費主義「讓孩子以為擁有全部最新的玩具和衣服才會快樂」這種主張的批判。這本書的作者、攝影家和這群瓜地馬拉的小朋友提供了具啟發性的範例，藉由向世界揭露瓜地馬拉眾多貧窮家庭中一小群人的困境，他們展現了孩子學習的潛能，並能夠利用這些能力改造局面。

　　部分非小說類的書籍讓孩子們認識不曾直接接觸過的人，以及他們的資料背景和形象。一些在一九九〇年代所出版，關於美國境內不同地區和族群的著作或叢書有著相當切合實際的資訊，其中不乏很好的攝影作品，讓孩子從富有意義的脈絡中認識不同的自然環境、生活方式、居住條件、服飾裝扮和不同的飲食習慣。*Material World: A Global Family Portrait*（Menzel, 1994）是一系列十分吸引人的家族照片，包括他們的房舍，以及從世界各地蒐集的文物。這些照片說明了文化的相似性和相異性，以及不同文化在物質資源上極大的落差。*Enchantment of the World*系列叢書則描繪並說明了各個國家的歷史、傳統習俗和當代的日常生活。這些照片顯示現代和傳統的交替，內容則描述每個國家的人民如何尋求有意義的方式，以適應快速變遷的二十世紀。例如一本關於蒙古的書中（Brill, 1992），有一張傳統牧人的臨時小屋緊鄰著一棟現代公寓大樓的照片，在另

一張照片裡則是牧人小屋旁停著一輛摩托車。在 *The Children of* —— 這一系列的書中，有很棒的兒童和其家人的照片，那樣的場景也顯示出在某特定地區新舊文化的輪替。*Faces*（Rotner & Kreisler, 1994）是兒童臉部特寫的專輯作品，展現各種可辨識的表情及五官上的特徵。在稍早的系列書籍 *A Family in* ——（Lerner Publications 在一九八〇年代所出版）藉由照片和文字描述某特定家庭的日常生活，提供了對不同國家更個人化的觀點。這些書的缺點在於只以一個家庭為例，不足以代表該國多樣的地區特性和生活方式。*Cultures of America* 系列叢書（Marshall Cavendish 於一九九〇年代所出版），描述不同種族在美國的生活和歷史，像是墨西哥裔的美國人、法裔美國人、韓裔美國人和非裔美國人。對老師和父母來說那是認識背景資料很好的教材，又有照片可以讓學生觀看。*Kids Explore* 這一系列（Westridge Young Writers Workshop, 1992, 1993）的書中有許多美國境內不同文化團體的資料，而且十分適合小朋友閱讀。書中為每個族群所寫的故事大部分是由來自該族群的小學生及教師所執筆。

儘管以上大部分的書隱約提到不正義和艱困的處境，它們並沒有對現況做透徹的評析。身為父母師長的我們必須挑戰對現實情勢過於美化的解讀。最近由 Marshall Cavendish 出版的 *Perspectives* 系列，是批判分析的一個很好的資源。它們包括 *A Multicultural Portrait of the Civil War*、*A Multicultural Portrait of Life in the Cities*，以及 *A Multicultural Portrait of People at Work* 等書。大部分小朋友或許還無法閱讀或了解其內容，但這些書提供了有用的背景資訊，讓身為大人的我們能夠以更有意義的方式傳達給孩子。

人們奮力對抗惡勢力的傳記也是很有價值的資源。我並不是提

倡歌功頌德的作風，那已經被許多民眾所批評，我的意思是利用傳記去幫助孩子了解那些勇於冒險而開創新局的人物，學會抱持希望、堅持下去。許多小朋友對人們如何克服恐懼和限制，去做一些有挑戰性的事特別感興趣，像是拒絕一項職位、領導奴隸爭取自由、克服多重障礙、面對嘲諷、進入一個沒有人歡迎他的學校或團隊。聆聽或閱讀這樣的敘述，能引發小朋友以他們能理解的方式發表對堅強和勇敢的看法，並與他們自己的生活結合。我的兒子丹尼爾念幼稚園的時候很怕黑（現在有時候也會），喜歡聽 Harriet Tubman 的故事，他對主角在夜晚走入森林，並帶領人們獲得自由的過程感到驚異，常要我一遍又一遍地讀給他聽。

　　傳記也對充斥電視和玩具市場的權勢和武力的暴力影像提供了強而有力的抵制方式。我們可以對孩子說明神力騎兵能夠用他的神奇力量和巨大無比的機器戰勝壞人，但是 Martin Luther King 從不用槍也沒有神力，卻以他的機智、口才，和對人的信任改變了整個國家。我們可以問小朋友：「你認為什麼樣的情境最艱難？跳上蝙蝠車，按下各種新奇功能的按鈕？還是在你看不見、聽不到的情況下，學習閱讀和說話，就像海倫凱勒那樣？」

　　傳記不只應包括知名人士的故事，也應介紹過著平凡生活的人物。*Kids Explore* 系列叢書就讓我們認識了這類非名人，但克服歧視和貧窮，成為對社會有貢獻、推動社會改革的人。在大一點的孩子或成人的協助下，幼兒也可以訪問家人和社區人士，自己動手為他們製作傳記，這可以提供許多生活周遭的人物掙脫困頓、對抗惡勢力的實例。

　　本書的附錄是一些推薦童書的簡介，它並不是非常詳盡的參考

書目，只是眾多目前市面上可買到的其中一部分而已。若想要更多建議，可參考 Kendall（1996）以及 Day（1994）的書。另外，我將本書中提到的書籍依不同的主題分類，提供簡要的參考文獻。無論如何，這些書都與許多議題有關，並充分說明了它們和生態環境、多元文化，以及社會正義的關聯。

　　家庭和教室裡對物質環境所做的每個決定，都反映出我們的價值觀和對事物看重的程度。在財務許可的範圍內，我們選擇什麼地方居住？我們送孩子去哪裡上學？我們如何和社會及自然環境產生關聯？我們購買哪些物品？書、還是電動遊樂器？植物、還是塑膠製品？我們訂閱哪一種雜誌？我們如何規劃空間？唯有我們和孩子更警覺到這個物質環境的限制和潛在價值，才能使它們更符合多元文化的目標。

第九章

建立批判性及
支持性的社會

　　所有在多元文化方面所做的努力，其主旨就在於培養能夠批判思考的、有道德勇氣的、願意投身公眾事務的公民，他們一同努力、分擔職權以改革社會，並能夠真誠地重視各方事實、意見、個體和文化（Gay, 1995, p.181）。孩子需要學習如何去回應他人，而那意味著偶爾需抑制自己的渴望，以別人的需求為優先。同時我們希望自己的孩子是有自信、有創造力、有批判能力的冒險者，能夠勇於挑戰現況。每項活動、規則、訓練、常規和對話都有支持或破壞這些目標的可能。我們必須檢驗日常與孩子的互動中不經意傳達出的價值觀，並致力於創造民主的社會，讓孩子得以學習關心其他的個人和團體，與他人合作，能批判性地分析，進而改變他們所處的世

界（Freire, 1970）。

人際關係和技巧

　　為了在成長過程中與我們社會上和大自然裡所有的成員維持穩固的關係，孩子需要學習尊重萬物。對我而言，尊重地球和其他生物就是承認它們有生存和順利成長的權利，我們也必須審視並節制自己的行為，特別是我們的消費模式，以保護整個生態系統。而尊重別人就是對其他的個人和團體表示敬重，相信他們所做的事必有其理由，並試著去了解和接受這些理由，不要倉促地對他們下判斷。換句話說，要「在你心裡為別人留一個空間」（Coles, 1996, p. 185）——一個接納他人思想、需求和觀點的空間，以及向別人學習異於我們的經驗和背景的意願。我們要留意自己的行為如何影響別人，能願意為了幫助別人達成他們的目標和需要，而偶爾將自己的喜好放到一邊。在人際關係方面，有一些技巧是必須的：重視並回應他人的觀點和需求；溝通；開創及維繫社交互動；和別人共同工作和遊戲；以及解決衝突。

關注並回應他人的觀點和需求

　　我們可以藉由常常詢問或指出別人會有什麼感受、會怎麼想，來幫助孩子察覺到別人有不同的看法。在閱讀故事書、看照片、觀察大人工作或小朋友們嬉戲時，我們可以問孩子，如果在進行那項活動的是他們自己，會有什麼感覺？例如，假使班上正在觀察建築工人搬運很重的建材，教師或許可以這麼問：你覺得他們的手臂會

有什麼感覺？他們擦拭額頭的時候表示什麼意思？跟孩子一起看電視時，父母可以關掉聲音，看看孩子是否能了解劇中人物所表達的感受和情緒？認識污染方面的問題時，孩子可以想想動植物（包括人類）正如何遭受缺乏乾淨空氣和水源的威脅。

我們的社會有些奇特地認為孩子們幾乎不需要為他人的福祉負責（在第四章討論過）。因此我們常常必須為孩子創造練習回應他人需求的情境。在一個托兒所裡，有位教師用繃帶將雙臂懸著一整天（Forman & Hill, 1983）。這一整天中，孩子們十分關心老師的需求，並為她設想考慮、替她解決各式各樣她所面臨的問題，像是拿茶杯從適當的角度靠近她的嘴邊，好讓她喝水。教師們認為這個經驗幫助孩子發展「看見另一個人的觀點」的能力，並促使孩子為他人的福利負起更多責任。照顧學校裡的植物和寵物也是發展這些能力的另一個方法。與其總是給予孩子幫助，教師不如鼓勵他們互相協助穿外套以便到戶外活動、穿脫工作服、搬移大桌子、把大張畫紙吊起來曬乾。年齡大一些的孩子可以參訪幼稚園或托兒所，協助幼童寫故事、做木工或準備點心。

在家裡可以鼓勵孩子照顧弟妹、年紀較小的親戚，或是住在同一棟公寓或附近的稚齡孩童。雖然他們還無法承擔過多責任，但通常很喜歡跟在搖搖擺擺學走路的小嬰孩後面，或當小嬰孩將波浪鼓掉到地上，甚至開始吃沙子的時候，樂於去通知大人。孩子也可以照顧家裡的寵物和植物，學習如何「覺察」並關心他人的需要。一位幼稚園小女生告訴我：「我的植物看今天起來好累喔，我要唱首催眠曲讓它睡覺。」

☀ 溝通

有效的溝通需要對他人說的話付出高度的注意，真誠地試著去體會和了解他們的觀點，在表達我們自己時亦然。我們可以鼓勵孩子多嘗試不同的溝通方法，讓他們更注意到這些技巧。例如，非口語的溝通可以幫助孩子更敏銳地察覺面部表情及姿態所傳達出來的訊息。藉由模仿彼此的姿態及面部表情（以兩人一組或團體進行），他們會更專注於觀察別人的姿勢和表情。孩子們可以輪流玩以肢體動作表現情緒和事件的默劇（像是：起先很快樂地吃冰淇淋，後來冰淇淋卻掉下去了），練習以非口語的方式表達他們自己，並理解別人言語之外所傳遞的訊息。家長和老師也可試試以默劇進行教學，只用面部表情和肢體動作做反應，看孩子們是否能了解。手語和其他語言的學習及使用，能夠拓展小朋友對人們各種溝通方式的了解。

孩子們專注傾聽和清楚明確的說話能力通常是需要練習的。在個別談話及小組討論時，可以鼓勵孩子靜下來仔細傾聽，並在他們發表前，先覆述或說明所要回應的問題。孩子們可互相輪流指導別人如何進行某項活動或功課，以便很快地知道他們是否表達得夠清楚。對幼稚園和小學的孩子，上述方式可以稍作變化：兩人一組背對背坐著，向對方描述一件他看不到的事物。例如由一位小朋友畫一張圖或用積木完成一件作品，讓看不見的一方僅根據第一位小朋友的口頭說明來仿製。

☀ 開創及維繫社會互動和人際關係

當小朋友體驗跟同伴玩耍的樂趣時，他們會想要了解其他人的

想法，這會有助於他們發展人際關係、和各種不同的人相處。故父母師長應支持孩子盡量結交朋友。

空間的規劃及用具、設備的選擇會影響教室和家裡社交互動發生的形式和頻率。例如在一項有關托兒所環境規劃的研究中（Ramsey, 1986a），我發現單一入口的空間，像是閣樓或小房子，比開放性的空間較常出現排他性的行為。不同的設備也和社交互動的形式和頻率有關。單人鞦韆常常是發生爭執和抱怨不耐等待的遊戲器材。另一方面，橫式的輪胎鞦韆對一群小朋友來說就有趣多了。乘坐在鞦韆上的孩子通常會邀請經過的同伴加入，負責協助彼此上下鞦韆，並相互協調動作讓鞦韆盪得快一些。

設備和用品的擺放也會影響社交互動發生的種類。如果沙箱、洗手台和娃娃家都靠著牆壁擺放，孩子之間就較缺乏眼神的接觸和直接的互動。將這些器具從牆邊移開，可以促進較社會性的和合作性的遊戲（作者註：請確定任何獨立式的器具必須夠穩固，以防止意外和傷害）。小學教室中的桌椅應是可以移動的，讓小朋友們可以在不同的小組工作，也可以在桌上或地板上進行活動。

教師不妨透過設計孩子雙方都有興趣的活動，鼓勵他們一起去玩，或安排他們搭檔完成各種任務（諸如：到辦公室傳遞訊息、清洗油漆刷），來支持孩子開始社交互動並發展友誼。家長可以安排課後遊戲的邀約或鄰居間的社交活動。孩子們通常不太懂得融入團體或開始社交互動的技巧，大人們就可以在這尷尬的時刻扮演「橋樑」的角色。（例如：莎拉，妳正在建造的作品可以讓瑪麗和我看一下嗎？瑪麗，妳看到莎拉如何建車庫嗎？她好像碰到困難了，妳能不能給她一些意見，幫她把門裝上？）（請參見 Pellegrini, 1995;

Ramsey, 1991a 有更多詳盡的建議可以幫助孩子開始及維持社交活動。）

☀ 合作性遊戲

　　合作性遊戲能促進孩子注意到他人，與不同團體（Slavin, 1995）及不同能力（Kozleski & Jackson, 1993）的小朋友培養友誼，並提供了競爭性遊戲以外另一個吸引人的選擇。年級較小的孩子還不太能理解他人的認知觀點，但可以學習如何運用他們的肢體動作與他人互相協調。「合作板」就是一個很好的範例：將一塊板子以繩索和滑輪懸吊起來。兩位小朋友各拉一根繩子，合力將板子升起來。為了掌握板子的高度，並避免物品從板子上掉下來，孩子必須以相同的速率拉繩子（Forman & Hill, 1983）。其他像是 Orlick（1978, 1982）所提到的遊戲，大多屬於兩位或兩位以上小朋友之間的協同動作，而不是智力上的配合。例如幾位孩子躺在地上，身上覆蓋著毯子或蓆子假裝是海龜，他們必須以協調一致的方式移動才不會讓龜殼（毯子）掉下來。淘汰性的遊戲也可以改得較有包容性一些，例如搶椅子遊戲可以讓每位孩子都有椅子坐，或者容許多人坐在同一張椅子上，活動最後大家都圍著一張椅子擠成一堆，而每位孩子仍然是這個遊戲的參與者。

　　稍微再大一些的孩子不妨參加像是偶戲、戲劇、集體藝術創作和編故事等需要特別用心去維持合作關係、合作性高的活動。小學生們常玩很多諸如棋盤遊戲、撲克牌之類的競爭遊戲，也可以改為強調合作的玩法。例如若遊戲的目的是讓所有的棋子回「家」，孩子可以在每一次輪到自己的時候，同時試著讓每個人的棋子也都能

回「家」。這種玩法讓孩子們不會只將焦點放在自己的輸贏，也對同伴的進展負有一些責任，更減低他們在等待時的不耐煩。

在家中和學校的許多常規可以修改得較具有合作性（見 Ramsey, 1980），像是餐食的張羅與善後、玩具的收拾、協助彼此穿外套。在我們家，我們發現，與其嘮叨大家收玩具、打掃，不如每週安排一次「大掃除時間」（通常是週五晚上或週末一早），讓家中每位成員整理浴室、玩具、成堆的信件，或任何需要完成的事。經過一個小時的努力，整個家看起來煥然一新，我們就可以在剩餘的假日裡享受共同勞動之後的成果。在許多教室裡，當天或當週的值日生會分發點心、澆花和執行其他例行雜務。這項慣例不妨改為一天由兩位小朋友擔任值日生，並協調出合作完成這些任務的方式。

☀ 解決衝突

孩子和朋友、手足間的衝突是難以避免的。儘管我們常認為這些糾紛很煩人，其實孩子從衝突中也有所學習：如何認同不一樣的觀點；如何兼顧自己和別人的需求；如何處理怒氣和攻擊行為；個人的行為如何影響他人；如何同時表現果斷又尊重別人；在什麼時機、以什麼方式與人妥協？這些能力和本書的宗旨是密切相關的，因為「真正的多元文化課程是具有爭議性的，提出的問題比答案多，要能引起辯論，讓學生積極投入的」（Sleeter, 1993, p. 31）。要教導孩子如何有效地從衝突中學習，可以利用他們的日常爭執來培養這些技能（見 DeVries & Zan, 1994 和 Ramsey, 1991a，有更具體的方法和範例）。

有些父母和老師試圖藉由避免可能引發爭端的情境，希望全然

消除衝突。我記得一位有經驗的老師建議新進員工永遠要讓每位孩子有相同份量的黏土、紙張、顏料或其他任何材料，以防分配材料時引起衝突。她在不知不覺中限制了孩子學習解決衝突，審慎思考如何公平分配的機會。此外，她的好意也讓孩子誤以為他們可以指望得到公平分配的資源，但顯然那與真實世界裡的情況並不相符。父母和老師不妨將材料拿出來，鼓勵孩子聽聽別人的需求，想想怎麼處理才公平（例如基於社會公平的理由），提出建議，有主見地回應別人的想法，解決問題。

一年前，外子和我察覺到我們陷入了每樣物品都買兩份的模式，以減少兩個兒子爭吵的次數。事實上這種做法並未奏效，孩子們轉而經常爭奪玩具的所有權。我們發現孩子比較在乎的是擁有和控管玩具，而非使用、分享和得到樂趣。現在我們盡量只買一件或一套能和別人一起玩的玩具，像是球、球棒、樂高、錄音帶等。我不能說他們衝突的次數減少了，但他們爭執的焦點轉移了。從爭奪所有權（那是我的球！），到使用方式的協商（輪到我打擊了！），或決定遊戲規則（我們在玩足球，不是壘足球！），這可說是往正確的方向前進了一小步。

當衝突產生時，試著用最便利的方式，給雙方相等的物品，讓「每個人都可以有一個」是很誘人的。這樣的處理方式固然解決了衝突，卻也加深了想要完全掌控某物品的觀念。相反地，我們可以幫助孩子學著如何找出共同的解決辦法，讓雙方都能使用該物品。舉例來說，如果兩個孩子為爭奪玩具貨車而吵架，他們可以輪流當司機或交通指揮員來分享主控權。

當對人或所爭執的用具、材料的傷害已經造成，孩子應將重點

放在如何補償受到傷害的一方。就如 Schaffer 和 Sinicrope（1983）
所主張的，補償是具建設性的懲罰方式。藉著對受害一方的幫助和
彌補（例如協助重建被撞倒的積木塔，或拿濕毛巾擦拭傷口），將
侵略行為所造成的後果，變成分擔問題的處理，而不是大聲斥責。
而且肇事的孩子或許會後悔自責，也因此而能夠以積極的方式和受
到傷害的孩子恢復友誼。孩子從懲罰和補償的後果所得到的不同結
論可參考表 9-1。如果遭受欺侮的一方不願接受肇事者的協助，或以

表 9-1　孩子從懲罰和補償所得到的結論

懲罰： 我被逮著了——我有麻煩了——我被處罰。 ***可能的結論：*** 　　我是受害者。 　　我從處罰中熬過來了。 　　冒險是值得的。 **補償：** 我做了不好的事——我有麻煩了——我必須彌補這個過失。 ***可能的結論：*** 　　當我做錯事時，我覺得很糟。 　　我有責任幫助被我傷害的人。 　　當我彌補我的過失後，我覺得好多了。

改編自 Schaffer 和 Sinicrope, 1983.

當時的情況而言，若要求雙方直接接觸可能會引起激烈反應，那麼肇事者需履行間接但相關的補償行為。例如，假若她撕了別人的畫作，她必須放一張新的紙在畫架上，讓第二位小朋友想畫另一張畫時有材料可以用。

衝突能幫助孩子仔細思考廣泛的社會議題和可能的解決辦法，而且對這些問題的探討能讓孩子從較廣的觀點看待他們所遭遇的衝突。例如，若一個孩子堅持掌管積木區，老師也許可以展開廣泛的討論，當一個人（或團體）掌握主控權而且不尊重別人的權利時，對別人所造成的影響。「記得那塊我們經常拜訪和遊戲的場地被闢為停車場時，你們有多少人感到生氣嗎？我們都認為，一個人只為了賺錢，去破壞對別人很重要的東西是不公平的。那就有點像現在的情況……。」

為了和別人共同合作，並在團體中發揮效能，孩子需要發展良好的人際相處能力。這些能力也提供了人們了解那些跟自己不相同的團體和個人，並與之相處的基礎。我們將在下一節討論這個部分。

群體關係

本書一開始，我就描述了孩子界定自己的許多方式：性別、種族、社會階級、能力、文化和語言。雖然這樣的區分並非是必然的，卻常見於教室和鄰里間，我們必須隨時一同努力幫助孩子走出習以為常的舒適圈。一開始，我們必須觀察孩子群聚的形式（可參考第一篇每一章的結尾），了解孩子在教室或鄰里間，以性別、種族、文化和社會階級來區分自己的程度。孩子如何回應陌生的，或身心

障礙同伴所提出的邀約？他們會以什麼理由婉拒某類型的同伴？哪些因素會影響某類型的小朋友們被接納或被排斥？哪些是孩子間互相吸引的潛在因素（例如：相似的遊戲方式、對某事物共同的偏好，或使用相同的語言）？當他們被安排和不是慣常在一起的玩伴進行活動時，會發生什麼情況？時間和地點是否會影響某些團體被隔離的程度？

是否應鼓勵孩子發展固定的友誼，或拓展交友範圍是一個頗為難的問題。DeVries 和 Zan（1994）不贊成指派小朋友加入特定團體，或鼓勵孩子和不是他們自己選擇的玩伴一起玩，因為那降低了孩子的自主性，也干擾了他們友誼的發展。我則認為應在支持孩子發展特殊的友誼，和鼓勵他們拓展熟悉的交友圈之間求取平衡。交遊廣闊的孩子享有一項優勢：在他們特定的友伴們不在身邊，或當他們最好的友誼變得令人失望時（這是常發生的），還有其他的朋友陪伴。從多元文化的角度來看，孩子應學習如何和乍看之下似乎和自己不同的朋友一起遊戲和工作，以超越表面上的異同點，發現潛在的共同興趣。基於這些理由，大人們有時應讓各有不同特點的孩子組成團體。指派團體或搭檔也可以減低「人氣競賽」，這是在孩子們選擇點心座位或挑選戶外教學的搭檔時常見的情況。老師可以藉由合作性活動，像本章先前所說明的（Ramsey, 1991a; Slavin, 1995），來幫助團體成員了解彼此、公平地分擔責任和下決定，甚至在某些情況下（例如指定午餐小組）發展長期性的團結感情。

利用自然環境加以規劃也能夠增進跨團體的互動。若有些以種族、文化、階級、性別或遊戲類型來劃分的團體，很明顯的只和同類成員聚在一旁活動，那麼重新安排空間或許有助於促進跨團體的

接觸。舉例來說，如果能對娃娃區和積木區加以整合和改良，那麼經常發生在這兩區之間的性別差異也許會降低，就如在第五章所描述的。至於那些因避開某些區域而看起來似乎有些孤單的孩子，老師可以從他們的角度去分析那些空間的地點、大小、是否具有便利性？是否吸引人？很顯然地，對活動性較不高的孩子而言，環境的便利性應是首要考量。在一間教室裡，老師們注意到孩子傾向於和固定的朋友進入他們喜愛的學習區，並且在一天之中，這樣的型態都不會有太大的變化。對這種情形觀察幾天之後，他們發現，常發生在教室中央開放區域的喧鬧遊戲，會威脅到那些不願踏出邊緣「安全區域」、不喜歡嘗試冒險的保守孩子。藉由在教室一頭規劃一個動態遊戲區，並將部分活動區移到教室中間，如此既可保有動態的遊戲，也能增加孩子到教室其他區域活動的意願，鼓勵他們和各類同伴一起玩。

在小學的教室裡，孩子可以在合作性的小組活動裡和不同背景的成員完成許多活動，像是研究計畫、漆壁飾、演練短劇或運動比賽。小學校園中，排他性行為容易發生在自助餐館和課間休息時段，學生在較不被嚴密看管的情形下。指派背景互異的孩子組成午餐小組，並在課間休息的前段部分設計互助型遊戲，或許能減少小組間的排擠現象。

家長們也可以鼓勵孩子一個月邀請一位「新朋友」，以就近幫助孩子們找出共同的興趣。樂高、美勞用品、一疊玉米片空盒和衛生紙捲筒、剪刀及一捲噴漆膠帶都能激發出許多創作的構想，而不需依賴孩子們擁有許多共同的成長經驗。較小的孩子和那些非使用相同語言的小朋友，可以在地板上的舊床墊跳躍、翻筋斗，玩上好

一段時間。對小孩子來說，水和沙也是舒服自在的交誼場所。

有時孩子對其他團體的刻板看法會導致排他行為的產生。一位幼稚園老師表示，她曾問學生為什麼男孩們總是自己玩棒球？幾個小男生回答：因為女生不喜歡玩棒球。當老師對這些男孩提出較深入的問題時，他們才承認其實他們並不是「真的」知道女孩們喜不喜歡玩棒球。女孩們加入這個話題時，有幾位表示她們很想玩棒球。老師於是安排了一些運動時段，讓大家組成混合性別的球隊玩棒球。為了幫助孩子從這樣的討論中歸納心得，她展示了男性和女性從事各種運動的照片。一位老師（記載於 DeGaetano, Williams, & Volk, 1998）留意到他那群正用積木建造一座大城鎮的幼稚園小朋友們，沿著城中央築起一道巨大的牆，白人小孩在牆的一邊工作，有色人種的小朋友則在另一邊活動。這位老師運用許多策略來回應這個現象：他請孩子們解釋築這道牆的用意，利用不少故事和活動引導孩子思考「異」和「同」的意義，想一想每天在身邊一起工作遊戲的同伴。過了一會兒，孩子們拆掉了大部分的牆，雖然它並未完全消失。

如同本書第一篇所提及的，孩子常以種族、性別、社會階級、文化和能力來界定自己。我們應尊重孩子對友誼的選擇，不要勉強他們和不喜歡的小朋友一起玩。同時我們可以鼓勵他們和各種不同的孩子接觸，並協助他們跨越彼此的相異點，尋找共同性。

批判思考及挑戰現況

為了獨立思考並挑戰現況，孩子們需要發展出清楚的價值觀、

對自己的信心,以及能激發他們思考的信念。這個目標為家長和老師帶來了一些值得玩味的難題。首先須確定我們有堅定的底線和明確的權力,才能讓孩子覺得安心,並學會如何在團體中負責地執行工作。同時,我們要鼓勵孩子在適當的時機向教條和權威挑戰。

☼ 孩子是規則制定者而非規則破壞者

要協助孩子發展批判性思考和負起對他人的社會責任,不妨讓他們參與班規和家規制定的過程。我們給孩子的自由尺度顯然隨年齡不同。通常學前階段的孩子因為尚無法對潛在的危險情況推斷後果(例如:玩火柴),基於安全理由必須對他們有所約束。較大的孩子則可以參與規則的制定。每個年齡的孩子對有益或有害於人際互動的行為其實都有他們的看法,並常常會迫不及待地踴躍發表維護大家安全的好點子(例如:不可以打或追趕拒絕別人的人)。在制定規則的過程中,孩子清楚表達他們的需求,傾聽別人的意見,考量規則的目的、公平性和可行性。身為制定規則(而非打破規則)的人,孩子們具體地體驗到各種不同的觀點。急切地想削減他人權利的孩子往往會發現,當同樣情況發生在自己身上的時候,鎮壓性的規則有其不妥之處。當孩子檢討各項日常工作的程序和規則時,他們體驗到一個小型社會運作的方式,並獲得積極參與、組織一個民主社會所需的知識、能力和自信。

制定規則對小朋友來說是一個繁瑣的過程。他們很難權衡各種意見做出決議。但若能給予他們充分的時間和引導,他們通常能找出公平明智的解決方式。DeVries 和 Zan(1994)曾說明制定規則和決定後果的過程。然而,除了老是用表決的方式,就如 DeVries 和

Zan所主張的，我建議以大家的共識作為初次嘗試制定規則的開始。「以多數票所制定的規則」其焦點往往由「為團體尋求最有效的解決之道」，演變至「孩子們以某種方式互相爭取票數」。此外，當一方「獲勝」，「輸」的一方也許會產生抗拒，或暗中破壞票選出來的決定。在達成共識的過程中，大家必須處理不同的意見，所有參與者做一些「調整」（在他們的立場上表現一些彈性），並共同地達成可接受的決議。也就是一個折衷方案，或，在某些情況，是個全新的，大家都能支持的更好的結論。做決定不宜在短時間內倉促為之，因參與者需從各方意見的壓力中冷靜下來，並思索各種選擇。因此，達成共識是一個緩慢的過程。若快速的決定是絕對必要的，或者經過幾次會議後，孩子們還無法建立共識，那麼投票是適當的。

　　一位老師描述他的一年級學生如何花了幾個禮拜的時間，運用建立共識的程序，來討論如何請老師暫停協助其他孩子的辦法。最後，孩子們決定根據需求的急迫性提供多個方案。老師也同意孩子的請求，在某些時段空下來讓學生提問。經過學生的審慎思索，他們學會從不同的角度看問題，並覺察哪些可能發生的情況會使不任意打擾老師這個已成定案的規則變得不公平或無法執行。

　　家長們也許會發現這些做法有點不切實際，而且很難遵守。他們反應：相同的行為一天至少出現十次，一週出現一百次，並且很難不掉入威嚇和權力爭奪的陷阱。此外，親子之間的衝突常發生在不適合長談和商議的情境。不久前，安德魯故意經過一個水坑，弄濕了他的腳，踢掉他的涼鞋，不願意再穿上，因為腳已經濕了。然後他就不肯移動，因為沒穿鞋子。而這一切都發生在大馬路中間。

我實在很不好意思告訴你們我說了什麼，但簡單的說，我並沒有試著找出安德魯和我都能接受的解決方式。或許期待每個家庭的家規都透過建立共識的方式來制定是要求太高了，但當讓家人關係緊繃的模式一再出現，家庭成員不妨討論該問題，聽聽每個人的想法，共同協議有效的處理原則——同樣地，這也需經歷幾次討論的過程。有一年，我們很意外地在開玩笑的情況下，訂了個「新年決議」。丹尼爾對父母的行為有許多意見。所以每當我們發現面臨衝突，開始陷入威脅和吼叫，就會在每個人都冷靜下來的時候，有一段「新年決議」時間，談談所發生的事，並想出彼此支持的新方式。

☼ 解決假設性的兩難情境

　　孩子可以透過他們對故事、偶戲和短劇中兩難情境的回應，來練習他們制定決策和批判思考的技巧。例如，如果一位小朋友餓了，他可以不經別人許可，擅自從別人的午餐中拿些食物嗎（Goolsby & DeVries, 1994）？在一項研究中（Edwards, 1983, 1986），兩歲半的孩子能夠談論是否可以因想迅速得到支援，幫助受傷的同伴，而違反不可快跑的規定。許多關於孩子的友誼（見 DeVries & Zan, 1994; Ramsey, 1991a）、社會的不公平現象（見 Kendall, 1996），以及生態問題等（見本書的參考書目）故事，可以幫助孩子將他們的問題和同伴一起討論，形成對事物的觀點，並激盪出解決之道。老師和家長可以編寫短劇或偶戲，引發學生對劇中某些問題的討論。孩子對友誼，或對規則的看法——不論在真實或假設的情境中——都是藉以探討社會議題的機會。例如上述饑餓的孩子偷吃別人午餐的事件，可供學生從更廣的角度思索很多人沒有足夠食物的事實，並常

常面臨道德上的兩難，猶豫著是否該偷取食物以餵養他們的孩子。

☀ 常規

所有家庭和學校都有一套例行的規矩——像是準備就寢、準備上學、完成作業、準備上課和下課，這只是其中一小部分的例子而已。這些日常慣例的順利運作，讓大人和小孩意識到什麼時間該做什麼事，處理好每天和每週的工作，不必每次都重新準備。無論如何，這些常規反映並培養出某些價值觀，我們需要對其加以分析，並問問自己，這些價值觀是否與我們教育孩子的目標一致？若答案是否定的，那麼我們該做些怎樣的改變，使兩者目標一致？

在美國以外的地區生活了兩年之後，我痛苦地注意到，我們家跟時間賽跑的情況有多嚴重。也許是反映身為歐洲裔美國人對搶時間的態度，和中產階級的野心，我們盡可能把時間填滿——不論是安排孩子的活動、父母的工作計畫，都要在最短的時間內完成。這樣講究效率的生活方式形成了我們的日常生活慣例。我們甚至會在小孩睡前為他們穿好隔天上學的衣服，所以在早上那段繁忙的時光，他們所要做的就是跳下床，穿上鞋襪而已。（這項慣例還有一個好處，他們不需在隆冬寒冷的房間裡換衣服——但我必須承認，我們在較暖和的季節裡仍然這麼做。）我們沒有時間互道早安，欣賞日出，彼此交談——只忙著吃早餐、帶午餐便當、出門。因為我們是這麼的匆忙，外子和我經常以威脅和賄賂的方式催促孩子動作快一點，對待他們有如機器人，而不是我們所期望的、能獨立思考的發問者。我們並沒有想出高明的解決辦法，但的確做了一項調整，使情況有所改變。我們對孩子指出，我們生活在一個古怪的體制中，

例如公司精簡人事以提高「效率」，造成許多人沒有工作，包括一些鄰居和孩子同伴們的父母。所以，像我們這樣必須不斷工作的人是「幸運」的。我們試著採取「我們都面臨相同的處境（跟時間賽跑），讓我們互相幫助，克服困難」的立場，現在孩子有時會到處尋找遺失的手套和自己烤麵包。雖然還稱不上完美，但強調批判社會和經濟結構（即便是以非常簡化的方式），以及強調共同處理失控狀況的做法，已使早晨的常規比以前更符合我們的目標。這個觀點也幫助我們每個人在將生活填滿更多工作計畫和活動之前，能夠停下來思考。

批判性思考幾乎可以融入所有家庭和學校的常規中。舉例來說，許多家長怕帶孩子去商店，因為那是小朋友們的渴求得到解放的時刻。然而只要一點小改變，這趟購物之行也能讓孩子有機會學習克制慾望的方法，而非向消費主義的誘惑屈服。為了讓孩子意識到他們如何受到廣告的影響，父母和孩子不妨玩個遊戲：找一找零售商為了售貨所用的各種標誌、圖片和陳列品。孩子也許會指出哪些廣告會刺激他們的購買慾，哪些則否。哪些廣告會讓人討論到業者如何鎖定特定年齡和性別的人為主要消費對象。在超級市場，孩子可以數一數有幾排展示架用來擺放營養食品？幾排放糖果？冰淇淋和酒類？留意哪些貨品正在促銷？（有沒有人注意到放在走道盡頭的促銷區其中一排貨架上的萵苣或葡萄柚？）他們可以搜尋過度包裝的商品，想想那對資源消耗和廢棄物處理所產生的影響。

購物行也可以引發關於工作和資源分配的討論，小孩和爸爸媽媽可以觀察店裡不同性別、種族、民族和殘障人士的角色。誰是消費者？哪些人各負責哪些工作？誰負責上架？清潔地板？為你服務

的主管工作證上是誰的相片？有閱讀能力的孩子可以看看是否只有英語的商品標示，還是有其他語文的標示？小朋友和家長還可以想像如果他們坐著輪椅，或身為視障、聽障人士，可以在商店或購物中心順利地購物嗎？

顯然我們並不打算立即談論到上述所有的主題，或在一排排貨架間來回選購時對孩子說教。但這些主題可以隨時輕易地帶入正在進行的談話中。在進入商店的途中看見一個巨大、裝得滿滿的垃圾車，是一個從尋找過度包裝貨品的遊戲轉變話題的好時機。如果小孩堅持想得到某個在電視上看起來很誘人的玩具，可以在下次購物行中，對廣告做深入的探討。孩子對於「工作」和「大人在做什麼」的好奇，能讓他們開始關注人們從事的各種不同工作，繼而分辨種族、年齡、殘障及性別等條件與所擔任職務種類間的關係。

不少家裡和學校中的常規強調「完成」──包括工作清單、打掃時間或美勞工作。這個重點反映出我們直線的時間觀念，以及迅速解決問題的信念。但為了參與批判性的分析和社會改革，孩子必須學習如何與混亂的狀況共存，如何堅持尋求解決。學習「堅持」在我們目前的文化中並非易事。我們的孩子在媒體飽和的世界中成長，他們從電視情節，和那些保證立即使人幸福成功的產品廣告中，看到許許多多直接快速的解決方式。我們的文化將速度看得比品質更有價值，我們消耗經驗而非品味經驗。我們在快速窗口拿到食物；建造不需一週即可完工的組合屋；教孩子迅速地通過計時測驗和長作業。身處在這講究「快速簡易」的社會，我們任何人都很難花時間去努力理解一個複雜的概念、練習一項特別的技能、釐清一個難解的難題、花幾小時準備一餐飯，或親手建造某樣成品。然而我們

所面對的問題——日益嚴重的貧困、種族對立、性別歧視、對同性戀者的恐懼和其他更多的現象——絕不是靠簡單的、巧辯的答案就能解決的。

　　老師和父母應藉由降低對時間的強調，協助孩子篩選有趣的工作計畫和題目，並藉由提供空間和材料，容許孩子嘗試將他們的想法付諸實行，來鼓勵孩子學習如何透過思考的過程找出答案，及學習如何持續專心於某項事物。當孩子的熱忱開始消退，不妨提醒他們最初所抱持的興趣，給予他們實質上的幫助或建議以克服障礙（例如：你好像在以你想要的那種方式為卡車模型製作輪子時遇到了麻煩，讓我們一起來想想辦法，你有什麼想法嗎？……）。我們可以教導孩子如何調整自己的步調，請求支援，安排休息時間，以及享受解決問題的樂趣。

　　我們可以在新的月份或季節到來的時候，較深入地討論對日常行事的看法，以取代只是表面上每天依行事曆完成該做的事。這些討論可以讓班級成員有機會對過去到目前為止做個回顧，並從建立友誼和學習新事物的角度來思索這段時間的心得。學生和老師可以聊聊他們印象最深的事，看看每個人對相同的經驗是否有不同的回憶。為了解他們確實是對這個世界有影響力的行動主義者，師生可回頭想想他們共同解決過的問題，然後辨識目前他們所要努力的方向。

　　所有常規均反映出事物的重要性和價值觀。藉著放慢腳步，重新審視，就能分辨哪些常規不符合我們的教育目標，然後加以修正，使其相符。

對話

　　當孩子試著去理解他們周遭許多不公正、矛盾和非常無稽的事，他們有很多疑惑，需要時間一遍又一遍地尋找答案。在家裡和教室裡，相關的對談應優先受到重視，即使那意味著必須放棄某些其他的事。在學校裡，老師很難做到與個別學生長談，因為其他孩子總是在旁喧鬧著也想得到注意。但老師往往可以將某位孩子的問題轉變為團體討論的主題（「一位小朋友問我為什麼──如果成年人要小孩學習閱讀──現在卻要在週末關閉鎮上的圖書館。這是個好問題。你們有沒有人知道究竟是怎麼回事？」或者，假如是較年幼的孩子，「莎拉說當男孩們表示她不能在積木區玩時，令她很難過。你們有沒有過那樣的感受？我們可以怎麼做，讓這種情形不再發生？」）。對父母來說，情況就比較容易些，因為當他們放下工作和小孩談話時，不需要去擔心其他二十幾位孩子。然而孩子們總是在不適當的時機發問──太晚上床或來不及上學，還有我們急著出門開會或上班的時候。如果孩子的問題或討論到的事情因故中斷無法繼續談，我們應表明那是一個重要的問題，然後盡可能在短時間內繼續討論。也許孩子過一會兒就不想談了，但至少她了解我們真誠的關心，並希望她再次提出來。

　　在這樣的談話中，我們不需要對某件事發生的原因做錯綜複雜的說明，而是當他們想要了解某個特別的事件時，再根據孩子的疑惑，提供適當的資訊。例如 Rodney ①被毆的畫面和判決結果對小孩造成了困惑和干擾。為什麼總是被描述成助人的警察會打人？為什麼法官和陪審團這樣有地位的成年人會這麼不公平？有些假日我們

就會討論這些話題。丹尼爾五歲時憤憤不平地問我：「既然哥倫布對印第安人苛刻又冷酷，為什麼我們有哥倫布節？為什麼不用印第安節來取代呢？」我們也能跟孩子分享我們的看法：「慶祝哥倫布節也讓我不高興，同時許多美國原住民仍遭受失去土地及生活方式之苦。」但或許最好不要對孩子長篇大論地解釋原住民權益。我們可以採取有意義的表達方式來提供一些基本資料。（例如「占領土地的歐洲人認為哥倫布做了一件好事，而現在歐裔美國人有權勢了，就可以決定哪些節日是重要的。那是一個族群比其他族群有權勢時，會產生的重要問題之一。」）我們也可以鼓勵孩子繼續探究他們對問題的看法，像是「你認為美國印第安人對哥倫布節有何感受？」「我們如何了解他們的想法？」同樣地，我們可以幫助孩子思考可能的方法，使情況有所改善（像是「你認為我們可以怎麼做來改善現況？」「我們可以跟誰反映？寫信給誰？」）。

許多事件——無論大小——都能引發話題，我們應準備好把握良機，鼓勵孩子提出問題，再三思索他們的想法和推測。當孩子想挑戰現況、批判欺壓弱勢的淺薄說辭時，罷工和臨時解僱、市政服務的減縮、一本刻板的書、下課時間的排他性遊戲，都是「機會教育」的好例子。我和丹尼爾最值得懷念的對話之一是在他四歲的時候，我們碰巧開車經過緬因州的一所監獄之後發生的。在接下來約一小時的車程中，我們討論好人和壞人、好的法律和不好的法律，有時人們因做了壞事而坐牢，但有時是因為他們惹惱了權威人士。重要的是重視孩子的問題和關心的事，就算時機不對也願意傾聽和回應。這可能是指坐在車裡討論，取代匆匆進入超市或耽擱幾分鐘的點心時間。但這些時光是很動人、很值得的。我會如此強烈反對

孩子看幾小時的電視或玩電動遊戲的原因之一，就是它剝奪了這類對話的時間。假如孩子在大人準備晚餐或摺衣服時看電視，那麼他們就錯失跟大人談論這些疑問的機會，更不用提學習參與家務了。

我們需要挪出一些心理上的空間做溝通，聽取孩子關心的事，並試著以有意義的方式將它們連結起來。我們會犯一些錯誤——我記得好幾次我會錯意，遭到孩子的白眼，或丟下一句：「我不想再談這件事了。」但也有好幾次談得很投機的經驗，而跟孩子有美好的、富有啟發性的討論。孩子在許多方面是天生的批判思考者——他們常常會問些大人寧願逃避，或忘了怎麼問的問題。當我們造訪紐約，丹尼爾（當時五歲）第一次看到很多遊民時，他問：「為什麼像我們這樣有房子的人不邀請遊民一起住呢？」為什麼不呢？我沒有好的答案。

註釋

①譯者按：Rodney King 是黑人，一九九一年三月在洛杉磯街上被四位白人警察圍毆至動彈不得，仍繼續遭到毒打。整個過程正好被拍了下來，經媒體播放後，造成全美群情激憤，黑人尤甚。四位警察隨即被起訴，但此案沒有在黑人較多的事發地點——洛杉磯審理，反而移到白人較多的其他地區。由於陪審團中白人占多數，警察被無罪釋放。黑人為抗議審判結果，引發震驚世界的洛杉磯暴動。

未來的願景

　　為了說明前面幾章提到的重點，我決定說一個故事作為本書的結束。它確實是個故事——事實上，它是一個能夠由學校、家庭和社區共同合作完成的夢想。它在許多方面是不切實際的。故事中諸如經費限制、工作流程和衝突等等障礙，跟現實生活中的情況比起來，消失得又快又容易。此外，為了盡量多舉一些例子，我特別放入比實際上一天的容納量還要多的活動，以及對這些活動的想法。但是，每個案例和課程的概念都是根據我曾親自參與，或曾在家庭或教室裡目睹的實際狀況來呈現的。

　　故事以一位中產階級白人父親的優勢觀點來陳述。我之所以做這樣的安排，是因為除了男性角色的部分，這是我所了解，而且最

能貼切表現的觀點。此外，多元文化教育與每個人都有關——特別是對白人男性。因為他們在現況中占盡優勢，通常也是最不願檢視和評析他們既有特權的一群。我想證明他們可以開放自己去接受新的經驗和觀點，或許，可以從中發現能實現個人抱負的另一種方式，為他們的特權作辯護。

寫這篇故事讓我得到很多快樂——想像如果社區裡的人們、老師、行政官員和家庭能真正地合作，發展並支持多元文化課程，以及更開放、更適於居住的社區，那將會是什麼樣的景象。盼望身為讀者的你，能將它當成令人期待的願景，和有實用價值的資源。

羅伯特翻了個身，伸出手來關掉鬧鐘。他努力睜開朦朧的睡眼，迎向一天的生活。一陣輕微的不安悄悄上心頭。今天他要到女兒愛莉森的幼稚園班上協助種花。他光憑想像就能感到太陽曬得他的腦門發燙，聽到急躁厭煩的孩子們吵個沒完的聲音。他搖搖頭，後悔當初他是多麼急切——甚至是渴望擺脫家族在新罕布夏的小農場。而今，每個人都高喊著「回歸自然、耕種、勞動」，「他們只不過……」他一面朝浴室走去，一面嘲諷地思索著。儘管如此，他必須承認，撥出一天的時間到戶外親近種子和泥土，對在當地一間不見天日的電腦公司裡擔任軟體設計師的他來說，或許是好的轉變。「無論如何，」他提醒自己，「這不就是你當初要求一週工作四天的目的嗎？」

當他洗好澡、穿好衣服，回想起第一次在孩子的學校裡，聽到其他家長聊起減少工作時數的情景，當時他對這種想法感到有些可

笑。畢竟，身為兩個孩子的單親爸爸，他還有選擇的餘地嗎？然而當他參加各種討論團體，聽到教師及其他家長們聊到他們在家庭生活方面想要做的改變，他開始了解過去花了多少時間在工作上，好讓他和孩子們能夠買、買、買。這樣的警覺，讓他真正開始認真地考慮減少工作量。大約一年前，他和孩子們試過一個月的「減少工作」，看看是否可行。愛莉森和哥哥傑德（現在是三年級生）熱切地盼望爸爸一個禮拜能到學校一天，而且對存錢也有些很不錯的想法。所以他們減少了逛購物中心，改以現有的東西取代所需用品或和朋友交換。而對所有電子用品著迷的羅伯特，以往總是會購買每個新上市的小玩意兒，現在他學會了快步通過誘人的商品陳列架。他們都學會烹飪，經常將剩下的菜飯也吃完，絕不造成浪費，並減少外帶食物或星期五晚上在外用餐的次數。到付費溜冰場玩直排輪也改成到鄰近的公園，在家看錄影帶也取代了看電影。幾個月後，他們決定做進一步的嘗試，羅伯特要求一個禮拜工作四天。很幸運地，他的一些同事已經提出相同的申請，所以他不必花太多工夫去說服經理。事實上，兩個月以前，經理就已開始改為一週上班三天了。學校裡不少其他的家長也做了類似的調整，他們互相支持、立場一致，不讓孩子擁有花俏的新玩具和衣飾，不讓孩子們比較誰的生日派對花樣最多。教師也致力於教導孩子減少消費，他們設計活動幫助孩子以較批判警覺的態度面對廣告，及商品化的電視節目和電影。

　　早餐時，羅伯特和孩子討論當天和週末的計畫。傑德提起週末的足球賽跟當地一座公園的清潔日時間上有衝突。他無法決定參加哪一項活動。他是一個足球迷，但也很想參與清潔工作。那是由他

的幾個朋友及他們的家人所發起的一項計畫中的一小部分，由數個地方團體所贊助，將這個公園和鄰近的綠蔭地帶發展為環境教育中心。這項計畫需要整個社區的投入，尤其強調附近孩子在各個階段的參與。學校裡的每個班級都有細部的規劃，例如建造自然步道的各個部分、開發路線指南、拍攝照片和錄影帶等，讓孩子做好參觀前的準備。傑德和羅伯特想出一個暫時性的辦法：他們先一起去打掃公園，然後傑德騎腳踏車去位在附近的足球場；羅伯特和愛莉森則晚一點會去觀賽。比賽結束後，把腳踏車放到車上，一起趕回公園，參加清潔工作後的野餐和籌備會議。

　　當他們依計畫行事，羅伯特對他們過去早餐時間進行生活安排的方式感到納悶，他們總是一邊討論、一邊看電視的晨間新聞和／或看報紙。那個時候的羅伯特可不能想像如何面對沒有新聞或報紙的一天。但經過這幾年，他在校內外參加了不少討論會議，他對所聽到、讀到的訊息變得抱著保留的態度，並了解他所得到的當地要聞和國際大事都不過是狹隘的、受到曲扭的資訊。他仍然喜歡看電視、讀報紙，但會等到孩子們都上床之後。約一年前，他發現家人們跟電視的接觸竟然比相互之間的接觸還要多——他自己黏著新聞和體育節目、傑德和愛莉森則喜歡兒童節目。他們的一位朋友曾借他們一本書 The Wretched Stone（Van Allsburg, 1991）。一天晚上，當他們正吃著外送披薩、觀賞影片時，他驚覺他的家庭和書中所描述的，船上那些一天又一天癡坐在綠寶石旁，終於變成猴子的水手們有著令人心驚的相似點。他開始認真考慮完全擺脫電視，但他和孩子們還無法徹底放棄。無論如何，他們不再和有線電視網續約、賣掉了兩台電視、將僅存的一台電視搬到一個小房間裡。如此一來，

他們不再常常忍不住開電視，電視也不再主宰他們的家庭生活。現在他們看電視，是出於他們謹慎的決定，因為其中必定有他們認為值得一看的內容——他們想要了解某個故事或節目對環境或人物和地區的描述。羅伯特注意到，即使是這些很有意義的節目，也常常避免揭露相關經濟層面的事實，及權力的不平等（舉例來說，探討瀕臨絕種生物的節目卻沒有討論到經濟利益迫使該物種棲息地的減少）。但這些節目仍引發對地方或國際議題的討論。羅伯特、傑德和愛莉森都同意一週平均看電視不超過十小時——但他們發現實際上坐在電視機前的時間並沒有那麼多。有時在週末夜晚，他們會租一部片子、準備爆米花，一起窩在沙發上看影片——這比花很多時間買票進電影院、花錢買很貴的可樂和爆米花還要享受。特別在冷颼颼的夜裡，羅伯特覺得最棒的是，他們不需要穿上外套和靴子，坐在寒氣逼人的車裡擔心趕不上開映時間。就這樣，電視從他們生活的中心，變成生活中有趣、但不那麼重要的一部分。

早餐後，羅伯特和孩子們騎腳踏車到學校。當涼爽的風吹到他的臉上，他微笑著想到去年傑德的班上正在研究空氣污染，檢討人們對自然資源草率不當的使用態度。傑德回家後，不斷地向他宣導不必要的開車所造成的影響。起初，羅伯特抱怨「那些崇敬自然、推動生態維護的老師雖然是對的，但也干涉了他的生活」，現在他必須承認騎腳踏車的確有趣，不但能夠運動，又能省下汽油錢。

羅伯特一面騎車前行，一面回想這幾年生命裡的變化。他的太太希西雅在愛莉森出生幾個月後遭酒醉的駕駛人撞死。他想到太太及這樁意外時，仍難掩眼底的傷痛，一陣陣徹底的失落和無盡的哀傷向他襲來。意外發生後兩年，時間沖淡了傷痛的回憶。他從孩子

和工作上得到了慰藉，但他常常覺得好像生活得恍恍惚惚——表面上維持正常的起居作息，心境卻與世界疏離。回首一看，他發覺花在工作上的時間越來越多，因為那是他可以暫時忘掉太太的方式。正因他對大部分時間都將孩子們交由管家照顧而感到歉疚，於是花大筆金錢買各式各樣的玩具給孩子。在家裡，他放任自己和孩子毫無節制的看電視，孩子上床後，他還繼續看影片直到深夜。當時他就覺得這樣的生活很空虛，但又認為這個問題太傷神了，以至於一直沒有處理。

三年前，傑德開始上威爾森街幼稚園。那年正好是新校長葛羅莉雅羅賓遜至該校服務。她是一位年輕有活力的非裔美籍女士，非常熱衷於多元文化、社會正義和環境教育等議題，或者如她所說：「教導孩子體認到他們和所有的人類、樹木等生物一樣，是整個生態系統的一部分，他們要為這整個系統的福祉負起責任。」她到這所經營得相當完善，但有些自滿的學校，並——如他們所言——大力改革。當羅伯特回想起那陣子的騷動，不禁微笑並輕輕搖了搖頭。葛羅莉雅與家長們開始了一連串的會議，並舉辦密集的教師在職進修工作坊，向大家說明她的教育目標，希望家長和教師都能在這過程中貢獻心力。在這一年中，工作坊對家長和教師開放，因為葛羅莉雅說：「我們對孩子的教育負有共同的責任——如果家庭不改變，學校就不能改變。反之亦然。我們必須互相支持並一起學習。」她了解教師需要較多支援，但學生家長則不太會主動參與學校事務。她和老師們一起以更有意義的方式將各班級的義工組織起來，並修改家長參與辦法以鼓勵家長定期進入教室協助教學。她也發動社區銀髮志工的加入，讓退休人士參與教學及學校政策的討論。由於學

校百分之八十是白種人，大部分是中產和勞動階級，葛羅莉雅也鼓勵教師們與其他地區，甚或其他國家不同背景的學校組成「姊妹校」，他們可以互訪──如果可能的話，以錄影帶、信件及網路聯繫。

剛開始羅伯特對這一切抱持著抗拒的心理。他勉強地應付每一天，理所當然地也就不需要參加一連串的會議，忍受伴隨而來的煩擾。甚至於他根本聽不進去那些多元文化論、解放、壓迫、生態環境等等。不明白為什麼他白種中產階級的孩子必須牽扯到貧窮、種族歧視這些議題？他很清楚自己並不是種族主義者，而且培養孩子公正、尊重別人，當然，也包括尊重地球的態度。在葛羅莉雅視事的第一年，他還短暫的加入一個迫使校長辭職的家長團體。但第二年十二月，傑德一年級的時候，羅伯特參加學校的冬至慶祝活動，每個班級唱歌、跳舞、表演戲劇，描述從世界各地來的人們如何生存在同一個太陽下，經歷黑暗，並在各地藉著點燈儀式歡慶長夜。節目中還包括詩篇和一齣戲劇，闡述我們一起努力保護這個星球的必要性，以及寒冷的長夜對無家可歸，或缺乏暖氣設備和禦寒衣物的人們帶來的影響。活動最後，大孩子帶著小孩子，手持裝電池的小蠟燭和手電筒，唱著歌、列隊穿越黑暗的觀眾席。儘管羅伯特對這些主題漠不關心，他仍覺得被感動了──即使是現在，他回想當時感受到自己與來自世界各地的人們，以及自己和地球與太陽的密切關係，仍會起雞皮疙瘩呢！他的冷漠態度被孩子們充滿希望和決心的歌聲和詩篇所融化了──這是屬於我們的世界，為了所有人類和所有地球上的子民，我們必須使它成為更美好的地方。

在表演過後的餐會上，他發現自己和葛羅莉雅的支持者坐在同

一桌。起先他覺得非常尷尬，但當其他家長們開始討論孩子，交換有趣的生活小故事，他鬆了一口氣。當他們談到學校的活動和議題，羅伯特開始對他們的談話產生興趣。他們顯然對校長和教師們抱著友善的態度、參與很多班務活動，而且看得出來他們從其中得到不少樂趣。羅伯特在交談間表達了身為單親，而且必須全職工作，以致無法積極參與的遺憾。坐在他對面的潔琦回應道：「我了解你的感受，我也是單親媽媽，一直到兩個月以前，我都必須全職工作，甚至從沒有到學校來過。但我被在刊物上讀到的一些文章激起了好奇心——他們報導了有趣的課程計畫和校外教學，而且我的孩子顯然從中獲益良多。每次我讀到邀請家長參與教學的那一段，就感到一些愧疚。但一想到我的工作時間就很為難——我在城裡一間規模不大的律師事務所擔任簿記員，孩子在學校的同時我必須每一分鐘都在工作。像你一樣，我認為我無法參與學校活動。後來，我不知道你是否記得孩子和老師為了抗議學校和社會服務的預算遭到刪減，帶著旗幟到市政府遊行所引發的爭議。總之我的老闆是一位很開明的人，事實上他曾代表社會福利團體對預算減縮提出控告，他看到我女兒和同學們高舉美麗醒目的旗幟在報紙上的一張照片，然後問我關於學校的事。在談話間，我提到無法多參與學校活動的挫折感，他建議我考慮將一部分工作帶回家，利用夜間完成，每週休假一天到學校幫忙，這就是我現在的狀況，到目前為止一切都好極了。我相信有時候難免必須到辦公室，而犧牲掉去學校的時間，但在這期間，我發現晚上在家裡安詳寧靜的環境下，工作效率比在不斷被打擾的辦公室還要高呢！」羅伯特聽了她的話，心想：「話是不錯，但簿記工作沒有我所面對的時間壓力，我的軟體作品必須要在完全

不可能的截止日期前完成。我根本沒辦法找得出時間來。」然而在接下來的一年裡，他常常想起這段對話，仔細回想後，他了解那段話讓他重新思索生活的重心。

餐會上的主題轉而聊到孩子們正在進行的活動，羅伯特對這些白人中產階級父母竟然真的認為訪問遊民之家、研究能源的不當消耗、認識種族主義和解放運動對孩子們是有益的感到很驚訝。當他聽到他們興奮的談話，開始懷疑也許事情並沒有他想像的那麼大不了。聽起來這些活動並不會使孩子們感到沮喪消沉——反而似乎很激動急切地抨擊世界上所有不對的事。他想到在他十二歲姪兒的眼裡，世界是一場絕望的混亂，不值得擔憂，他寧可將時間精力用在暴力錄影帶和電腦遊戲上。或許學校這些強調改變世界的活動，帶給了孩子希望和勇氣，知道他們能夠採取行動，而不是只逃避到電動遊戲和電視裡。

這就是開端，跟其他家長和老師談過許多次之後，他們每個人對學校的轉變都感到不同程度的興奮和焦慮。那段日子對大家來說都很難熬，但葛羅莉雅的堅定和自信，以及越來越多來自家長和教師的熱情和投入，讓他們得以持續前進。很快地，羅伯特開始期待親師討論會及專題研討，並且領悟到他已準備好為他的人生做些改變。長久以來第一次，他開始感到生氣蓬勃、充滿希望。

但那不是件容易的事。他逐漸痛苦地認清他身為白人中產階級、身為肢體健全的男性，以及身為一位異性戀者所享有的特權，還有這些身分如何造就了過去的他。每思及此，常讓他感到忿怒、傷感和氣餒。他明白要摒棄所有的偏見，及——是的，他必須承認——他的優越感，還有一段很長的路要走。但現在，當他感到自己真正

的與他人——那些幾年前他壓根兒不會想到的人有所關聯時，他嘗到了喜悅和感動的滋味。他開始用新的角度看自己和世界。那真是一段令人驚慌又充滿喜樂的心路歷程。

從那改變他生命的冬至慶祝活動到現在已兩年多了，一個過去每週工作八十小時、工作至上的軟體設計師，現在正騎著腳踏車往學校的路上，去幫幼稚園種花植草。他想像著如果在大學同學會時對大家說明這一切，他們會有什麼反應呢？想到這裡，不禁笑了起來，他若有所思地說：「然而，誰知道呢？他們都面臨生活中類似的問題、壓力和覺醒——或許有其他人跟我一樣正在做相同的轉變。」他回想起大學時，深夜和室友討論世界多麼混亂，他們打算如何扭轉這種情形。「世事難料，」他想。「十五年後的我正在為創造更美好的地球盡一份心力。我想如果希西雅還活著、如果我還耽溺於固守中產階級的作風，希西雅很可能已經開始抱怨那種長時間工作，週末則忙著修剪草坪和購物——她所謂的『呆板的生活方式』。」一陣痛苦襲來，他想到希西雅一定會對學校的這些親職活動和研討會很感興趣。

他們進入學校以後，如往常一樣，羅伯特被走廊上四處展示的各種課程主題所吸引。他特別注意到兩個二年級班級最近張貼的報告和照片，那是他們在這個小城市進行校外教學時，孩子們觀察到富裕地區和貧窮地區的污染物數量，和公共設施的品質皆有差異，於是以文字、圖畫和照片記錄下來，做成報告。另外，還有他兒子傑德班上的報告，調查新水壩的興建帶給水岸邊的野生動植物哪些影響，並分析哪些人會從水壩所產生的電力中獲益。在比較不同社區的電費和公司獲利情形的曲線圖上，清楚地呈現出真正受惠的正

是股東們。

羅伯特打了一個寒顫，回想起他曾在又溼又冷的天氣裡，花了好幾天跟兒子班上測試他們的一些「發明」，以控制由於水壩引起的水面波動所造成的沖蝕現象。其中只有一部分「發明」是有效的，但他對孩子們能結合不同文化的各種傳統技術及生態現況，想出這麼多五花八門的解決方式感到印象深刻，也很佩服孩子們的創造力。他記得自己多麼驚訝於孩子們走在森林裡和陡峭的水岸邊時那種害怕的反應。他聽著他們訴說擔心走失、被攻擊、被淹死的心情，了解到他的鄉村成長背景和充滿露營、釣魚、打獵的童年經驗，深深影響著如今他對戶外活動的喜愛。他明白，當然，一個令他覺得舒適安心的環境，對於不常接觸荒野地帶的孩子而言是險惡的，就像他在附近某些區域會覺得緊張一樣。傑德的老師大衛，也對孩子的反應感到震驚。那趟校外之旅後，他幫助那些害怕的孩子分辨他們的恐懼哪些是真實的，哪些是想像的，並教導他們在野外活動的技能，使他們在樹林裡較有自信。在這過程中，大衛發覺到有些在森林裡感到自在的孩子，卻對城市裡的某些區域感到恐懼，因此他安排了一系列到這些鄰近地區的短程校外之旅，並教每位孩子生活在城市裡所需具備的能力。孩子們訪問了這一帶的居民，了解他們滿意和不滿意居住環境裡的哪些部分。學生們將訪問結果寫成報告，比較他們原先對某地區的想法（通常是得自媒體的印象）和實際走訪之後的心得。

羅伯特向傑德道別，答應他稍後再過來（他通常每週會換班級，但也盡量每週花一點時間在其他班級上），並往幼稚園走去。當他行經托兒所，他走進去打算告訴瑪格麗塔老師關於下週將舉行的會

議事宜。瑪格麗塔老師正在和一位家長談話，羅伯特和愛莉森只好四處逛逛，並追憶愛莉森在這間教室就讀的那兩年時光。他記得牆上是一幅孩子們五彩繽紛的拼貼畫，和班上來自各地不同背景和經濟情況的孩子及家人的照片。他注意到瑪格麗塔老師做了一張跟去年很類似的精美的美術拼貼。那是由約五十張男孩和女孩的照片所組成，包括各個種族和文化，以及各類身心障礙的孩子，瑪格麗塔並在其中嵌入班上所有孩子的照片。羅伯特想起去年愛莉森常常帶他去看牆上的圖案，為那些她不認識的孩子取名字，談論誰看起來很憂傷、誰看起來很快樂，並為他們編故事。這真是一個鼓勵孩子感受到與廣大世界的關聯，並視自己為這多元世界的一份子很好的方法——特別是在現實生活中，學校和社區都是以白人為主的社會。羅伯特和愛莉森漫步到扮演角，注意到幼兒們仍使用去年瑪格麗塔老師所介紹的「中性」服飾——背心和毛皮的、絲般柔軟的、有光澤的、素面的、有鮮艷圖案的等各種質料的布巾——讓孩子們可以用來扮演新娘、武士等各種角色。愛莉森跑過去並動手將一條閃著金光的布巾披掛在身上，那是去年她最喜愛的物品之一。羅伯特記得瑪格麗塔老師曾說明她的祖國瓜地馬拉所用的領巾和毛毯具有多種用途，她希望孩子們能學習到如何利用同一塊布料加以變化，達成多重功能。羅伯特也留意到愛莉森去年常常玩的用具和塑膠製食物，代表著各種不同食物和飲食傳統。在「廚房」的架子上其中一排有各式各樣的塑膠麵包——一份可頌麵包、一份法式長條麵包、一份鬆餅、一份墨西哥玉米烙餅，和一份敘利亞麵包，它們被置於一本名為 *Breads, Breads, Breads*（Morris, 1989）的書旁，這本書介紹世界各地的人們如何製作各種不同的麵包。還有一本以英文和西班

牙文寫的書 *Bread Is for Eating*（Gershator & Gershator, 1995），描述麵包從栽種麥子到進爐烘焙的製作過程。在扮演角的爐子上，有大大小小各種做麵包用的鍋子，讓小朋友試著自己「做麵包」。當羅伯特站在那兒，一位小男孩走過來拿起一塊可頌麵包，像握著槍一樣地握著，發出小小的射擊聲。羅伯特笑了，他想到傑德在這個年齡的時候，任何東西——全麥餅乾、樂高和香蕉，都可以當成槍來玩。「我想世界上所有關於和平、消弭衝突，以及尊重他人的主張，永遠無法完全阻止孩子從每件事物中看到『槍的可能性』。」他諷刺地想。

　　扮演角的一旁放了張為烹飪活動擺設的桌子。社區裡的一位銀髮志工羅絲，將要和孩子一起用她祖母的食譜做愛爾蘭蘇打麵包。她和羅伯特親切地互相打招呼——他們常在學校裡碰面，而且愛莉森在就讀那一班的兩年裡，和羅絲就已成為很好的朋友。羅伯特問羅絲是否會在孩子們吃蘇打麵包時，說她祖母的「麵包小精靈」的故事，就像那一年在愛莉森班上一樣——那時正是羅伯特到學校幫忙的初期，他現在仍將故事記得很清楚。羅絲向他保證她一定會將那個故事再說一遍，然後去拿其他的材料。羅伯特向扮演角旁邊的積木區看了一下，烘焙麵包的主題也在那兒延續著，各式烤箱的圖片貼在積木區四周的隔間櫃和牆上。他注意到手推車被移走了，原來的地方放置了更多塑膠製的麵包和烘焙用的鍋子——以一種隨興的方式擺放著，鼓勵孩子們自己去設計烤箱。他看著兩位女孩正在積木區一起製作烤箱。「好主意！」他想，「這提供了女孩們一個嘗試的機會。」他想起愛莉森有時抱怨男孩們霸占積木區的情景，並憶起瑪格麗塔老師曾向他提起試圖讓積木區更吸引女孩們的幾段

對話。羅伯特還記得去年瑪格麗塔老師將動物填充玩偶和娃娃放進積木區，鼓勵孩子們「為小寶寶設計一個家」的那個禮拜，愛莉森有多興奮！她和同伴們為小狗、獅子寶寶和小嬰孩製作了精緻的小床，在那段時間裡將積木區布置得像個溫暖的家。瑪格麗塔告訴他，不但女孩們較常到積木區了，男孩們在這裡玩的時候也變得斯文多了。

正當他看著愛莉森披著金色布巾在教室裡四處走動時，聽見一陣窸窸窣窣和咯咯的笑聲，不禁向聲音的來源望去——也就是積木區旁的「房屋建造區」。老師們做了三個二英尺見方的木製框架，將它們固定在一起，孩子們利用這些框架和長條布料搭建各式各樣的「房子」——多半是從他們居住的城市、美國其他地區，和世界各地的各種房屋照片上所得來的靈感。羅伯特仍記得愛莉森如何受到這些活動的啟發，常常回到家以椅子、餐桌和床單、毛巾等所有她能利用的物品，布置成房舍。突然間他聽到嚇人的呻吟聲從房內傳來，於是不安地朝房間走去。蕾拉老師輕輕拉住他的手臂，阻止他的動作。「別擔心！」她眨了眨眼睛，小聲說，「有些孩子設計的是產房，一個禮拜以來我們一天就有好幾個寶寶誕生了呢！最近班上一些小朋友的家裡添了小弟弟或小妹妹，所以他們很關心和分娩及嬰兒有關的這些事。」羅伯特放心地笑了，並感謝她的提醒，及時阻止他輕率地介入如此純真稚嫩的情境。

當他沿著產房繼續走，見到許多展示出來的嬰兒相片，同樣地，他們各代表著不同的民族和種族，其中一張是一位黑人女性產科醫師抱著一位白人新生兒。「這些老師真是太棒了！」羅伯特不禁讚嘆：「她們在每件細微的事物中都能看見潛在的學習機會，並神奇

地以照片、書籍和活動引導孩子以新的角度和方式來思考！」他記得每年秋天，校方都會請家長蒐集並提供不同情境中的人物照片、自然棲息地裡的動物照片，或任何景觀——包括城市、郊區、鄉村和荒野地區的照片。學校圖書館員會將新的照片放在館內的展示桌上為期兩週，並邀請家長和教師預覽一遍，以消除任何刻板印象或誤導的可能，然後將它們放在綜合性的圖片檔案中，歸類建檔以便相互參照。顯然這是一本使用方便的冊子。

　　「產房」的另一頭是一些為照顧嬰孩準備的物品——背娃帶、搖籃、小床、披巾，及許多包括各種膚色和相貌特徵的嬰兒娃娃。他趨前看了看，發現它們大部分具有完整的身體構造，也就是具有男性或女性的性器官。他記得去年九月當家長們在開放參觀日第一次看到這些娃娃時的反應。他們大多感到驚駭——擔憂這些玩偶會讓孩子接觸到他們尚未準備好讓孩子知道的事，並且有讓孩子對性產生興趣的可能，一位家長是這麼說的：「導致各種雜交。」瑪格麗塔和其他老師委婉地說明這個年齡的孩子，不論有沒有這些玩具，都會對身體感到好奇，察覺到男生和女生的不同。幾位家長認為這一點和他們的孩子洗澡時的一連串談話內容頗為符合。根據家長們提供的例子，老師談到為什麼孩子在玩這些玩偶的過程中所出現的對話（像是：「我媽媽有陰莖，但是她生小孩的時候掉了。」），能發展出很有意思的討論，並且幫助他們學到正確的知識。不少家長表示，他們不知如何在許多團體和有關當局對性愉悅和性好奇大加撻伐，而廠商卻大剌剌地利用性暗示來銷售車子、運動鞋等每樣商品的環境中，培養孩子對身體和性的健康態度。那真是一場「熱烈」的（這是較婉轉的說法）討論，但最後大部分家長都同意讓孩

子玩這些玩偶。

　　羅伯特注意到瑪格麗塔老師有空到藝術區了，現在正站在那兒。他順著這個方向走過去，一路上看到很多人們在泥罐、牆壁和玻璃等各種物體表面上色的照片。還有一幅 Diego Rivera 的壁畫圖片，描繪的是墨西哥原住民製作各種手工藝的情景。羅伯特留意到去年愛莉森喜愛的一本書 *The Little Painter of Sabana Grande*（Markun, 1993），擱置在本來放粉筆托盤的地方，而牆上原先掛黑板的地方則改為展示區了。那本書描述的是一個真實的故事，一位在巴拿馬的小男孩想要畫畫，卻沒有紙和顏料。於是他用天然的素材製作顏料，並在他們那個小鎮上為房屋的牆壁上漆。藝術區內的三張桌子上擺放了各種原料和刷子，和各式各樣用來上色的物品——像是石頭、樹皮、黏土及各種尺寸和質地的紙張。牆上掛的是一張以不同種類的麵包為主題，但尚未完成的畫。羅伯特向瑪格麗塔老師傳達了下週將舉行的會議事宜，然後接走全身披掛著各式布巾、正和同伴們在教室裡跑來跑去的愛莉森。她擁抱了老師們和兩位銀髮志工，準備離開這裡，回到自己的教室——那已經是幾分鐘以後的事了。

　　羅伯特和愛莉森到達幼稚園的時候，愛莉森的老師羅拉（是位白人）正集合孩子們準備迎接晨光的儀式。羅伯特還記得羅拉對家長們說過，她想藉由這樣的儀式讓孩子感受到群體的觀念並不只限於教室裡，而是包括所有人們及世上的萬物。每次他參與教室活動，都被老師和孩子們在簡短的晨光活動上，為了建立群體感所展現的創意打動。他回想起許多關於學校舉辦典禮和節慶的密集討論。有些家長和教師覺得不要有任何的儀式是比較穩當的做法，尤其顧慮到學校中有五個「耶和華見證者」教派（Jehovah's Witnesses）的家

庭，這個宗教禁止他們參與包括生日派對在內的任何慶典。葛羅莉雅校長認為慶典活動有其實施的必要，但提醒家長和教師避免「節慶症候群」——不要只是為幾個節日舉辦了慶祝活動，就認為孩子對其他族群有了正確的了解。她指出節慶的習俗、服飾和食物並不代表任何族群的日常生活。羅伯特記得她提出的質疑：「山姆大叔、家庭烤肉會、遊行和煙火等等這些慶祝七月四日（國慶日）的活動是否能夠代表你的生活？或者，如果你慶祝它的話，那是你慶祝國慶日的方式嗎？」

很多教師和家長覺得節慶和儀式是緬懷過去，建立群體意識很有意義的方式。他們已發展出指導方針和相關活動，將節日慶典融入學校的總體目標中。大家對儀式和節日慶祝活動有個共識——必須審慎為之，並且能夠讓孩子對世界的多樣性、對自然環境，以及對反抗社會不平等的努力有更深入的體認。此外，大家也認同孩子應對自然現象和社會關係表達感謝和珍惜，但不應涉及任何一位特定的神祇。另一項最近產生的指導原則是，孩子可以認識慶典活動，或許會品嚐一些傳統食物、唱些配合節慶的歌曲，但不宜進行任何特定宗教的儀式。如同一位美國印第安研討會的主持人所說：「各位當中若有天主教徒，當你看到孩子將神聖的宗教儀式當作遊戲來玩，會有什麼感受？」許多班級將認識國內外各個族群在種植和收成時所舉行的各種慶典，納入觀察四季輪替的教學內容，並應用在學校園圃的栽種活動裡。藉由了解不同的文化如何慶祝類似的生活事件，孩子也學習到更多在不同地區栽培食物的知識。而慶祝冬至，則是一個讓孩子在大自然循環中體認其異同之處的例子。

近來有人對於一些美國和國際的節日有兩極化的看法；這些節

日包括哥倫布登陸美洲紀念日、勞動節、感恩節、華盛頓誕辰紀念日和美國獨立紀念日。一位剛從英國來的家長指出：「你們所謂的獨立紀念日，對我們來說是一項難堪的挫敗。」許多人已經注意到大多土生土長的美國印第安人視感恩節為全國追悼日。有些家長和教師便利用美國及其他國家的國際節日設計課程，引導孩子了解對抗壓迫所付出的努力，以及族群之間的衝突如何產生，並思考如何以訴諸武力之外的方式解決這些問題。同時討論這些節日所追念及頌揚的人是誰？例如，我們為什麼要尊崇亞伯拉罕林肯（Abraham Lincoln）——一位白人男性，而不是努力了數十年，終止奴隸制度的奴隸和被解放的黑奴們？

　　總括來說，這些努力的成果有賴於大部分教師和家長熱情的支持，但對於哪些族群的慶典儀式被呈現，以及被呈現的方式是否太過拘泥於傳統印象，或者僅止於某些族群在明信片上的表淺形象，都曾有過爭執。一方面校方持續與「耶和華見證者」教派的家庭進行溝通，討論節慶中的哪些層面及相關活動是他們的孩子可以參加的。起初羅伯特心想：「既然這麼麻煩，那就不要任何形式和規模的慶典儀式好了。」可是他和孩子們打從心裡喜愛這類慶祝活動，而且發現，跟街上和電視上盛行的那些商業化的表現方式比較起來，學校的活動有意義多了。認識各種豐收、種植和新年的慶祝方式，讓他和孩子們專注於節日實質上的意義——感恩之心、重生和全新的開始。羅伯特也從和好幾位家長及老師的談話中，了解到取消所有的節日慶典會讓他們感到與學校疏離，因為對他們來說，慶祝節日是構成整個社區所不可缺少的活動。這樣的討論或許隨時會再繼續。

　　同時，肯定慶典禮儀重要性的羅拉老師，邀請家長和孩子們創造新的儀式，並分享他們在家中的例行儀式——只要不牽涉到任何特定的宗教或神祇。今天他們正在進行的是一位在墨西哥住了一年的孩子從當地學到的儀式。他們全部走到戶外，一位孩子吹起海螺貝殼，每個人都面向北方，以西班牙語反覆地說：「祝福我在北方的兄弟姊妹們！」愛莉森向羅伯特解釋，「兄弟姊妹」指的是地球上所有有生命和無生命的萬物——動物、山巒、樹木，不是只限於人類。他們對著四個方位重複這項儀式，並時而仰望天空，時而俯視地面。當他們面對不同的方向，便反覆地說出住在這些方向的親朋好友的名字。一位最近剛失去爺爺的小男孩抬頭看著天空時，便輕輕地說：「嗨！爺爺！」他們互相握著手，唱著 Carole King 的「你有個朋友」（You've Got a Friend）和「結交新朋友、保留老朋友」（Make New Friends but Keep the Old）的簡易版本。然後大家都走進教室，圍成圓圈坐下來。

　　羅拉老師一開始先介紹當天在班上的兩位家長和兩位銀髮志工，並確認大家都記得彼此的名字。然後她詢問是否有任何事情需要一起討論。幾位孩子提出關於教室閣樓的問題，也就是那片寬敞隱密的、孩子們可以經由一個小通道進入的小天地。過去幾個禮拜以來，發生了好幾次孩子們從那兒丟擲物品、射擊別人，要不然就是不讓別人進入的衝突事件，所以他們今天想要討論這件事。首先羅拉老師問孩子們喜歡閣樓的原因，三個答案出現了：「我喜歡居高臨下的感覺！」「那裡安靜又隱密。」「你可以從那裡丟東西下來。」然後羅拉老師問閣樓為他們帶來哪些困擾？「小朋友不讓你進去，還會從那裡拿東西丟你。」「你一上了閣樓，就不能離開之後再進

去，因為有人會占了你的位置。」「有些小朋友認為閣樓是他們的，一直占據那裡。」「閣樓一次只能容納四位小孩，而有些孩子總是霸占著不願離開。」羅伯特注意到一件很有趣的現象，那些喜歡從閣樓向別人丟東西的孩子，正喧嚷著抱怨被別人砸到呢！羅拉總結孩子的意見，然後問大家有沒有解決方案。她建議每個人，包括兩位家長和兩位銀髮志工，一起腦力激盪，說出他們的意見、任何想法，但不要評斷別人的看法。大家開始踴躍地提出建議，羅拉和羅伯特很快地將它們寫在大張的紙上，從「關閉閣樓一週。」到「告訴小朋友，丟東西的人就不能再玩。」「將閣樓變成比較開放的空間，這樣就不會有人被排拒在外了。」「由老師安排可以到閣樓去玩的小朋友。」羅拉將這些建議大聲地念了一遍，並歸納出三、四個重點。然後對大家的妙點子讚揚了一番。由於這個討論花了不少時間，羅拉說：「今天就到此為止吧，我將關閉閣樓，希望你們利用這段時間，好好想一想如何運用閣樓這個地方，如何確保每個人都能享受到在那裡玩的樂趣。並仔細考慮一下這些解決的辦法，哪些是比較可行的？禮拜一我們再繼續討論，看看還有沒有其他的意見，再決定採用哪些方法是你們每個人都能接受的，是否有人實在不同意？」幾位男孩嘟囔抱怨著，但同意「只有今天」不去閣樓還可以接受。

羅拉接著提醒大家今天要去園圃進行種植活動。她將本週稍早班上一致討論通過的種植程序複習一遍。大約在今年初，羅拉謹慎地成立合作小組，確定每組都有不同性別、種族、民族、社會階級背景和能力的成員。一整年下來，他們共同合作過各類計畫，包括目前的種植活動。這個計畫是讓每個小組在園圃工作一個半小時。

進入園圃工作的前幾天，他們要決定種哪些植物，揀選種子，認識不同植物對水和空間的需求，畫出他們在園中負責的區域範圍，現在他們要準備播種了。過去幾個禮拜以來，孩子和參與的大人們把整個園圃「翻」了過來，今天他們要挖畦和播種。每一組還有正在著手的相關計畫，準備在他們不需到園圃中工作的時候進行。

羅拉先前曾要求大家提供設計園圃的意見，現在她徵求誰願意跟大家分享自己的構想。幾位小朋友發表了他們想要種的蔬菜和花。接著一位男孩說：「我們常常談到世界上很多人沒有足夠的食物——我想我們應該將園圃中的收成給他們一些。」這個話題持續數分鐘，大家討論如何付諸實行。然後羅拉問大家是否想過，為什麼有些人跟他們一樣自己種菜，而有些人卻沒有食物吃？一位家長蘇珊，談到她的祖父母如何因為富有的地主想獨占所有的土地，而強迫他們離開愛爾蘭的家園，那也就是她來到美國生活的原由。「是啊，就像英格蘭從印第安人手中奪取所有的土地一樣。」一位孩子回想起感恩節前後他們在班上討論到的內容，於是附和著。孩子、家長和銀髮志工們提出更多土地分配不平等的例子，其中有些例子就發生在他們居住的城市。一位孩子山姆憤怒地說：「我住的地方沒有任何戶外玩耍的空間，沒有庭院，到處都是碎玻璃。而我媽媽工作地點的那些房子卻是美輪美奐，住在那裡的孩子擁有鞦韆、滑梯、攀爬架和籃框，全都在他們的院子裡，都歸他們所有。真是不公平！」「你說得對！」羅拉說，並問其他人對這種情形有何看法，或能做些什麼。幾位孩子提出其他類似的例子，一個小朋友說，擁有大房子和院子的人，應該讓沒有院子的人在他們的庭院裡玩。這陣熱烈的討論平靜下來後，羅拉說：「這個世界上有很多不公平的

事，要改變這種情況需要很多人付出很多努力。我們必須持續地重視這些事，互相討論，並讓大家知道這些情況。下週我們將要訪問市政府的行政官，或許可以向他們反應這個特定的問題——市內有些地區缺少讓孩子玩耍的地方。」幾位孩子提議他們要請市長多蓋些公園。「記得我們去山姆家附近訪問的時候，」一位女孩說（他們曾在年初造訪班上所有孩子住的地區），「看到一塊空地，大家還說如果把垃圾清除，設置鞦韆之類的遊戲器材，那裡將會變成一個很棒的公園。」「沒錯，就像我們讀的那本父母和小孩一起建立公園的書一樣！」一位小男孩說。「是的。」羅拉說：「那本 *The Streets Are Free*（Kurusa, 1985）是一個需要我們去深思的好例子。我們出發到市政府訪問之前，要記得再將這個故事讀一遍。而且，去比較一下書中發生在委內瑞拉首都——卡拉卡斯的真實故事裡所提到的人物和場景，和這裡的市政府和市長有何異同，也是很有趣的事。還記得嗎？我們在地球儀上找過它的位置。」

　　一陣停頓後，羅伯特也加入談話，「當我還是小孩的時候，必須在我父母的農場上幫忙，但我實在討厭這個工作！有時天氣酷熱難當，有時則冷冽難忍，我經常要彎腰工作，手也被扯傷了。這讓我想到窮其一生每天都要做這些工作的農夫們，卻只得到一點點報酬，住在傾頹、常常缺乏電力和水源的房子裡。」赫伯，兩位銀髮志工之一，談到他在經濟蕭條時期身為移民勞工的早期記憶，他描述家裡的每個人都必須多麼辛苦的工作，在一天花十二個小時收割大量的農作物之後，他們還是得餓著肚子上床睡覺。羅拉指著牆上貼的一些當年移民勞工和他們所住的房子的照片，提醒孩子，很多農夫到現在仍為像樣的酬勞和住屋努力奮鬥。羅拉拿出幾天前孩子

們讀過的 Cesar Chavez①的傳記，建議他們不妨再看一遍。

就在討論近尾聲的時候，一位女孩說：「妳曾告訴我們有人會為種子祈福，並請大地同意種植的請求。我想在我們開始種植活動以前，是不是應該先做一次這個儀式？」很多孩子熱切地點頭。羅拉感到有些緊張，擔心孩子們在接下來的幾分鐘裡會進行什麼儀式？會不會太過頭了，而染上宗教的色彩？她深深吸了一口氣，反覆地對自己唸著她經常鼓勵自己的箴言：「相信孩子，相信你自己。」她問孩子們打算怎麼做？提出這個問題的小女孩顯然早有計畫，她建議大家把雙手放在地上，請大地允許他們將種子撒在土裡。一位男孩補充道：「我覺得我們也應該把種子帶出去，問問它們是否願意讓我們種。」「好啊！」羅拉在心中很快的將教師和家長所訂出區別儀式和宗教典禮的準則拿捏了一番，便應允了孩子的建議。

每個人都從圓圈中站起來，帶著各組桌上的種子，走到外面去，面對園圃坐下來。大家坐定後，羅拉說：「我們每個人都有自己對大地和對種子說話的一套方式。讓我們用內心的聲音，以自己的方式表達對大地和種子的感謝，並請它們允許我們種植。」一陣靜默之後，她請大家注視園圃中那豐饒的、棕色的、準備好孕育種子的土地，想像幾天後、幾週後那兒會變成什麼樣子。四周寧靜無聲，每個人全神貫注地集中注意力。羅伯特對自己感到驚訝。起初他察覺到眼睛轉動了一下，「太做作了吧？」這是他對請求大地和種子允許種植的反應。但當他坐在那兒注視著土壤，並觀想輕輕地將種子撒入土裡時，腦海中忽然硬生生的闖入他辦公室旁建築工地裡那些推土機和怪手的影像，他其實並非真的在想著那樁工程，只是他關心所有這城市裡與植物生長環境有關的任何現象。但突然之間，

那件工程就像是對大地一種荒謬的「褻瀆」——沒錯，就是這個字眼。他搖搖頭，感嘆地說：「我也變成以前自己所嘲笑的『樹癡』了。」

　　第一組已經準備好要開始種了；他們跑進教室拿遮陽帽，再出現的時候，都戴著各式造型和質料、色彩鮮麗的漂亮帽子。羅伯特記得，愛莉森是怎樣的堅持要去圖書館，尋找各個年代和世界各地有關帽子的書籍。他必須承認他也產生了興趣，很驚訝即使同一個國家也有這麼多種帽子。他幫了她一點忙，試著做一頂帽子，但很快就發現厚紙板不夠堅固。她想從田野中找些草來編一頂，也沒成功。但這過程卻很有趣，而且每次失敗都讓他們學到一些經驗，不只是跟帽子有關的，還包括不同質料的堅韌性、構造紋理和柔軟度。傑德也加入這個活動，三個人花了一個週末晚上，興致勃勃地用舊玉米片空盒、廢棄的材料、葉子、小樹枝和草……等等設計帽子。羅伯特對於愛莉森能夠不氣餒、不斷試驗新的方法，並與同伴分享的態度覺得很感動。他知道羅拉對孩子們，以及對他們解決問題的能力所展露的信任，還有一整年下來（包括在托兒所時），孩子們嘗試使用各種材料所累積的經驗，是讓愛莉森有如此表現最重要的原因。藉由彼此協助，孩子們都克服困難，完成美麗又實用的帽子，興奮地向家長和銀髮志工炫耀。

　　羅拉在活動進行的前一晚，曾和羅伯特及一起協助種植的蘇珊商討過活動內容，並簡要地將互助小組的輔導原則做確認：每位孩子都應該參與活動及任何相關的決策，承擔相等的責任和義務；工作應該要分配，孩子才不會互相比較；如果有一兩個孩子開始指使別人，他們就要中止活動，和孩子們談談，讓他們了解每個參與者

都是平等的。羅拉還建議他們如何調整工作,以符合某些小朋友的能力。例如,瑪麗安娜只有部分視力,所以掘畦時可能有困難,但是她可以輕易地跟著別人挖好的路線工作,將種子按照一定的距離撒下。

種植活動正式上場了。第一組做得很好——每個人都投入工作,仔細地犁土、播種。與羅伯特之前所擔心的正好相反,戴著遮陽帽的孩子們並沒有燥熱不安,他必須承認,儘管在農場成長的記憶是痛苦的,但再次將雙手放入土壤裡、讓陽光灑在背上的感受還是如此美好。他對孩子們合作無間的表現印象深刻;顯然他們互相了解,知道彼此的長處和弱點。他注意到孩子們如何以一種務實、尊重的方式包容瑪麗安娜生理上的限制,並沒有表現出憐憫或嫌惡。他記得年初的一場親師座談會上,瑪麗安娜的父親對大家說明她失去視力的原委,以及她在班上所需的特殊措施。羅伯特十分感佩瑪麗安娜的父親回答其他家長的問題時那種開明的態度。因為過去遇到殘障人士時,他從自己的父母那兒學到的反應是尷尬的「不要看/不要問」。聽了瑪麗安娜的故事,羅伯特更了解在一個仰賴視覺影像和文字書寫的世界裡,養育失明的孩子需要面臨多大的挑戰。原本他對太多的經費用來改善教室、學校和公共場所的設施,為有特殊需求的大人和小孩提供無障礙空間有些意見,但現在他覺得應該重新調整他的看法。

第二組的進展也很順利,不過有段小插曲幾乎讓羅伯特無法招架。孩子們正忙著掘畦,小心地播種。在這過程中,他們手上的泥土結成了塊。一位白人女孩安德莉亞和一位非裔孩子梅莉莎在一起工作,忽然安德莉亞伸出手說:「妳看,梅莉莎,我的手現在跟妳

的一樣了。」梅莉莎抬頭望著安德莉亞，臉上露出困惑的表情。她不發一語，低下頭去繼續工作。羅伯特將這一切看在眼裡，覺得心跳快停止了。若是在一年前，他或許會將安德莉亞的話當作是善意的觀察心得。但經歷過一些痛苦的經驗後，他開始了解，這樣「無心的」言詞確實反應出潛意識中的種族歧視，而傷害到別人。去年一次討論會中，他用了「烏鴉笑豬黑」的諺語，一位非裔父親表示他覺得這樣的措辭讓人有被冒犯的感覺，因為在這句話中，「黑」這個字含有負面的意思。起初羅伯特覺得十分憤慨，每次提到「黑」這個字，就會引起別人的過度反應，那該怎麼辦呢？難道每次開口以前都要先等一下，思考個五分鐘嗎？但是從現在已經是好朋友的葛羅莉雅和幾位黑人家長那兒知道，他們從小總是聽到「黑」與不好的事物有關，並造成他們不堪的童年回憶。於是羅伯特開始了解，即使是不重要的、無心的話也會傷人。他也警覺到，儘管過去拒絕承認，但他已接收了不少種族偏見的思維，並影響到他的思想和言論。而且，是的，他的確每次開口說話前，都必須先停下來，謹慎地想一想該如何適當地表達。此外，他還學到，他不可能真正體會在對一個人的所屬族群充滿負面訊息的環境中成長是什麼滋味，所以不能斷然認定別人是「反應過度」。此刻，他知道眼前所面對的情況是不可忽視的，但是他覺得自己還沒準備好如何去處理。他發現自己強烈地希望離孩子們遠遠的，沒有聽到那段話，寧願在辦公室面對電腦——那比跟孩子在一起單純多了。他考慮要不要將這件事告訴羅拉，好讓她能在當天稍後跟兩位女孩談談，但他明白那恐怕已錯失第一時間，孩子們可能根本不記得發生了什麼事。接著他想立刻請羅拉過來，跟女孩們談談。但當他往教室裡一看，她正在

跟一對繃著臉、大聲嚷嚷的男女學生說話,顯然這個時候不適合請她離開教室。全看他的了,而他是這麼的——沒錯——恐懼!當他在心中盤算該說些什麼,他想起羅拉有一次曾提到,她不知道要說什麼的時候,就問問孩子的感受,以及/或應該怎麼做?通常他們會提出很好的想法,至少也能給她幾分鐘想出一些策略。羅伯特走過去,在女孩們的身旁坐下來,試著以有自信的聲音說:「我聽到妳剛剛說的話了,安德莉亞。就是妳說妳的手沾滿了泥土,所以看起來像梅莉莎的手。梅莉莎,我想知道妳聽到這些話有什麼感覺?」梅莉莎平靜地說:「我不高興,我的手不髒,我的皮膚是棕色的。」「那麼安德莉亞那樣說有點傷害到你了。」羅伯特溫和的說。「安德莉亞,妳了解那樣說可能會讓梅莉莎不高興嗎?」「我不是有意的,」安德莉亞的聲音中透著防禦,「我只是想到我的手看起來跟她的一樣。」羅伯特捧起一把土靠近梅莉莎,問安德莉亞:「妳真的認為棕色皮膚和泥土看起來一樣嗎?」安德莉亞看了看,慢慢地搖搖頭。羅伯特指著她手臂上的斑點,問她:「妳認為這個斑點是髒的嗎?」安德莉亞搖搖頭。「如果有人指著妳的斑點,說『嘿!妳的手臂好髒喔。』妳會有什麼感覺?」「不好,」安德莉亞慢慢的回答,然後補了一句:「對不起,梅莉莎。」羅伯特轉向梅莉莎,問她:「妳現在覺得怎樣?梅莉莎。」她說:「沒事了,我想。只要別說我的皮膚是髒的就好了。」她一邊說,一邊看著安德莉亞。後者點頭表示同意。羅伯特感到放心了,決定從較廣一點的層面來處理這件事。「我們常常會無意間說出傷人的話來,因為我們不加思索就說了出來。我有時候說出的話也不是我本來的意思,或是我沒有想到那會傷害到別人。現在我會很認真的去聽自己所說的話,

所以就不會因一時的過失而傷害到別人，或讓人難堪。我們都必須這麼做才行。」他看著安德莉亞說，「而且，」他轉向梅莉莎，「當妳覺得受到傷害的時候要試著說出來，讓對方知道妳不喜歡他那樣說。這樣妳才不會只是坐在那裡生悶氣，而且讓對方知道妳不喜歡，他們以後就不會再說這種話了。明白嗎？」他看著兩位女孩問道。她們認真地點點頭。羅伯特笑著說：「好了，回去工作吧！」於是兩位女孩繼續她們的耕作。羅伯特轉身離開，注意到心臟仍砰砰地跳得很快，「哇！」他對自己說：「我可沒辦法每天處理這種事……但，」他覺得有些自豪，「我想我做得還不錯！」他微笑著。

　　第二組也完成之後，接下來就是點心時間和休息時間了。孩子們依餐點小組就座。這是羅拉制定的新制度，因為她察覺到點心時間變成了「人氣競賽」——有些孩子是大家爭相邀請坐在一起的對象，有些則孤孤單單。於是她以不和工作小組重複、但盡量包含不同背景的四至五人組成餐點小組，並鼓勵他們透過以相同主題或顏色來布置，以及為小組命名等，來發展小組的認同感。每一組都有家長和銀髮志工跟孩子坐在一起，好讓他們可以彼此談談當天發生的事，和任何生活中的大事。

　　用完餐點後，輪到第三組開始工作。羅拉曾對羅伯特和蘇珊提過，這一組的氣氛有點緊張。約書亞常常覺得自己必須是最強悍、最聰明的孩子，而且常跟戴瑞爾對立。雖然當戴瑞爾獨自一人時很隨和，但面對約書亞的嘲諷，也會反唇相譏。這事比一般的爭執複雜，因為約書亞是中上階級白人的小孩，戴瑞爾則來自勞動階級的非裔家庭。儘管約書亞從未針對戴瑞爾的種族挑釁（至少她沒有聽到這種情況，而且她一直密切地注意他們），他似乎意識到自己的

特權，並以此身分自居。同組的三位女孩通常自己玩在一塊兒，不太理睬男孩子們。羅拉一直嘗試增加男孩和女孩之間的互動，但到目前為止還沒有奏效。

羅伯特留意到當他們走出來的時候，約書亞正宣稱他要種下最多種子，他的植物也將是長得最大的。戴瑞爾嘟囔著說：「是喔，也是最醜的吧！」「天啊！」羅伯特想：「我以為經過梅莉莎和安德莉亞事件後，今天應該可以輕鬆了，現在看來好像不是這麼回事。」他和蘇珊決定把他們分為兩組，隔開兩個男孩，並將男女混合。

這兩組在相距幾英尺的平行菜畦上工作，一開始他們相當安靜，專注地挖掘筆直的田埂，將種子輕輕地撒在土裡。接著約書亞高聲批評另一組的畦「挖得歪歪斜斜，看起來蠢得很！」「是啊！你們的更歪！」戴瑞爾吼回去。雙方你來我往了幾回合，約書亞跑過來「指出你們做錯的地方」，並踩爛了戴瑞爾他們正在進行的兩排菜畦。「住手！」戴瑞爾和兩位組員大喊，戴瑞爾還跑過去踏爛對方的畦。「喔！老天！」羅伯特向蘇珊低聲嘀咕：「該我們出面了。」他極力地試著回想親師座談會中所提到的解決衝突的辦法。「好啦！兩個小伙子，到這裡來──到菜圃外面來，我們來談談這是怎麼回事？」（他想到羅拉說過讓兩位當事人離開競爭標的是很有效的方法──在這個案例中，也就是離開被踩扁的菜畦。）

兩人怒氣沖沖地過來了。「請你們從自己的觀點告訴對方發生了什麼事，還有，你生氣的原因？」羅伯特問道。這兩個熟悉解決衝突程序的男孩，互相告訴對方令他們惱怒的原因，基本上就是羅伯特及蘇珊所看到的。他們說完之後，羅伯特有點不知如何接下去。

他們雖然說出心中的話，卻顯然餘怒未消。「這樣吧！我想你們需要彼此握個手、道個歉。」他有些心虛的說。約書亞和戴瑞爾沒有照做，只是站在那兒怒視著對方。羅伯特覺得越來越挫折，他說：「好吧！也許你們應該進教室，不必再繼續種植活動了。」

　　一直在旁觀看的蘇珊走過來說：「我有個主意或許會有幫助。我知道你們班上討論過，當你對別人做了不好的事，就必須做些事，讓對方覺得心裡好過些。你們現在都在生對方的氣，要怎麼樣才能讓你們覺得好受一點？」「我覺得你要將我們的菜畦回復原狀，並為說了那些不好聽的話道歉。」戴瑞爾對約書亞說。「我認為你才必須修復我們的菜畦呢！」約書亞回答。他們互相瞪視了幾秒鐘，都沒有軟化的意思。戴瑞爾的搭擋之一泰瑞莎說：「我們交換菜畦好了，你們在我們的菜畦上工作，我們在你們的菜畦上工作，種植還是一樣可以完成。」又過了幾秒，約書亞聳聳肩說：「好吧！我想……。不過我們會打敗你們的！」「別想！」泰瑞莎笑著大喊。「幹活囉！」的喊叫聲迴盪在空氣中；警報解除了，大家都繼續回到工作上。

　　羅伯特及蘇珊微笑地互相望著，「做得好！」羅伯特對蘇珊說：「我忘了用賠償代替懲罰。也忘了當孩子不是真心認錯的時候，不要勉強他們道歉。哇！處理這種事真不簡單──一句話能化解危機，也可能使情況變得更糟。我覺得很無力，又只想行使我的職權，對他們說教，讓事情就這樣過去。」「我了解。」蘇珊說：「當我運用衝突處理原則來排解家裡小孩的紛爭時，有時會有用，有時會失去耐性，對孩子們大吼，叫他們回到房裡去。」兩人都沉默了幾分鐘，若有所思地想著手足間各式各樣的爭執。

「學校的會議中，我很欣賞的事情之一是⋯⋯」羅伯特說：「包括老師在內的每個人，都不避諱他們的疑惑和挫敗。這讓我有勇氣去嘗試像衝突解決這類的事情。如果大家都假裝他們做得很好，或向我們保證那些事很容易，我一定會放棄，不再去開會了。」「我也是。」蘇珊說：「尤其身為女同性戀媽媽，我將自己武裝起來，試圖證明我是個把小孩教得很好的稱職家長。但參加過討論會，聽到大家和葛羅莉雅把自己處理孩子問題的羞辱和無能的感受攤開來談，我覺得我們是在同一條船上的夥伴。」「那真是很棒的會議，」羅伯特贊同道：「我已經很久沒有這樣開懷大笑了。我有時候覺得我的小孩很不容易教，但知道老師和其他家長們處理孩子問題時也會有這樣的心情，真讓我寬心不少。」忽然他們聽見道賀的歡呼聲，原來是兩組人馬幾乎同時完成了工作。羅伯特和蘇珊走過去，對他們的工作成果誇讚了一番，便陪著孩子們一起走進教室。

第四組和最後一組才剛出來就馬上準備好，開始種植了，羅伯特利用幾分鐘空檔去看看孩子們在室內的工作進行得如何。當他一進去，忍不住讚賞這間一定用了不少時間和心思來規劃的教室。他知道羅拉重新布置了幾次，以誘導孩子們產生較多的社會互動行為，讓男孩和女孩能夠自然地玩在一塊兒，並鼓勵更多合作性的遊戲。他知道每張桌子、椅子和材料盒所放的位置一定有其目的。本週將娃娃家和積木區結合在一起，變成一座農場，孩子們正在田裡（棕色布條或紙條）播種（小卵石）和插秧（塑膠製品）。還有一簍簍塑膠水果表示豐收。廚房裡，孩子們將蔬菜製成「罐頭」和「冷凍食品」，還煮了湯。四周都是各種農場的圖片──有稻田、果園、大型的農產企業，也有家庭式的小農莊。另外還有許多人在田裡耕

作的圖片，有的開著牽引機，也有的用鋤頭和簡單的工具栽植。他注意到，不論是「田」裡還是「廚房」中，都有男孩和女孩的身影，所以羅拉想藉由「農場」的設計，讓孩子們不分性別一起玩的目的，可以說是達到了。

在科學區，孩子們將種子撒在不同的土壤中，有些是沙黃色的、有些是深棕色的。他們將每棵植物編了號，在一位銀髮志工的協助下繪製圖表，以測量和畫圖的方式記錄不同植物在各種土壤中的生長情形。羅伯特記得愛莉森有一天回家談到類似的實驗，不過她們那一組是以水分的多寡做實驗。她告訴羅伯特，組員們對於「如果植物因缺水而逐漸枯萎死亡，應該怎麼辦？」有不同的看法。最後她們決定先救回奄奄一息的植物，再觀察澆多一點水（或少一點，視實驗而定）是否有效。羅伯特看到小魚缸和鼠籠，讓他想到愛莉森很喜歡照顧小動物，常常回到家還在擔心生病的魚，或為某隻老鼠滑稽的新把戲而開心不已。雖然羅拉對於拘禁、豢養小動物持保留的態度，但她認為整體來說，孩子可以從觀察和照顧動物中，得到很多啟發。她將同類動物在它們天然棲息地中的圖片貼在附近。而孩子們在面對「即使動物受到愛護和照顧，但是否應該將牠們關在學校的籠中飼養？」這樣的兩難問題時，也出現了一些很有趣的對話，羅拉不忘將這些對話與家長們分享。

在藝術區，孩子們正用種子做鑲嵌畫和首飾。他們以小小的種子黏貼成畫，並嘗試用不同的方法將種子附著在細繩和毛根上，做成項鍊、手鐲和踝飾，他們專注的神情讓羅伯特看得入迷。他對孩子們彼此協助解決各種問題感到印象深刻，像是測量手鐲和踝飾的長度、想辦法將較重的栗子附著在細繩上。這個活動區四周都是各

種不同材質做成的鑲嵌畫，以及各種文化的人們穿戴珠寶的圖片，大部分珠寶是由天然質材做成的。這讓羅伯特想到愛莉森收集的那些飾以一堆塑膠廉價品和空虛內涵的芭比娃娃，「我們怎麼把這些豐美的藝術品變成商業化的俗物——而且是我們的孩子渴望得到的俗物？」他問自己。一位小朋友用橡子和栗子做出又長又重的漂亮項鍊，她正隨著鼓聲搖擺身體，顯然正享受著以她的動作使項鍊隨不同節奏舞動的樂趣。羅伯特想起圖書館員曾請家長們捐贈舊的錄音帶或 CD 給學校。她成功地募集了不少，學校的老師們得以讓孩子們有機會接觸到世界各地不同的音樂。

當他看著教室裡展示的美勞作品，聽著音樂，他想到去年學校辦的一場專題討論會，幫助他發現到過去他（和其他大部分的參加者）總以為「藝術」指的是歐美的繪畫、文學和音樂。討論會的帶領人指出，我們多半認為藝術——繪畫、雕刻、文學、樂曲，是用來取悅富裕階層的人士，其實不盡然。她為大家舉了幾個群眾抗爭藝術的例子，並說明許多歌曲、壁畫、戲劇和舞蹈表現的是人民的痛苦和奮鬥。討論會結束後，許多老師和家長到唱片行、圖書館和書局搜尋錄音帶、圖畫和戲劇等可以擴展藝術課程的教材，使教學內容涵蓋的層面更寬廣豐富。

在書架旁的小桌上，羅拉正將一位孩子說的故事寫下來，那是關於一顆神奇植物的故事，似乎是從《傑克與魔豆》得到的靈感。羅伯特想到愛莉森和傑德所製作的這一類小書——從極富想像力的故事，到很務實的建議，以及各類經驗和議題：鬼、寵物、街坊鄰居、遊民、動物、朋友、受冷落的人、總統應該做的事、如何解決各種能源和污染問題等等。不久前的一天晚上，他坐下來翻閱珍藏

在書房架上所有愛莉森和傑德寫的書。對流露在書中的信心、希望、愛心和想像力覺得訝異和感動。

接近中午吃午餐的時間了。過去幾年來，午餐一直是家長和老師熱烈討論的主題。沒有人喜歡在吵雜的食堂用餐，在那裡，孩子們吃了飯後立刻迫不及待地跑到外面去玩，甚至根本沒有將食物吃完。而且，午餐時間常會出現孩子們找人頂罪或互相排擠的情形。儘管午餐輔導員想盡了辦法，某些座位還是難以避免的非常「搶手」，當有的孩子想要坐在那裡時，往往會遭到其他同學的拒絕。然而，在同一個時間和地點供所有的孩子用餐，從時間和金錢方面來說，顯然是較有效率的。今年他們嘗試做了一項改變，讓大家在自己的教室用餐。由高年級的孩子負責協助分送和收回食物，這項工作讓他們覺得既自豪又有趣。他們之中有許多人的弟弟妹妹和朋友讀低年級班，更讓他們樂意運送餐點到這些班級。老師們也說，雖然有些手忙腳亂，孩子們仍從中學會了負責任，並藉著跟準備餐點的工作人員合作，他們了解到學校裡各項工作的職責，而且更尊敬從事這些工作的人。每間教室裡都配有適當尺寸的掃帚、拖把和海棉，孩子們飯後必須輪流清理教室。老師們為準備用餐（像是合力挪動桌椅）和打掃教室設計了一些合作性活動。以前負責督導午餐的教職員現在則幫忙指導打菜分配的程序，並且也參與餐後活動的規劃。他們受過一些合作性遊戲的訓練，在餐後活動的前十分鐘裡，他們安排了合作性的遊戲，讓不同組別的孩子在一起玩。最後的十五分鐘孩子們可以自由活動。輔導員和老師們都認為，以合作性遊戲作為活動的開始，可以讓孩子們離開自己的教室，去參加團體課間活動時，能結交更多朋友，不再形成排他性的小黨派。

　　這項午餐計畫至今尚未解決的主要缺點是老師沒有相等的休息時間，也沒有機會和同事共進午餐。但無論如何，在家長和銀髮志工積極的參與之下，老師在其他方面得到更多支持，並且在一天之中有很多跟其他成人談話的機會。事實上，有些不習慣辦公室八卦文化的老師，反而很歡迎這項措施。但是也有老師表示，失去和同事共進午餐的機會很可惜，所以這個問題還沒有完全解決。葛羅莉雅考量各方意見，認為或許最公平的辦法就是每年輪流在教室或食堂用餐。

　　葛羅莉雅校長通常會和當天在學校的所有家長及銀髮志工一塊兒吃午餐。她發現這是很好的溝通管道，可以了解家長和社區人士所關心的事、試探新觀念的接受程度，或針對學校所面臨的各項問題諮詢他們的意見。原本老師們對這些午餐聚會感到不安，怕家長們會趁機抱怨某些老師或評論特定的小朋友。於是校長和教師及家長代表們對於午餐聚會中可以談和不宜討論的話題，制定出非常具體明確的規則，消除了大家的疑慮。基本上，他們可以探討學校政策、活動、和一般性的問題，但不宜針對個人——包括教師、家長或孩子做評論。其實葛羅莉雅校長對於行政部門這樣安排她的時間也曾頗感困擾，因為如此一來她就無法出席一些行政會議。但她還是排除萬難，現在其他學校的校長也開始做類似的規劃。這項措施的一個缺點，就是無法定期參與學校活動的家長只好錯過這些對話的機會。通常這類家長的工作時間較無法彈性調動，以及／或者小孩乏人照料，以致沒辦法在上課時間到學校來。為了製造和這些家長見面的機會，葛羅莉雅為無法參加午餐聚會的家長舉辦一個月兩次的早餐聚會。她也注意到很多家長因為各式各樣的理由，而對於

參加學校活動感到很不自在，也就不會出現在午餐或早餐聚會，但這些家長才是她最需要去主動接觸的。她正在考慮幾個方案，像是在地方上的社區活動中心和國宅舉行早餐聚會。

今天葛羅莉雅和家長及銀髮志工對能力分組的議題有頗熱烈的討論。她和很多老師希望能消除能力分組，雖然有不少家長表示支持，但其他家長則激烈反對。從他們的討論中，羅伯特感覺到這幾年下來，大家都已學會了如何進行辯論。剛開始每當有人持反對意見時，大家不會在團體中多說什麼，卻在事後向別人批評抱怨，並做人身攻擊以示抗拒。為制止這樣的風氣，葛羅莉雅請一些專業的帶領人來主持會議和小組討論，並訓練家長和老師利用彼此認同的觀點，以促進會議的進行。現在經驗比較多了，家長和老師已經知道如何更開放地表達他們的想法和感受，如何尊重並傾聽別人的意見，而非表示不屑或只顧著反擊。討論的過程中，羅伯特相當安靜──他認為這是一個矛盾的議題，多聽聽別人的意見是很有意思的。理智上，他贊同葛羅莉雅，也的確體認到能力分組──甚至是將「能力」認定為把一個人的潛力當作靜止狀態來測量的這個概念，都與學校的所有目標互相牴觸。然而，他也發現，擁有一對優秀兒女的自己，並不願意抹煞孩子的傑出，而要去擔心他們的能力沒有被充分的激發出來。「有時我還是不能完全實踐自己的想法。」他懊惱地嘆了口氣。每個人都充分發表他們對能力分組的看法之後，葛羅莉雅提到附近另一所學校有一些實驗性的班級沒有實施能力分組，建議家長們到該校參訪、觀察、跟老師談談、聽聽老師的想法。羅伯特在心裡盤算著下個禮拜去看一看。那兒離他的辦公室很近，也許他可以在上班途中順道去參觀一下。葛羅莉雅接著提到即將被

刪減的預算會對所有學校產生一些影響，包括他們這一所。幾位家長提議聯合其他學校的家長委員會（教師和行政人員依規定不得參加），以公開這些問題，並將資料整理出來，讓選民了解學校需要他們的錢，並會善用這筆經費。

午餐後，羅伯特重新回到幼稚園，孩子們剛從餐後活動回來。他們進入教室，在毯子上躺了下來。當每個人安頓下來，羅拉請他們閉上眼睛，然後播放了一段輕柔的音樂。她引導孩子們感受身體的各個部位，做緊繃和放鬆的動作。她一面做，一面提醒小朋友他們的身體是多麼的強壯和美好，多麼值得好好愛惜。她以溫柔悅耳的聲音告訴孩子，他們在園裡栽種的食物，如何能使他們變得強壯和健康——因此必須好好愛護土地，讓所有的人類、動物、湖泊和河川都能保持健康的良好狀態。羅伯特閉著眼睛坐在附近的椅子上，心靈在落日和瀑布的美景間悠遊，感到十分舒暢。當羅拉請孩子們慢慢坐好、準備聽故事時，他還覺得意猶未盡呢！

羅拉和小朋友們分享的是 *Working Cotton*（Williams, 1992），描述非裔美籍的移民勞工家庭的故事，全家——包括小孩子，都必須整天在大太陽下採棉花。故事說完，孩子談論到他們也在園圃裡頂著太陽工作，不過幾分鐘之後就可以進教室，涼快一下。一些孩子問如果故事裡的孩子整天都在棉花田裡工作，他們怎麼上學呢？羅拉在小朋友們發表完後做總結：「在園圃裡工作對我們來說是好玩又有趣的事，但對許多人而言，在田裡工作必須忍受酷熱，非常艱苦，況且他們得到的報酬常不敷所需，就像我們今天早上所討論的那樣。這也就是為什麼很多像 Cesar Chavez 和 Dolores Huerta [②]這樣的人，要持續不斷地努力爭取，讓地主對田裡的工人好一點，給他

們多一點工資。」

　　說故事時間結束後，愛莉森班上有一小段午休，所以羅伯特上樓到傑德的三年級教室去看看。這個班級一年來都在探討「水」的主題。他們已經研究過海洋、河川、氣候、灌溉和水壩等子題。秋天的時候，傑德帶著各式各樣的統計資料和維護水資源的技術回家，向羅伯特及愛莉森示範如何以省水的方式洗盤子和刷牙。他催促羅伯特花一個週末在洗手間和淋浴間安裝節水設備。目前班上探究的是污染的問題。

　　當他進入教室，映入眼簾的是一大張世界地圖，上面插著不同顏色的大頭針。傑德解釋，不同的顏色就代表不同類型的水污染；當他們調查到不同的水污染，就會插入大頭針。傑德指著地圖上那些落後的地區和國家，強調這些地方的大頭針插得格外密集。而羅伯特注意到牆上貼著一幅正在進行中的圖畫，將污染和富裕程度之間的關聯表現得淋漓盡致。他們畫的是傲慢的有錢人用巨大的吸管吸取乾淨的水，惡形惡狀的工廠將廢水倒入湖泊和河川裡，河岸邊則是窮困的人民和垂死的樹木。羅伯特記得大衛老師對群眾抗爭藝術的研討會非常熱衷，顯然他已將某些觀念應用在他的班級裡了。

　　地圖的下方擺放著幾份孩子們對各種水污染及其對人類和自然生態的影響所作的報告。看完其中一部分之後，羅伯特對照這些作品和自己三年級時所讀所寫的報告，不禁笑了──那些多半都是枯燥乏味的內容，和沒完沒了的工作紀錄。他想起實施新制閱讀課程和數學課程時，所引起的一些討論。這些課程強調利用數學和閱讀能力對生態環境和人類正義的議題進行調查和分析，並提出報告。有些父母十分在意他們的孩子是否學得了基本能力，那也是他們要

抵制消除能力分組的原因之一。他們似乎希望家長和老師能保證每位孩子都在督導下學得他們所必備的能力。羅伯特一面看這些報告，一面想：「看起來這些孩子的數學和閱讀能力發展得很好，也知道如何應用在實際生活上，或許我們不需再堅持能力分組，而以這種專題報告的方式來檢驗並加強孩子的能力。」

羅伯特信步走到孩子們正在發明淨水器的角落。他訝異於孩子們能夠運用各式各樣的方法和材料。部分濾水器是以各種天然的和人造的材質製成的——有些利用移動的原理使水產生氧化作用，有些則完全不知其所以，但看起來很有趣。教室四周貼滿了互相對照的圖片——佈滿垃圾的海灘和潔淨原始的海灘，健康的森林和遭酸雨破壞的森林，以及其他污染的例子。

羅伯特走進圖書區，看到許多令人心動的藏書，包括有關水的專業資訊——像是檢測水質、保護水資源的方法、天氣型態的影響——還有與水有關的民間傳說和冒險故事。大衛老師走過來謝謝羅伯特協助班上找到「潔水小子」這個網路公佈欄。他指著一疊報告，說他從網路公佈欄列印了一些孩子們找到的短文，非常有趣。他們也貼了一些自己的文章上去。大衛離開後，羅伯特翻閱這些書和文章，深深地被吸引，不知不覺忘了時間。

羅伯特突然注意到教室裡的每位孩子已收拾妥當，準備觀賞一部由他們在墨西哥、也在研究水污染的三年級姊妹班寄來的短片。這部影片以英語和西班牙語旁白，呈現河流乾涸和氾濫的情景，畫面中的小朋友們討論著如何在實際降雨僅四到五個月（六月到十月），其他時間只有零星雨水的地區，進行維護水資源這樣艱難的工作。他們並演出阿茲特克人（Aztec）的雨神——Tlalc 的傳奇故

事，然後是一齣關於當地污染問題的短劇。墨西哥小朋友們將淤塞的河川和受到破壞的湖泊表演得生動傳神，讓傑德和同學們開懷大笑。最後，呼籲大家一起整治河川和湖泊時所唱的搖滾歌曲「我們一定做得到」，更讓傑德及同學們大感振奮。

影片播放完畢，大衛老師發下一張紙讓孩子登記，以便將影帶借回家放映給父母和兄弟姊妹欣賞。他對羅伯特說這是孩子的提議，幾乎所有的家長表示他們也想看看這個由姊妹班寄來的影帶。接著他提醒小朋友，再過幾個禮拜，他們也該寄影帶去墨西哥了，問大家對於影帶內容是否有初步的構想？趁他們熱烈討論時，羅伯特悄悄退出，回到愛莉森的教室。

幼稚園的師生和志工們正進行每日結束時的例行工作──包括孩子、老師、參與教學的家長，和銀髮志工在內的每個人，可以提出隔天要討論的議題、讚美或感謝某個人、分享自己當天最高興的事。最後，羅拉對一天所有的活動做總結，感謝家長和銀髮志工的支援，並洽詢他們再次來訪的時間。然後大家手牽手，唱著「長高一吋又一吋」，那是一首關於種植的歌，以及「De Colores」，一首表現春天色彩繽紛的墨西哥民謠，這也是農民工會為了替農民要求更多權益，而守護土地和儲糧時，所唱的其中一首歌。接著孩子們很快地穿上毛衣、背起背包，去排隊等車、上課後輔導，或步行回家。

羅伯特和愛莉森留下來，和羅拉及其他支援的家長和銀髮志工開例行的簡短會報，討論當天所發生的事情。她請大家提出對當天活動的看法，談談班上整體的表現如何。通常羅拉或其他成員之一會描述當天所碰到的小插曲及處理的過程，並尋求更適當的解決方

法。在學期之初，羅拉就說明他們可以談論已發生的事，但基於尊重隱私，不宜談及特定小朋友正面臨的問題，或臆測他人家務。

羅伯特跟大家分享梅莉莎和安德莉亞的互動情形，令人感到安慰的是大家都認為他處理得很好。羅拉謝謝他提出這件事，讓她也能留意對棕色皮膚帶有貶抑意味的言論，並利用顏料、照片和書籍進行一些活動，導正孩子對棕色皮膚與污泥的聯想。接著羅伯特和蘇珊談起約書亞和戴瑞爾之間的衝突，並描述整個事情的經過。每個人都同意他們已做了適當的處理，但如果約書亞能更明確地反省到自己掀起爭端的挑釁行為就更圓滿了。羅拉建議他們可以鼓勵戴瑞爾更具體地說出當約書亞一開始批評時，自己的感受如何。大夥兒都認為種植活動大致上進行得很順利，相關計畫也因為有好的開始，而有完美的結尾。他們繼續討論如何詳細記錄以不同的土壤、水和陽光所進行的實驗，才結束這次會議。

會議結束後，羅伯特和愛莉森在校門口外跟傑德會合。兩個孩子下午都要練足球──可是不但時間上有衝突，還分別在兩個不同的練習場。羅伯特很快地和孩子們商量出誰要在什麼時間、到哪個地點，他又該怎麼挪出時間去店裡採購今晚餐會的食材。幸好傑德可以從學校直接騎腳踏車到練習場（他先前正好將腳踏車放在朋友的車裡）。羅伯特心裡盤算著先和愛莉森回家，再開車送女兒去練球。採買完畢後，先接傑德，再去接愛莉森。這樣安排有一點兒趕，但是……「如果有安全的腳踏車專用道可以到達這些地方，」他想，「就不必只為了送兩個孩子去練球而浪費汽油，為接送問題傷腦筋了。」他打算在今晚社區聚餐的時候提出這個想法，看看他們是否能為了往返春季剛開始的足球練習，建立一套共乘制度。

他和愛莉森騎著車回到家，然後整個下午就為了足球課、採買食物和其他瑣事忙得暈頭轉向。終於，大家都在六點以前回來了。羅伯特和孩子們很快地洗萵苣、切菜，為晚上的聚會做了一大盤沙拉。那是每月舉行一次的「圓滿未來之家」（Families For a Full Future）餐會，由於名稱的四個字首都是「F」，他們打趣地簡稱「4F俱樂部」。這團體由大約五十個各種不同種族、文化、社經背景和年齡層的家庭所組成，他們都致力於追求更合理健全的生活，並反對剝削人類和自然資源。為了戒除白天大採購、晚上看電視的習慣，他們平日在市內的各個地區辦理聚餐、音樂會、健行、專題討論會等活動以互相支持。每個家庭每年負責主辦或安排一項活動。通常會結合二至三個家庭的力量，合作舉辦二到三項活動。每月一次的餐會後，他們安排孩子們欣賞當地演奏者的音樂會，或是進行藝術、舞蹈等課程。大人們則聚在一起研討會務，然後分享各種生活上的喜怒哀樂，為彼此提供鼓勵和建議，期使大家能夠擁有更和諧的生活，並為建立一個更公正的社會而努力。羅伯特很清楚，若不是從這個團體得到支持，他也沒有勇氣做出縮減工作時數的決定。

今晚幾位家長談到照顧高齡父母的為難，老人家們想要維持獨立，但實在已無法照顧他們自己了。一位數年前來自泰國的女士表示，她仍無法相信美國人民怎麼會「拋棄」自己年邁的父母，而不是尊重他們，向他們學習。大家開始思索如何讓長輩融入家庭生活，又避免讓原本已過度負荷的家庭增加負擔。有些人根據他們在其他國家和地區的所見所聞提供建議。幾位目前正面臨老人照護問題的成員們決定多聚聚，針對此一問題交換心得，或許可以結合大家的力量，想出各種解決方案，以滿足老人家們的需求，又不致於讓他

們隔絕於家人和社區之外。

一位女兒曾參加二年級「市內受污染地區調查活動」的家長建議，4F俱樂部中一些到學校協助教學的成員可以對這項研究加以推廣——「我們可以把調查結果張貼在市府大廳，」她以詼諧的語氣說——「對市政府施壓，督促他們將這些地區的淨化及維持工作做得更確實。」一些家長附議，於是成立三人小組與老師商談。

羅伯特提出練球的交通問題，其他家長則抱怨車子在街上橫衝直撞，根本無視於孩子的安全。有位家長提起參加足球課程的費用提高了，她認識的好幾位小朋友也因此將無法再去練球了。一位擔任足球教練的媽媽表示她可以和主辦人談談，是否能將練習時間調整到較方便家人接送的時段，並設立彈性的繳費方式或獎學金制度，讓想玩球的小孩不會為了經濟因素而放棄練習。羅伯特傳下一張紙，讓有意願參加共乘計畫的家長簽名，並說他會負責時間表的安排。有些成員宣佈下個月市內有哪些活動、會議、遊行和募款活動。接著，會議召集人提醒大家4F俱樂部在下個月所舉辦的活動，並確認下次餐會及家長聚會的日期。正式的會議至此結束，家長們三三兩兩地聚在一起談談孩子們和個人的問題，直到九點半才逐漸離去。

在回家的路上，羅伯特和傑德、愛莉森聊起過去這一年他們的生活產生了多大的變化。「是啊！一年前我們可以去購物中心、買些新CD、逛逛新的立體音響設備、吃披薩、看電影。」傑德有些留戀地說。「沒錯，但一年前我可不一定能準時下班帶你們出門，就算成行，也可能會緊張兮兮地吃披薩，電影看到一半就睡著了，更無法整天在你們學校幫忙了。」老爸提醒他。「我知道！我知道！」傑德說。「可是班上只有我還沒看最近剛上映的那部電影，

真的很沒面子耶！」「我了解，」老爸同情地說。「但，第一，我知道你班上還有很多小朋友沒有去看這部新片，因為我跟他們的父母談過了，所以你並不是唯一沒去看電影的孩子。再說，那些看過的同學覺得這部片子怎麼樣呢？」「他們說真是帥呆了，有外星人……」傑德滔滔不絕地說完後，羅伯特笑道：「聽起來你不需要去看這部片子嘛，你已經知道整個故事了。說正經的，聽你的描述，它好像跟過去三集一系列你已經看過的片子真的不太一樣喔？」「也不是！」傑德慢慢地說：「但是我實在很想看嘛！」「我知道你想，如果有人邀請你一塊兒去，我會讓你去的。但想一想製片商們是如何利用你們這些小孩的。他們將同樣的故事一拍再拍，好哄騙你們進戲院，把你們的錢放進他們的皮夾，一路得意地笑著去銀行。所以，與其認為自己是少數沒去看電影的人之一，不如把自己當作是少數沒上當的人之一，沒有讓你的錢交給一幫貪得無厭、只想從你這樣的小孩身上賺更多錢的人。」「好啦！好啦！」傑德小聲地笑起來。「您說話的語氣開始像學校的老師了。有一天，大衛老師提出一些跟這部電影有關的問題，我們討論後才了解到它的確帶有性別和種族上的歧視──可是小朋友們還是愛看。」「這確實是個問題，」老爸輕拍兒子的腿。「明明知道是會傷害到別人或環境的事，卻還忍不住想去做是很難受的。在我的生命中有很多讓我滿足的事物──足夠的錢、很棒的房子、好的車子、旅行──但是想想我們用掉了這麼多汽油和瓦斯，而且我們所擁有的這麼多，有些人擁有的卻少得可憐，這種情況讓我越來越感到不自在。」「你不會是打算賣掉房子、辭去工作吧？」傑德用帶著擔憂的語氣問。「喔！不……，不會是現在，」羅伯特溫和地說。「但我真的希望繼續尋求

更好的生活品質——我不是指得到更多物質，而是更透徹地了解為什麼有些人擁有的比別人多，我們又如何讓這個國家和這個世界更適合每一個人。」

羅伯特沉默了幾分鐘。「這是一條新的路，一條比較不習慣走的路。但幸好這一路上我們有很多好朋友——你的老師，我們的4F俱樂部，學校裡其他孩子的家人，我們都朝同樣的方向前進，說不定，只是說不定，我們將會創造不一樣的未來。」他看看身邊，發現他在自言自語，傑德已經隨愛莉森進入夢鄉了。

註釋

①譯者按：Cesar Chavez和Dolores Huerta都是墨西哥裔美國人，美國著名的勞工領袖。前者組織了全國農民協會，為農民爭取合理工資和權益帶領過多次罷工，引起政府對此問題的重視。後者擔任過聯合農民工會的首位副總裁，為移民農業勞動者的公義和尊嚴奉獻了三十多年。

②同註①。

好 書 推 薦

許多書籍對存在於自然環境裡,以及人類和大自然之間的蓬勃互動均有所描述,並且說明如何透過不同的文化觀點來詮釋這樣的關係。以下所列舉的書籍就是其中的一小部分。

Andrews, J., & Wallace, I. (1995). *Very last first time.* New York: Atheneum.

本書透過一位趁著浪潮捲起時,到冰凍的海水下捕撈淡菜的愛斯基摩小女孩,帶領讀者到一個曼妙的海底世界。這本書也是孩子們克服恐懼、為家庭奉獻的範例。

Asch, F. (1995). *Water.* San Diego: Harcourt Brace & Company.

一本介紹各種水資源的書。幫助孩子思索我們對水的依賴,以及水對我們日常生活的重要性。

Cherry, L. (1992). *A river ran wild: An environmental history.* San Diego: Harcourt Brace & Company.

追溯新英格蘭Nashua河的歷史。自美洲印第安人沿著河邊捕魚和生活,歷經工業革命期間和之後遭受污染的情形,到近來的

淨化和整治，以及目前作為休閒場所的過程。

Griese, A. (1995). Ragins, C. (Illus.). *Anna's Athbaskan summer.* Honesdale, PA: Boyds Mills Press.
描述原住民如何和他們的自然環境和諧相處，如何以聰明而不恣意濫用自然資源的方式捕魚。書中也包括現代的原住民如何結合他們的傳統與現今科技的許多例子（例如電動船和救生衣）。

Hoyt-Goldsmith, D. (1993). Migdale, L. (Photos). *Cherokee summer.* New York: Holiday House.
本書生動地描寫一位卻洛奇族（譯者按：北美印第安人的一族）小女孩和家人的夏日活動，帶領讀者認識如何將傳統與現代的生活方式結合，以維護他們原始的社會，並與自然環境融為一體。

James, B. (1994). Morin, P. (Illus.). *The mud family.* New York: G. P. Putnam's Sons.
一個虛構的故事，描寫旱災對 Anasazi 家族的影響（很久以前的人類，居住在現今美國的西南部），他們如何適應缺水的問題、如何想辦法帶來雨水。

Kerven, R. (1989). Waldman, B. (Illus.). *The tree in the moon and other legends of plants and trees.* New York: Cambridge University Press.
包含各種文化的民間故事選集，讓讀者認識不同的文化如何呈現類似的主題（例如魔法和精靈與植物和樹木的關係）。

Orr, K. (1990). *My grandfather and the sea.* Minneapolis: Carolrhoda.
　　顯示恣意剝削自然環境與人類的相互關係。陳述者的祖父（住在加勒比海的聖露西亞島）捕魚數十年之後，無法再繼續他的工作了。因為更大、更機械化的船隻已將那一帶的漁場捕撈過度。他只好另謀生計。本書描述失業引發的沮喪，以及人類和其賴以為生的自然環境遭到破壞之後，所導致極具毀滅性的結果。

Parsons, A. (1992). *Make it work! Earth.* New York: Thomson Learning.
　　本書收集了許多活動來示範並說明氣候、土壤和太陽能等自然現象，幫助孩子更具體地理解這些現象。

Radin, R. Y., & Young, E. (1989). Young, E. (Illus.). *High in the mountains.* New York: Macmillan.
　　完美地展現山的各種面貌，以及它們在一天當中的變化情形。有效地讓孩子們意識到日常的生活節奏。

Ranger Rick. Vienna, VA: National Wildlife Foundation.
　　這本受歡迎的兒童雜誌刊載了許多探討環境的各個面向，以及與環境惡化有關的文章和故事。

Reynolds, J. (1992). *Far north.* San Diego: Harcourt Brace Jovanovich.
　　描寫斯堪地那維亞半島北部地區放牧馴鹿的生活方式，但目前這種動物由於土地和水源遭到污染，已瀕臨絕種。

Ryder, J. (1996). Gorbaty. N. (Illus.). *Earthdance.* New York: Henry Holt

& Company.

引導孩子想像自己是地球，透過舞蹈體驗地球和人類的關係，以及和人類與大自然之間的連結。本書以較浪漫的方式表現這些關聯性，避免觸及貧窮和環境惡化的議題。

經濟

有些書可以幫助孩子不受到生活周遭充滿消費主義資訊的影響。列舉如下。

Flourney, V. (1985). Pinkney, J. (Illus.). *The patchwork quilt.* New York: Dial Books for Young Children.

本書提供很好的範例，可以將舊材料變成美麗又實用的物品。書中也描寫一個溫馨的非裔美籍家庭互相幫助，在縫製拼布被子的工作中找到樂趣，因為裡面充滿了回憶。

Hughes, S. (1991). *A tale of Trotter Street wheels.* New York: Lothrop, Lee & Shepard.

在這個發生在英國的故事中，卡勒斯羨慕朋友比利的新腳踏車，而對媽媽無法供他買車感到不開心。他的哥哥利用回收的材料做了一輛車給他，結果這輛車比新車還炫呢！

Williams, K. L. (1990). Stock, C. (Illus.). *Galimoto.* New York: Lothrop, Lee & Shepard.

這是一位住在馬拉威的小男孩的故事，他從村民們那裡收集了鐵絲，想要做一輛鐵絲推車。那是由鐵絲做成，可以用一根長

棍子推著走的小車子，也是村裡最受喜愛的玩具。他在製作這輛車時所展現的耐心和創造力，以及自己動手的成就感，能夠有效地導正孩子們總是想買新玩具的心態。

許多書將人們的工作，例如醫生、農夫和消防隊員描繪得太過傳奇了。下面的書對於工作的介紹有較為寬廣和實際的觀點。

Mitchell, M. K. (1993). Ransome, J. (Illus.). *Uncle Jed's barbershop.* New York: Simon & Schuster Books for Young Readers.

故事敘述一九三〇和一九四〇年代，一位四處為人理髮的非裔美籍理髮師，為了幫助家族和社區的人，而擱置了想開一家理髮店的夢想。這個故事把種族歧視所產生的影響個人化了。

Williams, S. A. (1992). Byard, C. (Illus.). *Working cotton.* San Diego: Harcourt Brace Jovanovich.

本書透過一位小女兒的眼睛，帶領讀者進入一個非裔美籍家庭採棉花的故事。書中傳達出強烈的家庭凝聚力及相互扶持的可貴，同時生動地描繪移民勞工普遍的艱難困頓，特別是童工的部分。相對於很多童書中將農場生活描寫得愉悅活潑，本書則呈現出強烈的對照。

種族及文化的一致、相似和相異，以及跨團體的關係

不少書籍以不同的族群和生活方式為主題，探討種族和文化的認同、不同族群間的相似及相異之處等問題，還有文化斷層、偏見和刻板印象的經驗。在此僅提供眾多這類書籍的其中一部分例子。

Angelou, M. (1994). Courtney-Clark, M. (Photos.). *My painted house, my friendly chicken and me*. New York: Clarkson Potter.

收錄許多現今南非人的影像。最值得注意的是他們鮮艷的服飾和社區房屋,與學童們灰褐色學校制服之間的對比。

Castaneda, O. S. (1993). Sanches, E. O. (Illus.). *Abuela's weave*. New York: Lee & Low Books.

敘述一位瓜地馬拉小孩和祖母賣力地以他們的編織品與廉價機器製品競爭的故事。他們也擔心祖母臉部輕微的缺陷會影響潛在的顧客。所以本書同時可以激發孩子討論人們對殘障或外形毀損的人士會如何反應。

Coutant, H. (1983). Vo-Dinh Mai. (Illus.). *The gift*. New York: Knopf.

這是關於一位年輕的越南女孩——安娜的動人故事,她和年邁的鄰居娜娜成為好朋友。她們每天聊個不停,安娜也因此知道了這位老婦人一生中的許多故事。當娜娜生病而且失明的時候,安娜幾乎承受不住。但她仍想到送給好友一個很棒的禮物:她為娜娜詳盡地描述周遭自然環境的美麗,每天、每個季節的景物變化,這些是娜娜最喜愛的事。這個故事也可用於引導語言的藝術活動,讓孩子想一想如何對盲人描述他所看到的事物。

Cowen-Fletcher, J. (1994). *It takes a village*. New York: Scholastic.

故事描述一個西非貝南(Benin)小孩在村內的市場裡閒蕩時,被許多人照料的情形。本書將非洲諺語「動員整個村莊來養育一個小孩」有名副其實的闡釋。

Davol, M. W. (1993). Trivas. I. (Illus.). *Black, White, just right.* Morton Grove, IL: Albert Whitman.

一位黑白混血的女孩敘述她的父母在外表和喜好（例如不同的食物）上有怎樣的不同。她發現自己和父母親多麼相像，同時也多麼的獨特。

de Paola, T. (1979). *Oliver Button is a sissy.* New York: Harcourt Brace Jovanovich.

闡述不符合傳統性別角色的孩子常常遭到同儕的欺侮。奧利佛喜歡上舞蹈學校勝於踢足球，因此被同學嘲笑。但是在當地的新秀選拔會中展現了他的舞蹈天分後，同學們終於改變了對他的觀感。

Dorros, A. (1991). Club de Madres Virgen del Carmen of Lima, Peru (Illus.). *Tonight is Carnaval.* New York: Dutton.

敘述在 Andes 的一個村莊為節慶做準備的情形，對音樂和人們合作的細節上都有相當吸引人的描寫。

Dorros, A. (1991). Kleven, E. (Illus.). *Abuela.* New York: Dutton.

關於一位波多黎各裔的美國小朋友的奇妙幻想，她和祖母跟鳥兒們一起飛到城市的上空，從「鳥」的眼光來看所有的景物。當她述說這個故事的時候，雖然西班牙語和英語交雜使用，但即使讀者不懂西班牙語也能了解其中的意思。這本書也提供了一些動人的視覺範例，表現從不同生理和文化的優勢觀點來看世界的樣貌。

Dorros, A. (1992). *This is my house.* New York: Scholastic.

藉展示各種──包括窮人和遊民房屋的圖片，發展比較異同的主題。本書介紹不同語言的房屋名稱，並說明各種類型房屋的建築方式和理由。

Gray, L. M. (1993). Rowland, J. (Illus.). *Miss Tizzy.* New York: Simon & Schuster.

敘述一位非裔美籍、極受敬愛的老婦人和她大多為白人的鄰居小孩們之間的故事。娣姿小姐穿著綠色網球鞋，喜歡輪式溜冰，讓她的花草隨意生長。相較於街頭毫無生氣、過度修剪的草坪，她的花花草草顯得熱鬧繽紛。當她生病的時候，附近的小孩們都來為她做些令她開心的事。

Isadora, R. (1991). *At the crossroads.* New York: Greenwillow Books.

說明在南非的一個小鎮上，儘管生活困苦，但他們對家庭的忠誠和天倫之樂仍十分重視。孩子們從中央供水口提水到家裡，以及用大桶子洗澡的景象，與我們理所當然地在家裡使用自來水，是很鮮明的對比。

Jenness, A. (1990). *Families: A celebration of diversity, commitment, and love.* Boston: Houghton Mifflin.

一本照片和短篇自傳的選集，說明美國各種不同的生活方式和家庭組合。也是少數為孩子寫的，公開討論同性戀家庭生活的書之一。

Joose, B. M. (1991). Lavallee, B. (Illus.). *Mama, do you love me?* San Francisco: Chronicle Books.

一段依奴義族（Innuit）媽媽和女兒之間的對話。小女孩想測試媽媽對她的愛，於是問如果她做了不好的事，媽媽會如何反應？孩子的問題和媽媽靈巧的回答，反映出一個很普遍的論點：父母深深地、無條件地愛著他們的孩子，即使是對他們發脾氣的時候。

Kroll, V. (1992). Carpenter, N. (Illus.). *Masai and I.* New York: Four Winds Press.

本書以一位非裔美國小女孩的眼光，想像如果她像馬塞族人（Masai）那樣地成長，會過著什麼樣的生活？或許她能讓祖先免於被綁架、當奴隸。

Morris, A. (1992). Heyman, K. (Photos). *Houses and homes.* New York: Lathrop, Lee & Shepard.

本書以照片介紹世界上許多地方，和不同社會階級的各種類型的房屋。

Nye, N. S. (1994). Carpenter, N. (Illus.). *Sitti's secrets.* New York: Four Winds Press.

敘述巴勒斯坦裔的美國小朋友去中東看祖母的故事。她觀察到並且喜歡上許多跟她在美國的家不一樣的事物。她回到美國寫了一封信給總統，告訴他祖母的故事和她對世界和平的渴望。

Onyefulu, I. (1993). *A is for Africa.* New York: Cobblehill Books (Dutton).

本書是一本以既生動又意義深遠的方式，讓孩子認識特定文化

的佳作。這本主要介紹奈及利亞伊布族的書特別具有教育性，因為每張照片都附有說明，解釋照片中某件物品或活動的由來及其重要性。

Paek, M. (1978). *Aekyung's dream*. San Francisco: Children's Book Press.
故事敘述一位韓國女孩移居美國，發生了適應上的困難。內容觸及在陌生的文字環境中求生存會面臨到的問題，特別是孤獨和種族歧視等等。因本書以韓文和英文對照呈現，提供孩子不同文字的具體實例。當不識韓文的孩子看到這些文字，而試著去猜測其中的意思時，他們正以一種非常直接的方式去體會書中女主角混亂困惑的感受。

Say, A. (1993). *Grandfather's journey*. Boston: Houghton Mifflin.

Say, A. (1991). *A tree of cranes*. Boston: Houghton Mifflin.
這兩個故事藉由日裔美籍家庭不同世代的經歷，說明生活的富足和哀傷，以及對兩個國家的情感。

Schmidt, J., & Wood, T. (1995). *Two lands, one heart: An American boy's journey to his mother's Vietnam*. New York: Walker.
這是一篇關於一個越南裔美籍家庭回到越南拜訪親戚的生動描述。故事的主人翁是七歲的提傑，他的媽媽在十歲的時候逃出越南，被美國家庭扶養長大，後來嫁給了一位歐洲裔的美國人。

Seuss, Dr. (1961). *The Sneetches*. New York: Random House.
以幽默的方式說明一個團體自認為優於另一個團體所付出的代

價和愚蠢，對於引導孩子討論相關議題相當有幫助。

Silman, R. (1976). Conover, C. (Illus.). *Somebody else's child.* New York: Frederick Warne.

一位充滿愛心的校車司機對於被領養的小孩子們有負面的意見，但後來卻發現一個他很疼愛的小朋友也是其中之一。這故事不僅闡述偏頗的看法所帶來的痛苦和誤解，也流露出長輩和孩子之間具有正面意義的關係。

Surat, M. M. (1983). Mai, V. (Illus.). *Angel child, dragon child.* Milwaukee, WI: Raintree Publishers.

一位猶他州的越南小女孩已經受不了適應美國生活的挑戰，又遭到同學雷蒙的欺侮。經過校長的介入，這兩位小孩了解了如何溝通並且成為好朋友。

Thomas, I. (1979). Toulmin-Rothe, A. (Illus.). *Hi, Mrs. Mallory!* New York: Harper & Row.

描述一位非裔美國小女孩，和一位年邁窮困的白人老婦之間的一段情誼。她教小女孩倒著唸字母，為她講述美妙的詩和故事，烹調美味的食物。小女孩也幫老婦人撿木柴、寫信。老婦人去世時，小女孩非常傷心，幸好老婦人的狗陪伴著她，還有過去的快樂回憶，讓她得到了安慰。

Watkins, S. (1994). Doner, K. (Illus.). *White bead ceremony.* Tulsa, OK: Council Oak Books.

說明文化斷層所帶來的焦慮緊張，然而人們可以在某些方面將

傳統文化與當時所處的環境相融合。一位沒有住在保護區的美國蕭尼族（Shawnee）印第安小女孩，不願學習蕭尼語。她的父母和祖父母打算為她辦一個「白色項鍊禮」，典禮中她將會得到一個蕭尼族的名字。這個例子顯示這項古老的儀式在大家穿著現代服飾、說英語的當今生活情境中，仍然是意義深遠的。當本來應該帶著白色項鍊出席的親戚們在最後一刻無法前來，祖母臨機應變用白色鈕扣和牙線做成一串項鍊，這一段的描寫十分細膩。

殘障

較少書籍以殘障人士之間的友誼為故事題材。

Aiello, B. (1988). Barr, L. (Illus.). *Secrets aren't always for keeps.* Frederick, MD: Twenty-First Century Books.

一位女孩猶豫著是否要在她的澳洲筆友來訪時，讓對方知道她有學習方面的障礙。故事描述她怕被拒絕的心情，還有她偷偷進行的秘密友誼。

Clifton, L. (1980). Grazia, T. D. (Illus.). *My friend Jacob.* New York: Dutton.

關於一位非裔美國小男孩和一位年紀稍長但發展遲緩的白人男孩之間的友情。故事描寫他們為這段友誼的付出，以及從對方身上獲得的成長。

Cowen-Fletcher, J. (1993). *Mama zooms.* New York: Scholastic.

生動地描寫一位坐輪椅的母親和孩子，拿著相機對各種景物近距離拍攝的冒險遊戲。

Steiner, C. (1968). *What's the hurry, Harry?* New York: Lothrop, Lee, & Shepard.

一位喜歡到處參加賽跑的小男孩，從他必須使用拐杖、無法快走的朋友身上學到慢慢走、多花一點時間把事情做好，以及欣賞身邊事物的樂趣。

關於不正義和抵抗力量的故事

有些為孩子寫的書直截了當地闡述不公正的現象和隨之而來的情緒苦痛。某些案例更提出人民起而反抗的遠景，並嘗試開創一個更美好的世界。茲舉例如下。

Chbosky, S. (1988). *Who owns the sun?* Kansas City, MO: Landmark Editions.

由一位十四歲的白人女孩所寫，內容關於一位非裔美國小男孩不斷地問父親誰擁有太陽、風，以及其他自然界的物質和力量。爸爸回答沒有人可以擁有這些東西，它們是讓大家共享的。男孩於是了解到，他身為奴隸的爸爸，卻被另一個人所擁有。剎那間，他痛苦地領悟到自己也被別人擁有。本書一個潛在的缺點是對奴隸生存環境的描述不太符合實際情況。譬如，小男孩談到「起床」（奴隸們多半睡在小屋子的髒地板上），為他父親準備的午餐有肉、豆子、餅乾、派和牛奶〔這可說是一頓罕

有的盛宴,因為奴隸大多吃米飯、肥肉、玉米粉和醃豬肉(Washburne, 1994)〕。無論如何,你可以利用這些描述和孩子討論我們和奴隸生活方式的不同,以及失去了生活中視為理所當然的東西,是多麼難以想像的事。

Cherry, L. (1990). *The great kapok tree.* San Diego: Harcourt, Brace, Jovanovich.

結合行動主義和維護自然資源等主題的一個故事,敘述動物們如何共同說服樵夫不要砍伐雨林裡的樹木。動物們的論點說明了保護自然環境的各個層面,也可據以安排和雨林及生態系統相關的活動。

Hamanaka, S. (1995). *Peace crane.* New York: Morrow Junior Books.

一篇幻想的詩作,內容是一位非裔美國小女孩聽了一位日本女孩為對抗她因廣島原子彈大爆炸所引起的白血病,盡力摺了至少一千隻紙鶴的故事後,受到了鼓舞。於是也做一隻紙鶴,希望為這都市帶來和平。在她的幻想中,她和紙鶴一起在世界各地飛翔,各地的孩子們也加入她追求和平的行列。

Heide, F. P., & Gilliland, J. H. (1992). Lewin, T. (Illus.). *Sami and the time of the troubles.* New York: Clarion Books.

在貝魯特,戰爭已成日常生活的一部分。本書藉由生活在戰火中的一個家庭故事,反映持續不斷的爆炸使家庭生活受到怎樣的影響,而孩子們又如何在戰亂中仍然想盡辦法玩耍,依舊懷抱希望,為更美好的明天奮鬥。

Leoni, L. (1968). *Swimmy.* New York: Pantheon.

　　一個關於小魚兒們如何共同計畫把大型掠奪者趕走的故事。本書為「合作能讓弱小者變強大」提供了很吸引人的例子。

Winter, J. (1988). *Follow the drinking gourd.* New York: Knopf.

　　描述一位白人廢奴主義者如何幫助奴隸逃到加拿大。書中提供孩子白人反種族主義者的正面形象，對奔向自由的奴隸面對極度的危險和艱困所表現出的堅毅也有個人化的描述。

Wood, T., with Wanbli Numpa Afraid of Hawk. (1992). *A boy becomes a man at Wounded Knee.* New York: Walker.

　　一個關於八歲 Lakota 男孩的真實故事，他在攝氏零下五十度的氣溫中，筋疲力盡地花了六天的時間抵達「Wounded Knee」，那是他的祖先們於一八九〇年遭到大屠殺的地點。這項紀念活動已進行五年了，去修補他們在大屠殺中被毀壞的聖環。書中描寫在面臨極寒冷、痛苦、疲憊所表現的堅毅精神，對不願或懼怕向自己挑戰的孩子們相當具有啟示性和影響力。

Wright, C. C. (1994). Griffith, G. (Illus.). *Journey to freedom.* New York: Holiday House.

　　以一群奴隸中的一個小孩子的角度，敘述他們逃脫的故事。

Yolen, J. (1996). *Encounter.* San Diego: Harcourt Brace & Co.

　　從一位泰諾（西印度群島一個已絕種的印第安種族）小男孩的觀點，陳述他們剛移居哥倫布市的生活，書中描寫泰諾人的恐懼和孤寂，以及西班牙這個侵略者的貪婪。

附錄：種族的脈絡

　　據教育部統計指出，九十五學年度就讀國中小的新台灣之子已突破八萬人，三年後預估將成長至十五萬人。面對這股趨勢，台灣社會該如何因應？教育的決策制定者是否做了完善的準備來迎接這些新台灣人？第一線的老師（包括準教師）們本身是否具有多元文化素養？是否能夠處理班上可能發生的排擠事件？是否能同理新移民子女的處境與感受，進而做好確實而有效的輔導？是否有能力教導一般學生對於不同文化的尊重與接納？再者，一般學生的家長準備好了嗎？因為孩子們可能有機會與新移民的子女相處，家長們又該如何教導自己的下一代具備在多元世界生存的基本能力？「種族的脈絡」一文（本文為原著第三章）雖以美國社會中的白人和有色人種為研究對象，其內容可幫助我們增進對新移民及其子女的認識，並了解兒童對種族差異的想法和反應，因此將這一章節譯附錄於後。

省思

　　自我介紹時，你會提到種族嗎？依我的經驗，亞裔、拉丁裔和非裔美國人比歐洲裔的美國人更常提及這一點。儘管，白人也可能提到他們的種族背景，但他們通常不會以種族做為自我辨識的一個項目。欲進一步探究這個議題，我們不妨問問自己下面這些問題：

我有一種以上的種族身分嗎？或許是因雙親來自不同的族群；或者是因擁有與其他族群共同生活的經驗？我對種族認同最初的記憶是什麼？它經歷怎樣的轉變？我如何看待我的族群？引以為榮嗎？或存在矛盾的情感？我是否偶爾（或曾經）希望自己屬於另一個種族？別人如何對待我的種族？它在媒體上被呈現的形象如何？我對其他族群有何看法？我的親朋好友或鄰居中是否有人屬於其他種族團體？或者我只和相同種族的人來往？我對某些族群的人是否存有僅憑推測的假設性看法？如果我發現我們的新任校長是非裔美國人，或是我孩子的足球教練是華裔美國人，我會有什麼反應？

　　很顯然地，具有白人身分的人們在生活各方面都被賦予種族上的特權。白人社會就是一個「無形的規範」，為其他每一個人的經驗制定標準（Levine, 1994; McLaren, 1994; Sleeter, 1994）。白人通常不容易察覺到他們每天的日常生活中所享有的種族特權（McIntosh, 1995），就像我們將呼吸空氣視為理所當然一樣。

　　雖然我們這些享有特權的人無法知道生活上若是少了它將會是什麼樣子，但是我們可以藉由細微而具體的例子，讓自己有意識地去體會平時在日常生活中所享有的特權。我常常在穿越校園或走在街上時，試著去想像假如我不是白人，眼前這些讓我感到自在的地方會是什麼樣子？我會感受到像回到家裡一樣的歸屬感嗎？看電視時，我也問自己相同的問題。當我的生活與形象在媒體中只被描述成和犯罪與運動有關，那會是什麼感覺？如果所有的主播與記者都是黑人，而且正在描述白人的犯行，我的感覺又如何？如果在電視上看到的都是亞裔美國人的臉孔呢？走進商店時，其他的疑惑也在我心中產生。如果我是拉丁人而不是白人女性，我還會得到同樣殷

勤的接待嗎？他們還會如此欣然接受我的支票或信用卡嗎？

雙重種族兒童（混血兒）的種族認同發展

　　雙重種族的兒童與成人常遭遇額外的挑戰。他們必須面臨一般人對異國婚姻的負面態度，以及他們所屬的兩個種族間相互的敵意。Maria Root 在一九九二年出版的 *Racially Mixed People in America* 一書中，提到許多人們如何經歷與調適這些緊張與壓力的例子。在其中一章，Kich（1992）描述了混血青少年與成人認同發展的三個階段，他將這三個階段與兒童發展的改變結合在一起。無論如何，成人也可能會經歷這些階段。

　　首先，雙重種族兒童開始知覺到「自己和別人不一樣」，而且經常對自己的身分感到困惑。在某些情況下，他們發現自己的不同降低了他們的自我價值，在團體之間也覺得難堪。第二個階段──為了獲得接納而努力，通常發生在青少年時期，其特徵是為了展現忠誠而產生衝突，包括在父母與朋友之間、在社區之間、以及在不同群體的朋友之間。這個階段的人可能認為他們必須選擇他們的某一種身分而放棄另一種，但他們仍因找不到歸屬感而覺得失落。這個階段也正是一個人學習如何理解多元觀點，以及如何成功地與不同團體磋商協調的時候。他們常常自我探索，且想要深入了解美國及世界各地相同處境的人們如何面對他們的生活。

　　最後的階段是對混血身分的自我接納和維護，通常發生在後青春期與成人初期。在這個階段，他們對自己所具有的雙重種族和雙重文化已發展出穩定的自我接納，且不再迴避自己出身背景的問題，

他們可以正向地表達自己，而且在這個階段可能更投入維護他們的權益與正面形象的活動。

所有種族認同發展的理論在某些方面是相似的：人們對事物產生錯覺或誤解，處理因此而引起的憤怒、理想破滅及不適應，從中建立更堅定而實際的自我認同，甚至能夠立志改變種種不平等的狀況。在這個過程中，有時不同族群的人們可能需要暫時分開來，雖然這樣有可能增加對長期種族隔離的擔憂，卻可以提供人們成長的空間。這些理論也帶來願景？期望每個人至少可以試著超越並挑戰自己對某些種族偏頗的態度。儘管我們無法永遠從我們的心中、意識及生活中完全消除種族主義的影響，仍可以努力將其負面結果減至最低。

兒童對種族差異的反應

許多研究者（包括我自己及我的同僚）已訪談眾多不同的研究對象，且採用各種研究法來探究孩子對種族的看法。這些研究尚無法證實種族的概念已被建立，但已足以確認種族差異的存在，儘管充滿著矛盾與對立，種族差異確實限制了人們的生活，也無可避免地形成了孩子最初社交範圍的一部分。

在美國，多數研究者通常藉由娃娃、繪畫或照片以測知歐裔與非裔美國兒童對同種族及跨種族的人有何反應，並做對照。近幾年開始有研究者將研究對象擴及亞洲、拉丁美洲及美國原住民的兒童。由於日漸增加的雙重及多重種族兒童、跨種族的被領養兒童，以及從各種不適用於一般分類方式的種族（例如：西印度移民在體型上

可能類似美國黑人,卻擁有不同的文化)遷徙而來的移民,使得種族的議題變得越來越複雜。因此,我們對於兒童如何面對種族差異的了解仍然是不完整且片段的。無論如何,我們的研究結果可以幫助父母及教師提出較深入的問題,並更敏銳地回應兒童的問題和他們所關注的焦點。

兒童對種族差異的回應牽涉到認知上、情感上、與行為上三個複雜的面向(Katz, 1976, 1982; Sigelman & Singleton, 1986),這也是本文將要探討的主要架構。無論如何,它們通常相互影響且彼此依存。

☀ 幼兒注意到種族嗎?

這是當種族議題被討論時,父母及教師首先會提出來的問題。通常他們會以質疑的語氣來問這個問題:「幼兒真的注意到種族嗎?孩子眼裡只有孩子,他們不會注意到膚色的!」。與這個樂觀的迷思正好相反,幼兒確實注意到種族。嬰兒透過觀察注意到個體之間的差異(Thurman & Lewis, 1979),並在六個月大之前以一致的態度回應種族差異(Katz & Kofkin, 1997)。三或四歲的時候,多數的孩子開始對種族有了初步的概念(Katz, 1976),而且能夠輕易地依照種族來辨別、配對與劃分不同的人(例如:K. B. Clark & Clark, 1947; M. Goodman, 1952; J. D. Porter, 1971)。在小學階段,當他們開始將社交訊息和他們所見到的身體特徵聯想在一起時,孩子們對種族產生了更深的認識(Katz, 1976)。當這個轉變發生,他們就較少依賴「顏色」這個元素,而開始領悟種族差異在社交上所隱含的意義(Alejandro-Wright, 1985)。

　　孩子對種族意識的了解程度和形成時機是有些差別的，而且似乎和他們與不同族群接觸機會的多寡有關（Katz, 1976; Ramsey, 1991b; Ramsey & Myers, 1990）。我們的訪談中，當一位很少與非裔美國人接觸的歐裔美國三歲幼兒看到一張微笑的黑人兒童照片時，表示：「他的牙齒不一樣。」然後他又看了一次，有點猶豫地說：「不、不、不！（停頓）他的皮膚顏色不一樣！」然而，相同年紀，但所住的社區包含各族群的兒童就能夠很快速的將同一張照片中的兒童歸類為黑人。

　　兒童有能力區辨不同的皮膚顏色，也許還包括其他面部特徵，但他們認為種族因素在他們的社交世界裡並沒有那麼重要。研究發現，黑人及白人的學前與小學低年級兒童最常以性別來歸類他人，然後是種族，最後是年齡（McGraw, Durm, & Durnam, 1989）。在孩子對自己和他人的理解中，種族的重要性依他們所處的社會環境、人口數的優劣勢、與其他族群互動的程度和方式而有所不同（Ramsey, 1991b; Ramsey & Myers, 1990; Rotheram & Phinney, 1987）。在一組訪談中發現（Ramsey, 1983），歐裔美國學前幼兒在一個以白人居多的鄉村社區較常以無關種族的生理特徵、而非與種族有關的生理特徵來分類同儕。然而，同一社區的非裔美國兒童總是將黑人兒童歸為一類。在各種族人數比較平均的城市地區，所有兒童都普遍以種族來分類。

　　由於幼兒有一段時期無法將多重特性予以歸類，他們往往會在某個情況下忽略膚色這個元素，卻又在另一個狀況裡強烈地注意到種族的存在。以下是我與一位白人兒童的對話實例：

　　四歲大的大衛（白人）正看著非裔美國兒童的照片，「我想要

把所有的黑人踢出這個工作場所！」他說，同時緊握拳頭。「他們不能夠在這裡，」他叫嚷著：「他們是壞人！如果他們出現在這裡，我會揍他們！」一會兒，大衛從同學的照片中挑選朋友，其中兩個被指定的玩伴是非裔美國人，我無意中觀察到「有些朋友是白人，有些朋友是黑人，」他十分不同意：「喔，不！蜜雪兒是棕色的！」

☀ 兒童對種族有多少認識？

當兒童年齡漸增，他們對種族差異的理解也隨之改變，從他們所詢問的問題當中就可以看出來（Derman-Sparks, Higa, & Sparks, 1980）。幼兒通常詢問有關膚色差異等非常具體的問題，譬如：膚色差異是如何產生的？那些膚色會永遠維持那樣嗎？六到七歲的孩子會思索更複雜的狀況，例如：如何界定雙重種族的種族。他們也提出與種族差異有關的不平等現象等等更明確的問題，像是媒體上對某些種族負面的與不公平的處理方式。

兒童對種族差異理解方式的轉變，在某些方面與他們對物理現象了解程度的變化類似（A. Clark, Hocevar, & Dembo, 1980; Ramsey, 1986b）。首先，兒童認為這種差異是超自然或萬能的外力所形成的（是上帝讓他變成這樣的）。然後，他們用不合情理的因果關係來解釋（我睡了一覺，醒來就變成黑人了）。第三個階段，他提出不符合自然法則的解釋（因為他在非洲出生）。最後，孩子才能夠明白「有些人生來就是這樣」。

孩子無法了解種族是不可改變的特徵，一直要到他們發現性別的永久性（通常在四歲到六歲之間），懂得就算換了髮型和衣著，性別這項生理特徵仍是不會改變的（Katz, 1976; Ocampo, Bernal, &

Knight, 1993）。膚色的深淺層次可能使種族的區別比定義明確的性別差異更令人困惑（事實確是如此）。幼兒往往將膚色的差異和他們所觀察到或經驗到的顏色變化搞混了，例如在日曬、上色或染色的過程中，顏色變化的通常是由淺到深。從我對孩子們的訪談中發現（Ramsey, 1982），幾乎所有四到五歲的幼兒都相信，每個人天生就是白色的，黑人是被塗上顏色的、被太陽曬的或被弄髒了。只有一位非裔美籍幼兒另有一番見解。他說：「如果這些白人小孩保留住他們的皮膚，他們就會是黑色的，而且像我一樣黑得發亮！」

兒童透過種族自我認同嗎？

兒童對種族認同的發展跨越族群和歷史階段而變化。在許多早期的研究中（例如：K. B. Clark & Clark, 1947; Morland, 1962; Radke & Trager, 1950），歐裔美國兒童從未表達想要當黑人的意願，但非裔美國兒童經常表現出他們想當、甚至相信自己是白人。M. Goodman（1952）在同一時期所寫的作品中提到一個令人心痛的例子，一位在以白人為主的托兒所就讀的非裔美國幼兒對她的朋友保證說：「今天早上我刷了又刷，我的皮膚就快要變成白色的了！」（p. 56），這種情節並非只發生在非裔美國兒童身上，西班牙作者 Richard Rodriguez（1981）在他的自傳中，也描述了孩提時期如何用父親的刮鬍刀努力地刮去自己身上的深色皮膚。

一九六〇年代以降的研究認為，非裔美國人的正面形象已較明顯地出現在學校及媒體中，家庭與社區也努力地倡導，這些可能都有助於減少上述對種族的偏頗態度。有些研究（例如：Cross, 1985; Farrell & Olson, 1982）發現，一些非裔美國兒童在學前階段明顯地

偏好白人，但小學階段後，則比他們的白人同儕發展出更強的自我種族認同（Aboud & Doyle, 1993; Burnett & Sisson, 1995）。無論如何，種族上的不平等仍對黑人兒童的自我概念產生負面影響。Gopaul-Mc.Nicol（1988）在紐約與千里達兩地的學前幼兒身上都發現對白人強烈喜好與認同的心態。白人在這兩個社會中的優勢地位與富裕程度顯然是造成這種現象的原因。一個孩子說道：「我不喜歡當黑人，如果我長得像白人娃娃，我就會很有錢。」（p. 66）。在我的研究中（Ramsey, 1983）非裔美國兒童可以毫不猶豫地確認自己是黑人或棕色皮膚的人，但部分小朋友則堅決地指出他們並不像某些同伴那麼黑。正如一位非裔美國兒童所說的：「我喜歡棕色皮膚的人，而不是真正的黑人。」這可以說反映了盛行於許多非裔美籍族群對淡膚色的崇尚心態（C. P. Porter, 1991），同時也反映了整個社會的種族主義。

　　Cross（1985, 1987, 1991）認為，這些偏好與認同白人的模式或許是為了消除身處在團體中想要肯定自我價值，卻又自我貶抑的矛盾感受。Corenblum 與 Annis（1993）的研究證實了這一點，他們發現白人小孩的個人自尊和他們所屬種族的態度有正面的關聯性。Spencer 與 Markstrom-Adams（1990）指出，弱勢兒童必定會面臨自己所屬族群的價值觀，與主流社會對他們族群負面印象的衝突。面對這些壓力，有些孩子選擇依循歐裔美國人的價值觀，且否定他們所屬族群的傳統，因此導致認同混淆。

☼ 兒童如何看待種族差異？

　　兒童對種族差異的情緒反應可能受到認知限制的影響，也就是

說，他們會放大不同族群間的差異，較不會注意到個體之間的差別
（Katz, 1976, 1982; Ramsey, 1987; Tajfel, 1973）。Katz（1973）發
現，相較於其他種族，兒童比較能輕易地區辨與自己相同種族的個
體間細微的差別。在另一項研究中，許多華裔美籍兒童無法辨認他
們的非裔與歐裔美國同學的照片，卻能輕易地指認華裔美籍同學的
照片（Christie, 1982）。

　　某些孩子可能比別人更可能產生並保留刻板印象。Bigler 與 Liben
（1993）發現，分類概念比較僵化的白人兒童（四至九歲），通常
會對非裔美國人及白人形成較強烈的刻板印象，而且跟那些分類概
念比較有彈性的白人同伴比較起來，他們不太容易記得與刻板印象
不一致的事件。

　　當兒童更了解不同的族群，他們的看法亦隨之改變。Doyle 與
Aboud（1993）認為，兒童從學前一直到小學初期，他們的種族偏
見越來越嚴重〔Doyle 與 Aboud 將其定義為「因他人的種族而以負
面態度回應該族群的傾向」（p. 28）〕。在這段期間，兒童逐漸注
意到族群間的差異，而且無法辨別其他族群中的個體。無論如何，
到七歲以後，偏見會降低。同時，兒童會從強調不同種族間的相異
點，轉而發現他們的相似性；他們也更能夠分辨其他族群中的個體，
且了解他人的觀點（Aboud & Doyle, 1995）。兒童所處的種族環境、
他們所學習到的價值觀、及他們的臆測與刻板印象是否受到挑戰，
可以說是影響孩子們產生種族偏見的關鍵。

　　有時孩子的態度與種族並沒有直接的關係，而只是反映了一般
人對顏色所持的觀念。在我的一項研究裡（Ramsey, 1983），非裔及
歐裔的美國孩童經常在言詞之間表露對棕色和黑色的反感。這些感

受或許是幼兒早期受到社會上普遍對「黑」的負面含意所影響，而理所當然地被保留下來。例如大部分為孩子所設計的環境或教（玩）具幾乎全都採用明亮的顏色，而暗色系則被用來表現髒亂或嚇人的角色。

☀ 種族如何影響兒童對友伴的選擇？

在包含多元族群的幼稚園及小學教室中，兒童尋找友伴的依據通常很明顯是選擇相同性別多過於相同種族（例如：Asher, Singleton, & Taylor, 1982; Ramsey & Meyers, 1990）。孩子很快地了解到，選擇同性別比選擇同種族更能找到志同道合的玩伴。然而，在一個研究中（Asher 及其同僚，1982），當兒童被要求指出他們最好的朋友時，他們通常選擇相同種族（也是相同性別）的兒童，所以種族仍可能是影響孩子們選擇友伴的因素。

一項歷時二十年的研究指出，白人兒童一致地比他們的非裔美國同學更明顯地傾向喜愛同種族的同伴（Fox & Jordan, 1973; Newman, Liss, & Sherman, 1983; Ramsey & Myers, 1990; Rosenfield & Stephan, 1981; Stabler, Zeig, & Johnson, 1982）。相反的，黑人兒童比較能夠接受不同種族的同儕（Hallinan & Teixeira, 1987; Ramsey & Myers, 1990）。由於白人兒童偏愛自己種族的態度被整個社會所強化，他們在友伴關係中較容易產生獨尊自己種族的危機。

只有少數研究者探討兒童實際的跨種族行為，其中亦包含對於較年幼兒童的研究結果。J. D. Porter（1971）、Singleton 與 Asher（1977）、及 Urberg 與 Kaplan（1989）觀察到幼童在選擇玩伴時，對不同種族的同伴會表現出一些迴避或敵意的態度。在其他的研究

中（Finkelstein & Haskins, 1983; Fishbein & Imai, 1993; Ramsey & Myers, 1990），托兒所與幼稚園的幼兒，特別是白人小孩，較常與同種族的同儕結伴玩耍。

在小學階段，由於受到社會風氣的影響日深，種族分裂的現象益加明顯，並且更覺察到「我們」和「他們」之間的不同（Katz, 1976）。這股趨勢持續到中學及高中階段，且說明了這段期間不同種族的互動關係，顯示同儕力量如何強烈而明確地阻隔了跨種族的接觸（Patchen, 1982 ; Schofield, 1989; Ulichny, 1994）。然而，Howes 與 Wu（1990）發現，在非常多元的情境中，三年級的兒童比學前幼兒有較多的跨種族接觸，因而主張種族分裂的現象並非無可避免。由於與跨種族的同伴持續有所接觸，有些孩子儘管對某個種族的整體印象不佳，仍能與該種族的個別孩童結為朋友（Schofield, 1989）。一系列對融合了各種族成員的合作學習小組所做的研究顯示，參與這些小組的兒童可以發展出更長遠的跨種族友伴關係（Rosenfield & Stephan, 1981; Slavin, 1995）。前提是這些合作性活動需經過妥善設計，以確保所有成員都能以積極的方式有所貢獻，讓他們的角色得以打破在大環境中所遭遇的支配模式（Hertz-Lazarowitz & Miller, 1992）。

兒童對種族差異的反應是複雜且矛盾的。無論如何，我們通常可以假設兒童可能在三歲、甚至更早就覺知到膚色的差異，並據以歸類及分辨他人。而且，他們可能有一段時間難以分辨其他種族中的個體。兒童早期所接觸到對特定種族的刻板印象，可能會影響他們的種族認同發展，以及他們對不同族群的看法和關係。孩子種族概念的形成通常會受到過度一概而論的描述、不實的聯想、及對種

族差異的根源與恆久性而產生的困惑所影響。那些分類概念比較僵化的人則多半以刻板印象來理解其他種族。一般而言，兒童都不喜歡暗的顏色，有些孩子會將這種偏好延伸到對深膚色的厭惡上。大部分小朋友會表現出對同種族的偏袒，尤其當他們面對陌生人，以及要他們舉出好朋友的名字時，白人小孩特別會避免與有色兒童接觸。

了解兒童所知、所思與所感覺的種族議題

　　兒童通常不會直接說出對自己種族或種族差異的感覺。然而，我們可以觀察他們如何與不同種族的友伴互動，以了解他們與跨種族同伴相處時是否會迴避或覺得不自在。如果他們避開與不同種族的友伴互動，我們可以試著分析他們這麼做的原因。在種族差異較不顯著的班級和社區中，就需多利用圖片、娃娃及玩偶，以測知兒童的反應。要探究兒童的想法（包括在單一種族與多元種族的情境中），教師與父母可以試一試下列的活動：

1. 提供孩子各種不同種族的人物照片，請他們描述對照片中人物的所有觀察，或是以這些不同的人物編個故事。我們可從孩子的表達中了解他們對種族的關注程度，以及察知他們對某些種族的看法是否受到刻板印象的影響。

2. 提供代表不同種族的玩偶或娃娃，觀察兒童為不同的娃娃與玩偶分配什麼樣的角色，以及這些角色的互動關係，然後看看孩子們對特定的娃娃有什麼樣的期待與假設。

3. 要了解孩子如何看待不同種族之間的關係，可以請他們依「哪

些人是好朋友」將照片、娃娃或玩偶進行分類。也可以向孩子們展示由單一種族組成及包含各種族在內的幾組照片、娃娃或玩偶，然後問他們「你覺得這些小朋友會不會常常在一起玩呢？」

4. 和孩子進行一些與身體有關（例如臉部或全身的自畫像），或強調不同皮膚、眼睛與頭髮顏色的活動（像是比對皮膚和顏料的顏色、將班上同學的眼睛與頭髮顏色列一張表），然後看看孩子有什麼反應。要注意的是，他們對自己或他人的某些外表特徵是否有任何輕蔑的看法？

Aboud, F. E., & Doyle, A. (1993). The early development of ethnic identity and attitudes. In M. E. Bernal & G. P. Knight (Eds.), *Ethnic identity: Formation and transmission among Hispanics and other minorities* (pp. 47–60). Albany: State University of New York Press.

Aboud, F. E., & Doyle, A. (1995). The development of in-group pride in Black Canadians. *Journal of Cross Cultural Psychology, 26*(3), 243–254.

Alejandro-Wright, M. N. (1985). The child's conception of racial classification: A socio-cognitive developmental model. In M. B. Spencer, G. K. Brookins, & W. R. Allen (Eds.), *Beginnings: The social and affective development of black children* (pp. 185–200). Hillsdale, NJ: Lawrence Erlbaum.

Allen, P. G. (1992). *The sacred hoop: Recovering the feminine in American Indian traditions.* Boston: Beacon.

Allport, G. W. (1954). *The nature of prejudice.* Reading, MA: Addison-Wesley.

Anzaldúa, G. (1987). *Borderlands/La frontera: The new Mestiza.* San Francisco: Aunt Lute Books.

Aptheker, H. (1993). *Anti-racism in U.S. history: The first two hundred years.* Westport, CT: Praeger.

Asher, S. R., Singleton, L. C., & Taylor, A. R. (1982, April). *Acceptance versus friendship: A longitudinal study of racial integration.* Paper presented at the annual meeting of the American Educational Research Association, New York.

Asian Women United of California. (Eds.). (1989). *Making waves: An anthology of writings by and about Asian American women.* Boston: Beacon.

Ayvazian, A. (1997). Barriers to effective mentoring across racial lines. *Multicultural Education, 4*(4), 13–17.

Banks, J. A. (1995). Multicultural education: Historical development, dimensions, and practice. In J. A. Banks & C. A. M. Banks (Eds.), *Handbook of research on multicultural education* (pp. 3–24). New York: Simon & Schuster Macmillan.

Banks, J. A. (1997). *Educating citizens in a multicultural society.* New York: Teachers College Press.

Banks, J. A., & Banks, C. A. M. (Eds.). (1995). *Handbook of research on multicultural education.* New York: Simon & Schuster Macmillan.

Bell, D. (1992). *Faces at the bottom of the well: The permanence of racism.* New York: Basic Books.

Bem, S. L. (1981). Gender schema theory: A cognitive account of sex typing. *Psychological Review, 88,* 354–364.

Bem, S. L. (1983). Gender schema theory and its implications for child development: Raising gender-aschematic children in a gender-schematic society. *Journal of Women in Culture and Society, 8,* 597–616.

Bennett, C. (1990). *Comprehensive multicultural education: Theory and practice* (2nd ed.). Boston: Allyn and Bacon.

Berti, A. E., & Bombi, A. S. (1981). The development of the concept of money and its value: A longitudinal study. *Child Development, 52,* 1179–1182.

Bigelow, B. (1995). Dumb kids, smart kids, and social class. *Rethinking Schools, 10*(2), 12–13.

Bigler, R. S. (1995). The role of classification skill in moderating environmental influences on children's gender stereotyping: A study of the functional use of gender in the classroom. *Child Development, 66,* 1072–1087.

Bigler, R. S., & Liben, L. S. (1992). Cognitive mechanisms in children's gender stereotyping: Theoretical and educational implications of a cognitive-based intervention. *Child Development, 63,* 1351–1363.

Bigler, R. S., & Liben, L. S. (1993). A cognitive-developmental approach to racial stereotyping and reconstructive memory in Euro-American children. *Child Development, 64,* 1507–1518.

Bolger, K. E., Patterson, C. J., Thompson, W. W., & Kupersmidt, J. B. (1995). Psychological adjustment among children experiencing persistent and intermittent family economic hardship. *Child Development, 66,* 1107–1129.

Borke, H. (1971). Interpersonal perception of young children: Egocentrism or empathy? *Developmental Psychology, 5,* 263–269.

Bowman, B. T., & Stott, F. M. (1994). Understanding development in a cultural context. In B. L. Mallory & R. S. New (Eds.), *Diversity and developmentally appropriate practices: Challenges for early childhood education* (pp. 119–133). New York: Teachers College Press.

Brill, M. T. (1992). *Enchantment of the world: Mongolia.* Chicago: Children's Press.

Bronfenbrenner, U. (1979). *The ecology of human development.* Cambridge, MA: Harvard University Press.

Bronfenbrenner, U. (1986). Ecology of the family as context for human development. *Developmental Psychology, 22,* 723–742.

Burnett, M. N., & Sisson, K. (1995). Doll studies revisited: A question of validity. *Journal of Black Psychology, 21*(1), 19–29.

Burton, V. (1939). *Mike Mulligan and his steam shovel.* Boston: Houghton Mifflin.

Campbell, R. M. (1992). *Your blues ain't like mine.* New York: Own World Books (Ballantine Books).

Campbell, R. M. (1994). *Brothers and sisters.* New York: Berkley Publishing Group.

Carlsson-Paige, N., & Levin, D. E. (1990). *Who's calling the shots? How to respond effectively to children's fascination with war play and war toys?* Philadelphia: New Society Publishers.

Carter, D. B., & Patterson, C. J. (1982). Sex roles as social conventions: The development of children's conceptions of sex-role stereotypes. *Developmental Psychology, 18,* 812–824.

Christie, E. T. (1982). *The racial attitudes, preferences, and self-preferences of Chinese-American children in Boston's Chinatown: A questionnaire and curriculum study.* Unpublished CAGS Thesis, Wheelock College.

Clark, A., Hocevar, D., & Dembo, M. H. (1980). The role of cognitive development in children's explanations and preferences for skin color. *Developmental Psychology, 16,* 332–339.

Clark, K. B., & Clark, M. P. (1947). Racial identification and preference in Negro children. In T. M. Newcomb & E. L. Hartley (Eds.), *Readings in social psychology* (pp. 169–178). New York: Holt, Rinehart & Winston.

Colby, A., & Damon, W. (1992). *Some do care: Contemporary lives of moral commitment.* New York: Free Press.

Coles, R. (1996). *The moral life of children.* Boston: Atlantic Monthly Press.

Conant, S., & Budoff, M. (1983). Patterns of awareness in children's understanding of disabilities. *Mental Retardation, 21*(3), 119–125.

Condon, M. E., York, R., Heal, L. W., & Fortschneider, J. (1986). Acceptance of serverely handicapped students by nonhandicapped peers. *Journal of the Association for Persons with Severe Handicaps, 11*(3), 216–219.

Conger, R. D., Ge, X., Elder, G. H., Lorenz, F. O., & Simons, R. L. (1994). Economic stress, coercive family process, and developmental problems of adolescents. *Child Development, 65,* 541–561.

Cook, D.A., & Fine, M. (1995). "Motherwit": Childrearing lessons from African American mothers of low income. In B. B. Swadener & S. Lubeck (Eds.), *Children and families "at promise": Deconstructing the discourse of risk* (pp. 118–142). Albany: State University of New York Press.

Corenblum, B., & Annis, R. C. (1993). Development of racial identity in minority and majority children: An affect discrepancy model. *Canadian Journal of Behavioural Science, 25*(4), 499–521.

Cose, E. (1993). *The rage of a privileged class.* New York: HarperPerennial.

Cottle, T. J. (1974). *Black children, White dreams.* New York: Dell.

Cross, W. E. (1985). Black identity: Rediscovering the distinction between personal identity and reference group orientation. In M. B. Spencer, G. K. Brookins, & W. R. Allen (Eds.), *Beginnings: The social and affective development of Black children* (pp. 155–171). Hillsdale, NJ: Erlbaum.

Cross, W. E. (1987). A two-factor theory of Black identity: Implications for the study of identity development in minority children. In J. Phinney & M. J. Rotheram (Eds.), *Children's ethnic socialization* (pp. 117–133). Beverly Hills,

CA: Sage.

Cross, W. E. (1991). *Shades of black*. Philadelphia: Temple University Press.

Damon, W. (1977). *The social world of the child*. San Francisco: Jossey-Bass.

Damon, W. (1980). Patterns of change in children's social reasoning: A two-year longitudinal study. *Child Development, 51*, 1010–1017.

Darder, A. (1991). *Culture and power in the classroom: A critical foundation for bicultural education*. New York: Bergin & Garvey.

Day, F. A. (1994). *Multicultural voices in contemporary literature*. Portsmouth, NH: Heinemann.

De Brunhoff, J. (1984). *The story of Babar*. New York: Random House.

DeGaetano, Y., Williams, L. R., Volk, D. (1998). *Kaleidoscope: A multicultural approach for the primary school classroom*. Columbus, OH: Merrill (Prentice Hall).

DeGrella, L. H., & Green, V. P. (1984). Young children's attitudes toward orthopedic and sensory disabilities. *Education of the Visually Handicapped, 16*(1), 3–11.

Delgado-Gaiten, C., & Trueba, H. (1991). *Crossing cultural borders*. New York: Falmer.

DeLone, R. H. (1979). *Small futures*. New York: Harcourt Brace Jovanovich.

Delpit, L. (1988). The silenced dialogue: Power and pedagogy in educating other people's children. *Harvard Educational Review, 58*, 280–298.

Delpit, L. (1995). *Other people's children: Cultural conflict in the classroom*. New York: New Press.

Derman-Sparks, L., & the A. B. C. Task Force. (1989). *Anti-bias curriculum: Tools for empowering young children*. Washington, DC: National Association for the Education of Young Children.

Derman-Sparks, L., Higa, C. T., & Sparks, B. (1980). Children, race and racism: How race awareness develops. *Interracial Books for Children Bulletin, 11*, 3–9.

Derman-Sparks, L., & Phillips, C. B. (1997). *Teaching/learning anti-racism: A developmental approach*. New York: Teachers College Press.

DeVries, R., & Zan, B. (1994). *Moral classrooms, moral children: Creating a constructivist atmosphere in early education*. New York: Teachers College Press.

Diamond, K. E. (1993). Preschool children's concepts of disability in their peers. *Early Education and Development, 4*(2), 123–129.

Diamond, K., Le Furgy, W., & Blass, S. (1993). Attitudes of preschool children toward their peers with disabilities: A year-long investigation in integrated classrooms. *Journal of Genetic Psychology, 154*, 215–221.

Dodge, K. A., Pettit, G. S., & Bates, J. E. (1994). Socialization mediators of the relation between socioeconomic status and child conduct problems. *Child Development, 65*, 649–665.

Doyle, A. (1982). Friends, acquaintances, and strangers. In K. H. Rubin & H. S. Ross (Eds.), *Peer relationships and social skills in childhood* (pp. 229–252). New York: Springer-Verlag.

Doyle, A., & Aboud, F. E. (1993). Social and cognitive determinants of prejudice in children. In K. A. McLeod (Ed.), *Multicultural education: The state of the art* (pp. 28–33). Toronto: University of Toronto Press.

Dressner, M., & Gill, M. (1994). Environmental education at summer nature camp. *Journal of Environmental Education, 25*(3), 35–41.

Early, D. M., & Eccles, J. S. (1995, April). *Understanding the links between socioeconomic status and parenting behavior in African American and European American samples.* Paper presented at the biennial meeting of the Society for Research in Child Development, Indianapolis.

Edwards, C. (1983). Talking with children about social ideas. *Young Children, 39* (November), 12–20.

Edwards, C. (1986). *Promoting social and moral development in young children: Creative approaches for the classroom.* New York: Teachers College Press.

Farrell, W. C., & Olson, J. (1982, April). *Kenneth Clark revisited: Racial identification in light-skinned and dark-skinned Black children.* Paper presented at the annual meeting of the American Educational Research Association, New York.

Feagin, J. R., & Sikes, M. P. (1994). *Living with racism: The Black middle-class experience.* Boston: Beacon.

Finkelstein, N. W., & Haskins, R. (1983). Kindergarten children prefer same-color peers. *Child Development, 54*, 502–508.

Fishbein, H. D., & Imai, S. (1993). Preschoolers select playmates on the basis of gender and race. *Journal of Applied Developmental Psychology, 14*, 303–316.

Forest, M., & Lusthaus, E. (1989). Circles and maps: Promoting educational equality for all students. In S. Stainback, W. Stainback, & M. Forest (Eds.), *Educating all students in the mainstream of regular education* (pp. 43–58). Baltimore: Basic Books.

Forman, G. E., & Hill, D. F. (1983). *Constructive play.* Washington, DC: National Association for the Education of Young Children.

Fox, D. J., & Jordan, V. B. (1973). Racial preference and identification of Black, American Chinese, and White children. *Genetic Psychology Monographs, 88*, 229–286.

Franklin, K. L., & McGirr, N. (Eds.). (1995). *Out of the dump: Writings and photographs by children from Guatemala.* New York: Lothrop, Lee & Shepard.

Freire, P. (1970). *Pedagogy of the oppressed.* New York: Seabury.

Furby, L. (1979). Inequalities in personal possessions: Explanations for and judgments about unequal distribution. *Human Development, 22*, 180–202.

Furnham, A., & Stacey, B. (1991). *Young people's understanding of society.* New York: Routledge.

Furth, H. (1980). *The world of grown-ups: Children's conceptions of society.* New York: Elsevier.

Garbarino, J., Dubrow, N., Kostelny, K., & Pardo, C. (1992). *Children in danger: Cop-*

ing with the consequences of community violence. San Francisco: Jossey-Bass.

Garcia, R. L. (1990). *Teaching in a pluralistic society: Concepts, models, and strategies* (2nd ed.). New York: HarperCollins.

Gay, G. (1995). Mirror images on common issues: Parallels between multicultural education and critical pedagogy. In C. E. Sleeter & P. L. McLaren (Eds.), *Multicultural education, critical pedagogy, and the politics of difference* (pp. 155–189). Albany: State University of New York Press.

Gemmell-Crosby, S., & Hanzik, J. R. (1994). Preschool teachers' perceptions of including children with disabilities. *Education and Training in Mental Retardation and Developmental Disabilties, 29*(4), 279–290.

Gerber, P. J. (1977). Awareness of handicapping conditions and sociometric status in an integrated preschool setting. *Mental Retardation, 15*, 24–25.

Gershator, D., & Gershator, P. (1995). Shaw-Smith, E. (Illus.). *Bread is for eating.* New York: Henry Holt.

Gibbs, J. T., Huang, L. N., & Associates. (1989). *Children of color: Psychological interventions with minority youths.* San Francisco: Jossey-Bass.

Gibson, M. A., & Ogbu, J. U. (Eds.). (1991). *Minority status and schooling: A comparative study of immigrant and involuntary minorities.* New York: Garland.

Gifford, D. (1983). Sibbick, J. (Illus.). *Warriors, gods, and spirits from Central and South American mythology.* New York: Peter Fredrick Books.

Gollnick, D. M. (1995). National and state initiatives for multicultural education. In J. A. Banks & C. A. M. Banks (Eds.), *Handbook of research on multicultural education* (pp. 44–64). New York: Simon & Schuster Macmillan.

Gollnick, D. M., & Chin, P. C. (1983). *Multicultural education in a pluralistic society.* St. Louis: Mosby.

Gonsier-Gerdin, J. (1995, March–April). *An ethnographic case study of children's social relationships in a full inclusion elementary school.* Poster presented at the biennial meeting of the Society for Research in Child Development, Indianapolis.

Gonzalez-Mena, J. (1992). Taking a culturally sensitive approach in infant–toddler programs. *Young Children, 47*(2), 4–9.

Goodman, M. (1952). *Race awareness in young children.* Cambridge, MA: Addison-Wesley.

Goodman, H., Gottlieb, J., & Harrison, R. H. (1972). Social acceptance of EMR's integrated into a non-graded elementary school. *American Journal of Mental Deficiency, 76*, 412–417.

Goolsby, L. B., & DeVries, R. G. (1994). *When a friend steals.* Cedar Falls, IA: Regents' Center for Early Developmental Education, University of Northern Iowa.

Gopaul-Mc.Nicol, S. (1988). Racial identification and racial preference of Black preschool children in New York and Trinidad. *The Journal of Black Psychology,*

14(2), 65–68.

Gramezy, N. (1992). Resiliency and vulnerability to adverse developmental outcomes associated with poverty. In T. Thompson & S. C. Hupp (Eds.), *Saving children at risk: Poverty and disabilities* (pp. 45–60). Newbury Park, CA: Sage.

Greenfield, P. M. (1994). Independence and interdependence as developmental scripts: Implications for theory, research, and practice. In P. M. Greenfield & R. R. Cocking (Eds.), *Cross-cultural roots of minority child development* (pp. 1–37). Hillsdale, NJ: Erlbaum.

Guralnick, M. J. (1980). Social interactions among preschool children. *Exceptional Children, 46*, 248–253.

Guralnick, M. J., Connor, R. T., Hammond, M. A., Gottman, J. M., & Kinnish, K. (1996). The peer relations of preschool children with communicatiom disorders. *Child Development, 67*, 471–489.

Guralnick, M. J., & Groom, J. M. (1987). The peer relations of mildly delayed and nonhandicapped preschool children in mainstreamed playgroups. *Child Development, 58*, 1556–1572.

Hallinan, M. T., & Teixeira, R. A. (1987). Opportunities and constraints: Black–White differences in the formation of interracial friendships. *Child Development, 58*, 1358–1371.

Harper, D. C., Wacker, D. P., & Cobb, L. S. (1986). Children's social preferences toward peers with visible physical differences. *Journal of Pediatric Psychology, 11*(3), 323–342.

Harrah, J., & Friedman, M. (1990). Economic socialization in children in a midwestern American community. *Journal of Economic Psychology, 11*, 495–513.

Harvey, M. R. (1980). Public school treatment of low-income children: Education for passivity. *Urban Education, 15*, 279–323.

Haymes, S. N. (1995). *Race, culture, and the city: A pedagogy for Black urban struggle.* Albany: State University of New York Press.

Hazzard, A. (1983). Children's experience with, knowledge of, and attitude toward disabled persons. *The Journal of Special Education, 17*(2), 131–139.

Helms, J. (1990). *Black and White racial identity: Theory, research, and practice.* New York: Greenwood.

Hertz-Lazarowitz, R., & Miller, N. (Eds.). (1992). *Interaction in cooperative groups.* Cambridge, England: Cambridge University Press.

hooks, b. (1990). *Yearning: Race, gender, and cultural politics.* Boston: South End Press.

Howes, C., & Wu, F. (1990). Peer interactions and friendships in an ethnically diverse school setting. *Child Development, 61*, 537–541.

Hui, C. H., & Triandis, H. C. (1986). Individualism–collectivism: A study of cross-cultural researchers. *Journal of Cross-Cultural Psychology, 17*, 225–248.

Huston, A. C. (1991). Children in poverty: Developmental and policy issues. In

A. C. Huston (Ed.), *Children in poverty: Child development and public policy* (pp. 1–22). Cambridge, England: Cambridge University Press.

Iano, R. P., Ayers, D., Heller, H. B., McGettigan, J. F., & Walker, V. S. (1974). Sociometric status of retarded children in an integrative program. *Exceptional Children, 40*(4), 267–271.

Igoa, C. (1995). *The inner world of the immigrant child.* New York: St. Martin's Press.

Jones, J. M. (1986). Racism: A cultural analysis of the problem. In J. F. Dovidio & S. L. Gaertner (Eds.), *Prejudice, discrimination, and racism* (pp. 279–314). San Diego: Academic Press.

Kahn, P. H., & Friedman, B. (1995). Environmental views and values of children in an inner-city Black community. *Child Development, 66,* 1403–1417.

Kang, B., & Ramsey, P. G. (1993, April). *The effects of gender, race, and social class differences on children's friendships.* Paper presented at the annual meeting of the American Educational Research Association, Atlanta.

Katz, P. A. (1973). Perception of racial cues in preschool children. *Developmental Psychology, 8,* 295–299.

Katz, P. A. (1976). The acquisition of racial attitudes in children. In P. A. Katz (Ed.), *Towards the elimination of racism* (pp. 125–154). New York: Pergamon.

Katz, P. A. (1982). Development of children's racial awareness and intergroup attitudes. In L. G. Katz (Ed.), *Current topics in early childhood education* (pp. 17–54). Norwood, NJ: Ablex.

Katz, P. A., & Kofkin, J. A. (1997). Race, gender, and young children. In S. Luthar, J. Burack, D. Cicchetti, & J. Weisz (Eds.), *Developmental perspectives on risk and pathology* (pp. 51–74). New York: Cambridge University Press.

Kendall, F. (1996). *Diversity in the classroom: New approaches to the education of young children* (2nd ed.). New York: Teachers College Press.

Kennedy, P., & Bruininks, R. H. (1974). Social status of hearing impaired children in regular classrooms. *Exceptional Children, 40,* 336–342.

Kessler, S. J., & McKenna, W. (1978). *Bender: An ethnomethodological approach.* New York: John Wiley & Sons.

Kich, G. K. (1992). The developmental process of asserting a biracial, bicultural identity. In M. P. P. Root (Ed.), *Racially mixed people in America* (pp. 304–317). Newbury Park, CA: Sage Publications.

Kincheloe, J. L. (1993). *Toward a critical politics of teacher thinking: Mapping the postmodern.* Westport, CT: Bergin & Garvey.

Kline, S. (1993). *Out of the garden: Toys and children's culture in the age of TV Marketing.* London: Verso.

Kokopeli, B., & Lakey, G. (1983). *Off our backs . . . and on our own two feet.* Philadelphia: New Society Publishers.

Kotlowitz, A. (1991). *There are no children here.* New York: Doubleday.

Kozleski, E. B., & Jackson, L. (1993). Taylor's story: Full inclusion in her neighborhood elementary school. *Exceptionality, 4*(3), 153–175.

Kozol, J. (1991). *Savage inequalities.* New York: Crown Publishers.

Kurusa. (1985). Doppert, L. M. (Illus.). Englander, K. (Trans.). *The streets are free.* Copenhagen, Denmark: Annick Press.

Ladson-Billings, G. (1994). *The dreamkeepers: Successful teachers of African American children.* San Francisco: Jossey-Bass.

Lambert, W. E., & Klineberg, O. (1967). *Children's views of foreign peoples.* New York: Appleton-Century-Crofts.

Leahy, R. (1983). The development of the conception of social class. In R. Leahy (Ed.), *The child's construction of inequality* (pp. 79–107). New York: Academic Press.

Leahy, R. (1990). The development of concepts of economic and social inequality. *New Directions for Child Development, 46,* 107–120.

Lebra, T. S. (1994). Mother and child in Japanese socialization: A Japan–U.S. comparison. In P. M. Greenfield & R. R. Cocking (Eds.), *Cross-cultural roots of minority child development* (pp. 259–274). Hillsdale, NJ: Erlbaum.

Leifield, L., & Murray, T. (1995). Advocating for Aric: Strategies for full inclusion. In B. B. Swadener & S. Lubeck (Eds.), *Children and families "at promise": Deconstructing the discourse of risk* (pp. 238–261). Albany: State University of New York Press.

Levine, J. (1994, March/April). White like me: When privilege is written on your skin. *Ms.,* pp. 22–24.

Longstreet, W. S. (1978). *Aspects of ethnicity.* New York: Teachers College Press.

Maccoby, E. E. (1986). Social groupings in childhood: Their relationship to prosocial and antisocial behavior in boys and girls. In D. Olewus, J. Block, & M. Radke-Yarrow (Eds.), *Development of antisocial and prosocial behavior* (pp. 263–284). New York: Academic Press.

Mapley, C. E., & Kizer, J. B. (1983, April). *Children's process of sex-role incongruent information: "The nurse's name was Dr. Brown."* Paper presented at the biennial meeting of the Society for Research in Child Development, Detroit.

Markun, P. M. (1993). Casilla, R. (Illus.). *The little painter of Sabana Grande.* New York: Bradbury Press.

Martin, C. L., & Halverson, C. (1981). A schematic proocessing model of sex typing and stereotyping in children. *Child Development, 52,* 1119–1134.

McGraw, K. O., Durm, M. W., & Durnam, M. R. (1989). The relative salience of sex, race, age, and glasses in children's social perception. *Journal of Genetic Psychology, 150*(3), 251–267.

McIntosh, P. (1995). White privilege and male privilege: A personal account of coming to see correspondences through work in women's studies. In M. L. Anderson & P. H. Collins (Eds.), *Race, class, and gender: An anthology* (pp. 76–87). Belmont, CA: Wadsworth.

McLaren, P. (1994). White terror and oppositional agency: Towards a critical multiculturalism. In D. T. Goldbert (Ed.), *Multiculturalism: A critical reader* (pp. 45–74). Cambridge, MA: Blackwell.

McLoyd, V. C. (1990). The impact of economic hardship on black families and children: Psychological distress, parenting, and socioemotional development. *Child Development, 61*, 311–346.

McLoyd, V. C., & Wilson, L. (1992). The strain of living poor: Parenting, social support, and child mental health. In A. C. Huston (Ed.), *Children in poverty: Child development and public policy* (pp. 105–135). New York: Cambridge University Press.

Meltzer, M. (1996). The role of Whites in combatting racism. *Rethinking Schools, 10*(4), 4–5.

Menchu, R. (1983). *I, Rigoberta Menchu: An Indian woman in Guatemala.* London: Verso.

Menzel, P. (1994). *Material world: A global family portrait.* San Francisco: Sierra Club Books.

Miles, M. (1971). *Annie and the old one.* Boston: Little Brown.

Miller, M. (1984). Social acceptability characteristics of learning disabled students. *Journal of Learning Disabilities, 17*(10), 619–621.

Milton, B., Cleveland, E., & Bennett-Gates, D. (1995). Changing perceptions of nature, self, and others: A report on a park/school program. *Journal of Environmental Education, 26*(3), 32–39.

Minami, M., & Ovando, C. J. (1995). Language issues in multicultural contexts. In J. A. Banks & C. A. M. Banks (Eds.), *Handbook of research on multicultural education* (pp. 427–444). New York: Simon & Schuster Macmillan.

Moran, C. E., & Hakuta, K. (1995). Bilingual education: Broadening research perspectives. In J. A. Banks & C. A. M. Banks (Eds.), *Handbook of research on multicultural education* (pp. 445–462). New York: Simon & Schuster Macmillan.

Morland, J. K. (1962). Racial acceptance and preference of nursery school children in a southern city. *Merrill-Palmer Quarterly, 8*, 271–280.

Morris, A. (1989), *Breads, breads, breads.* New York: Lothrop, Lee & Shepard.

Nabors, L. (1995, March). *Attitudes, friendship ratings, and behaviors for typically developing preschoolers interacting with peers with disabilities.* Paper presented at the biennial meeting of the Society for Research in Child Development, Indianapolis.

Nabors, L., & Keyes, L. (1995). Preschoolers' reasons for accepting peers with and without disabilities. *Journal of Developmental and Physical Disabilities, 7*(4), 335–355.

Naimark, H. (1983). *Children's understanding of social class differences.* Paper presented at the biennial meeting of the Society for Research in Child Development, Detroit.

National Center for Children in Poverty. (1996). *One in four: America's youngest poor*

(Abridged). New York: Columbia School of Public Health.

Newman, M. A., Liss, M. B., & Sherman, F. (1983). Ethnic awareness in children: Not a unitary concept. *The Journal of Genetic Psychology, 143*, 103–112.

Nieto, S. (1996). *Affirming diversity: The sociopolitical context of multicultural education* (2nd ed.). New York: Longman.

Nightingale, C. H. (1993). *On the edge: A history of poor Black children and their American Dreams*. New York: Basic Books.

Ocampo, K. A., Bernal, M. E., & Knight, G. P. (1993). Gender, race, and ethnicity: The sequencing of social constancies. In M. E. Bernal & G. P. Knight (Eds.), *Ethnic identity: Formation and transmission among Hispanics and other minorities* (pp. 11–30). Albany: State University of New York Press.

Odom, S. L., Jenkins, J. R., Speltz, M. L., & DeKlyen, M. (1982). Promoting social interaction of young children at risk for learning disabilities. *Learning Disability Quarterly, 5*, 379–387.

Odom, S. L., Peck, C. A., Hanson, M., Beckman, P. J., Kaiser, A. P., Lieber, J., Brown, W. H., Horn, E. M., & Schwartz, I. S. (1996). Inclusion at the preschool level: An ecological systems analysis. *Social Policy Report of the Society for Research in Child Development, 10*(2 & 3), 18–30.

Ogbu, J. U. (1978). *Minority education and caste*. New York: Academic Press.

Orlick, T. (1978). *The cooperative sports and games book: Challenge without competition*. New York: Pantheon.

Orlick, T. (1982). *The second cooperative sports and games book: Over 200 brand-new cooperative games for kids and adults and both*. Ann Arbor, MI: North American Students of Cooperation.

Patchen, M. (1982). *Black–White contact in schools: Its social and academic effects*. West Lafayette, IN: Purdue University Press.

Pellegrini, A. D. (1995). *School recess and playground behaviors: Educational and developmental roles*. Albany: State University of New York Press.

Peters, M. F. (1985). Racial socialization of young Black children. In H. P. McAdoo & J. L. McAdoo (Eds.), *Black children: Social, educational, and parental environment* (pp. 159–173). Newbury Park, CA: Sage.

Phillips, C. B. (1994). The movement of African-American children through sociocultural contexts: A case of conflict resolution. In B. L. Mallory & R. S. New (Eds.), *Diversity and developmentally appropriate practice* (pp. 137–154). New York: Teachers College Press.

Piaget, J. (1951). *The child's conception of the world*. New York: Humanities Press.

Piaget, J., & Inhelder, B. (1968). *The psychology of the child*. New York: Basic Books.

Piaget, J., & Weil, A. M. (1951). The development in children of the idea of the homeland and of relations to other countries. *International Social Science Journal, 3*, 561–578.

Polakow, V. (1993). *Lives on the edge*. Chicago: University of Chicago Press.

Porter, C. P. (1991). Social reasons for skin tone preferences of Black school-age children. *American Journal of Orthopsychiatry, 6*(1), 149–154.

Porter, J. D. (1971). *Black child, White child: The development of racial attitudes*. Cambridge, MA: Harvard University Press.

Radke, M., & Trager, H. G. (1950). Children's perceptions of the social roles of Negroes and Whites. *Journal of Psychology, 29*, 3–33.

Ramsey, P. G. (1980). Beyond winning and losing. *Day Care and Early Education, 8*, 50–54.

Ramsey, P. G. (1982, August). *Racial differences in children's contacts and comments about others*. Paper presented at the annual meeting of the American Psychological Association, Washington, DC.

Ramsey, P. G. (1983, April). *Young children's responses to racial differences: Sociocultural perspectives*. Paper presented at the biennial meeting of the Society for Research in Child Development, Detroit.

Ramsey, P. G. (1986a). Possession disputes in preschool classrooms. *Child Study Journal, 16*, 173–181.

Ramsey, P. G. (1986b). Racial and cultural categories. In C. P. Edwards with P. G. Ramsey, *Promoting social and moral development in young children: Creative approaches for the classroom* (pp. 78–101). New York: Teachers College Press.

Ramsey, P. G. (1987). Young children's thinking about ethnic differences. In J. Phinney & M. Rotheram (Eds.), *Children's ethnic socialization: Pluralism and development* (pp. 56–72). Beverly Hills, CA: Sage.

Ramsey, P. G. (1991a). *Making friends in school: Promoting peer relationships in early childhood*. New York: Teachers College Press.

Ramsey, P. G. (1991b). The salience of race in young children growing up in an all-White community. *Journal of Educational Psychology, 83*, 28–34.

Ramsey, P. G. (1991c). Young children's awareness and understanding of social class differences. *Journal of Genetic Psychology, 152*, 71–82.

Ramsey, P. G. (1995). Changing social dynamics of early childhood classrooms. *Child Development, 66*, 764–773.

Ramsey, P. G., & Myers, L. C. (1990). Salience of race in young children's cognitive, affective and behavioral responses to social environments. *Journal of Applied Developmental Psychology, 11*, 49–67.

Rist, R. C. (1970). Student social class and teacher expectations: The self-fulfilling prophecy in ghetto education. *Harvard Educational Review, 40*, 411–451.

Roberts, C., & Zubrick, S. (1992). Factors influencing the social status of children with mild academic disabilities in regular classrooms. *Exceptional Children, 59*(3), 192–202.

Rodriguez, R. (1981). *Hunger of memory: The education of Richard Rodriguez*. Boston: Godine.

Root, M. P. P. (Ed.). (1992). *Racially mixed people in America*. Newbury Park, CA:

Sage.

Rosenfield, D., & Stephan, W. G. (1981). Intergroup relations among children. In S. S. Brehm, S. M. Kassin, & F. X. Gibbons (Eds.), *Developmental social psychology* (pp. 271–297). New York: Oxford University Press.

Rotheram, M. J., & Phinney, J. (1987). Introduction: Definitions and perspectives in the study of children's ethnic socialization. In J. Phinney & M. J. Rotheram (Eds.), *Children's ethnic socialization: Pluralism and development* (pp. 10–28). Beverly Hills, CA: Sage.

Rotner, S., & Kreisler, K. (1994). Rotner, S. (Photos). *Faces*. Indianapolis: Macmillan.

Running-Grass. (1994). Towards a multicultural environmental education. *Multicultural Education, 2(1),* 4–6.

Sadker, M., & Sadker, D. (1995). *Failing at fairness: How our schools cheat girls*. New York: Simon & Schuster.

Sagi, A., & Hoffman, M. L. (1976). Empathic distress in the newborn. *Developmental Psychology, 12*, 175–176.

Schaffer, M., & Sinicrope, P. (1983, June). *Promoting the growth of moral judgment: An inservice teacher training model*. Paper presented at the annual meeting of the Jean Piaget Society, Philadelphia.

Schofield, J. W. (1989). *Black and White in school: Trust, tension, or tolerance*. New York: Teachers College Press.

Serbin, L. A., Tonick, I. J. , & Sternglanz, S. H. (1977). Shaping cooperative cross-sex play. *Child Development, 48*, 924–929.

Sheldon, A. (1990). Pickle fights: Gendered talk in preschool disputes. *Discourse Processes, 13*, 5–31.

Sheridan, M. K., Foley, G. M., & Radlinski, S. H. (1995). *Using the supportive play model: Individualized intervention in early childhood practice*. New York: Teachers College Press.

Siegel, B. (1996). Is the emperor wearing clothes? Social policy and the empirical support for full inclusion of children with disabilities in the preschool and early elementary grades. *Social Policy Report of the Society for Research in Child Development, 10*(2 & 3), 2–17.

Sigelman, C. K. (1991). The effect of causal information on peer perceptions of children with physical problems. *Journal of Applied Developmental Psychology, 12*, 237–253.

Sigelman, C. K., & Singleton, L. C. (1986). Stigmatization in childhood: A survey of developmental trends and issues. In G. Becker, L. M. Colema, & S. Ainley (Eds.), *The dilemma of difference: A multidisciplinary view of stigma* (pp. 185–208). New York: Plenum.

Silin, J. G. (1995). *Sex, death, and the education of children: Our passion for ignorance in the age of AIDS*. New York: Teachers College Press.

Silverstein, S. (1964). *The giving tree*. New York: Harper & Row.

Simmons, D. A. (1994). Urban children's preferences for nature: Lessons for environmental education. *Children's Environments, 11*(3), 194–203.

Sims, R. (1982). *Shadow and substance: Afro-American experience in contemporary children's fiction*. Chicago: American Library Association.

Singleton, L. C., & Asher, S. R. (1977). Peer preferences and social interaction among third-grade children in an integrated school district. *Journal of Educational Psychology, 69*, 330–336.

Siperstein, G. N., Brownley, M. V., & Scott, C. K. (1989, April). *Social interchanges between mentally retarded and nonretarded friends*. Paper presented at the biennial meeting of the Society for Research in Child Development, Kansas City, MO.

Slavin, R. E. (1995). Cooperative learning and intergroup relations. In J. A. Banks & C. A. M. Banks (Eds.), *Handbook of research on multicultural education* (pp. 628–634). New York: Simon & Schuster Macmillan.

Sleeter, C. E. (1992). *Keepers of the American dream: A study of staff development and multicultural education*. Bristol, PA: Taylor and Francis.

Sleeter, C. E. (1993, April). *This curriculum is multicultural . . . isn't it?* Paper presented at the annual meeting of the American Educational Resarch Association, Atlanta.

Sleeter, C. E. (1994). White racism. *Multicultural Education, 1*, 5–8, 39.

Sleeter, C. E., & Grant, C. A. (1988). *Making choices for multicultural education: Five approaches to race, class, and gender*. New York: Macmillan.

Smith, B. (1983). Homophobia: Why bring it up? *Interracial Books for Children Bulletin, 14*, 112–113.

Spencer, M. B., & Markstrom-Adams, C. (1990). Identity processes among racial and ethnic minority children in America. *Child Development, 61*, 290–310.

Spindler, G., & Spindler, L. (1994). *Pathways to cultural awareness: Cultural therapy with teachers and students*. Thousand Oaks, CA: Corwin.

Stabler, J. R., Zeig, J. A., & Johnson, E. E. (1982). Perceptions of racially related stimuli by young children. *Perceptual and Motor Skills, 54*(1), 71–77.

Stalvey, L. M. (1989). *The education of a WASP*. Madison: University of Wisconsin Press.

Stronge, J. H. (Ed.). (1992). *Educating homeless children and adolescents: Evaluating policy and practice*. Newbury Park, CA: Sage.

Sutherland, D. S., & Ham, S. H. (1992). Child-to-parent transfer of environmental ideology in Costa Rican families: An ethnographic case study. *Journal of Environmental Education, 23*(3), 9–16.

Swadener, E. B., & Johnson, J. E. (1989). Play in diverse social contexts: Parent and teacher roles. In M. N. Bloch & A. D. Pellegrini (Eds.), *The ecological context of children's play* (pp. 214–244). Norwood, NJ: Ablex.

Tajfel, H. (1973). The roots of prejudice: Cognitive aspects. In P. Watson (Ed.), *Psychology and race* (pp. 76–95). Chicago: Aldine.

Takaki, R. (1993). *A different mirror: A history of multicultural America*. Boston: Little, Brown.

Tatum, B. D. (1992). Talking about race, learning about racism: The application of racial identity development theory in the classroom. *Harvard Educational Review, 62*(1), 1–24.

Tatum, B. D. (1994). Teaching White students about racism: The search for White allies and the restoration of hope. *Teachers College Record, 95,* 462–476.

Tatum, B. D. (1997). *"Why are all the Black kids sitting together in the cafeteria?" and other conversations about race*. New York: Basic Books.

Taylor, A. R., Asher, S. R., & Williams, G. A. (1987). The social adaptation of mainstreamed mildly retarded children. *Child Development, 58,* 1321–1334.

Ten quick ways to analyze children's books for racism and sexism. (1974). *Council on Interracial Books for Children Bulletin, 5*(3), 1–6.

Tharp, R. G. (1989). Psychological variables and constants: Effects on teaching and learning in schools. *American Psychologist, 44,* 349–359.

Tharp, R. G., & Gallimore, R. (1988). *Rousing minds to life: Teaching, learning, and schooling in social context*. Cambridge, England: Cambridge University Press.

Theokas, C. (1991). *Modifying sex-typed behavior and contact patterns in a kindergarten classroom with an outer space intervention curriculum*. Unpublished master's thesis, Mount Holyoke College, South Hadley, MA.

Thompson, B., & Tyagi, S. (Eds.). (1996). *Names we call home: Autobiography on racial identity*. New York: Routledge.

Thompson, T. (1992). For the sake of our children: Poverty and disabilities. In T. Thompson & S. C. Hupp (Eds.), *Saving children at risk: Poverty and disabilities* (pp. 3–10). Newbury Park, CA: Sage.

Thompson, T. & Hupp, S. C. (Eds.). (1992). *Saving children at risk: Poverty and disabilities*. Newbury Park, CA: Sage.

Thorne, B. (1986). Girls and boys together . . . but mostly apart: Gender arrangements in elementary schools. In W. W. Hartup & Z. Rubin (Eds.), *Relationships and development* (pp. 167–184). Hillsdale, NJ: Erlbaum.

Thurman, S. K., & Lewis, M. (1979). Children's responses to differences: Some possible implications for mainstreaming. *Exceptional Children, 45,* 468–470.

Tobin, J. J., Wu, D. Y., & Davidson, D. H. (1989). *Preschool in three cultures: Japan, China, and the United States*. New Haven, CT: Yale University Press.

Turnball, R., & Turnball, A. (1991). Including all children. *Children Today, 20*(3), 3–5.

Ulichny, P. (1994, April). *Cultures in conflict*. Paper presented at the annual meeting of the American Educational Research Association, New Orleans.

Urberg, K. A., & Kaplan, M. G. (1989). An observational study of race-, age-, and sex-heterogeneous interaction in preschoolers. *Journal of Applied Developmental Psychology, 10,* 299–311.

Valdés, G. (1996). *Con respeto: Bridging the distances between culturally diverse families and schools.* New York: Teachers College Press.

Van Allsburg, C. (1991). *The wretched stone.* Boston: Houghton Mifflin.

Vasquez, O. A., Pease-Alvarez, L., & Shannon, S. M. (1994). *Pushing boundaries: Language and culture in a Mexican community.* Cambridge, England: Cambridge University Press.

Vygotsky, L. S. (1978). *Mind in society: The development of higher psychological processes.* Cambridge, MA: Harvard University Press.

Wals, A. E. J. (1994). "Nobody planted it, it just grew!" Young adolescents' perceptions and experiences of nature in the context of urban environmental education. *Children's Environments, 11*(3), 177–193.

Washburne, C. K. (1994). *Perspectives: A multicultural portrait of colonial life.* New York: Marshall Cavendish.

Werner, E. E. (1989). High-risk children in young adulthood: A longitudinal study from birth to 32 years. *American Journal of Orthopsychiatry, 59,* 72–81.

West, C. (1993). *Race matters.* Boston: Beacon.

Westridge Young Writers Workshop. (1992). *Kids explore America's Hispanic heritage.* Santa Fe, NM: John Muir Publications.

Westridge Young Writers Workshop. (1993). *Kids explore America's African American heritage.* Santa Fe, NM: John Muir Publications.

Whiting, B. B., & Edwards, C. P. (1988). *Children of different worlds: The formation of social behavior.* Cambridge, MA: Harvard University Press.

Williams, J. E., & Morland, J. K. (1976). *Race, color and the young child.* Chapel Hill: University of North Carolina Press.

Williams, P. (1991). *The alchemy of race and rights.* Cambridge, MA: Harvard University Press.

Williams, S. A. (1992). Byard, C. (Illus.). *Working cotton.* San Diego: Harcourt Brace Jovanovich.

Wilson, R. A. (1993). Educators for Earth: A guide for early childhood instruction. *Journal of Environmental Education, 24*(2), 15–21.

Wilson, R. A. (1995). Nature and young children: A natural connection. *Young Children, 50*(6), 4–11.

Wilson, W. (1987). *The truly disadvantaged: The inner city, the underclass, and public policy.* Chicago: University of Chicago Press.

Wong-Filmore, L. (1991). When learning a second language means losing the first. *Early Childhood Research Quarterly, 6*(3), 323–346.

Wright, C. (1992). *Race relations in the primary school.* London: David Fulton.

Yee, S., & Kokin, L. (1977). *Got me a story to tell.* San Francisco: St. John's Educational Threshold Center.

國家圖書館出版品預行編目資料

多元世界的教與學：兒童的多元文化教育 / Patricia G. Ramsey
　著；朱瑛、蔡其蓁譯. -- 初版. -- 臺北市：心理，2004 [民 93]
　　　面 ； 公分. -- （幼兒教育系列；51076）
　參考書目：面
　譯自：Teaching and learning in a diverse world: multicultural
education for young children, 2nd ed.
　ISBN 978-957-702-763-4（平裝）

1.學前教育　2.教育社會學

523.2　　　　　　　　　　　　　　　　　　　94000140

幼兒教育系列 51076

多元世界的教與學：兒童的多元文化教育

作　　者：Patricia G. Ramsey
譯　　者：朱瑛、蔡其蓁
執行編輯：陳文玲
總 編 輯：林敬堯
發 行 人：洪有義
出 版 者：心理出版社股份有限公司
地　　址：231 新北市新店區光明街 288 號 7 樓
電　　話：(02) 29150566
傳　　真：(02) 29152928
郵撥帳號：19293172　心理出版社股份有限公司
網　　址：http://www.psy.com.tw
電子信箱：psychoco@ms15.hinet.net
駐美代表：Lisa Wu（lisawu99@optonline.net）
排 版 者：臻圓打字印刷有限公司
印 刷 者：東縉彩色印刷有限公司
初版一刷：2004 年 12 月
初版六刷：2017 年 1 月
I S B N：978-957-702-763-4
定　　價：新台幣 300 元